热区乡村振兴研究
（2021）

侯媛媛　金　丹　赵松林　等　著

中国农业科学技术出版社

图书在版编目(CIP)数据

热区乡村振兴研究 . 2021 / 侯媛媛等著 . --北京：中国农业科学技术出版社，2022.11

ISBN 978-7-5116-6018-3

Ⅰ. ①热… Ⅱ. ①侯… Ⅲ. ①农村-社会主义建设-研究报告-中国-2021 Ⅳ. ①F320.3

中国版本图书馆 CIP 数据核字(2022)第 214914 号

责任编辑	倪小勋　史咏竹
责任校对	李向荣
责任印制	姜义伟　王思文

出 版 者	中国农业科学技术出版社
	北京市中关村南大街 12 号　邮编：100081
电　　话	(010) 82105169（编辑室）　　(010) 82109702（发行部）
	(010) 82109709（读者服务部）
网　　址	https://castp.caas.cn
经 销 者	各地新华书店
印 刷 者	北京建宏印刷有限公司
开　　本	185 mm×260 mm　1/16
印　　张	12.75
字　　数	310 千字
版　　次	2022 年 11 月第 1 版　2022 年 11 月第 1 次印刷
定　　价	68.00 元

◆────── 版权所有·翻印必究 ──────◆

《热区乡村振兴研究（2021）》
著作人员

主　　　　著：侯媛媛　金　丹　赵松林
副　主　　著：黄家健　徐丹璐　仲天娇　阚应波
参与撰写人员：张　娟　朱勇学　王成丽　王彦铮
　　　　　　　王艺琳　王俊峰　陈　慧

本书出版得到中央级公益性科研院所基本科研业务费专项热区乡村振兴理论与实践创新研究（1630072022001）、中央级公益性科研院所基本科研业务费专项热区乡村治理及乡村建设（1630072022002）、中央级公益性科研院所基本科研业务费专项热区乡村生态宜居与数字乡村（1630072022003）、中央级公益性科研院所基本科研业务费专项乡村发展模式及农业"走出去"（1630072022004）的资助。

前　言

2021年4月29日，第十三届全国人民代表大会常务委员会第二十八次会议表决通过《中华人民共和国乡村振兴促进法》。2022年10月16日，党的二十大报告提出，全面推进乡村振兴。坚持农业农村优先发展，坚持城乡融合发展，畅通城乡要素流动。实施乡村振兴战略是实现全体人民共同富裕的必然选择。按照党的十九大提出的决胜全面建成小康社会、分两个阶段实现第二个百年奋斗目标的战略安排，到2035年，乡村振兴要取得决定性进展，农业农村现代化基本实现。我国热区农业一直以来都是热区农民经济收入的重要来源，热区的农业和农村有着独特的资源禀赋。但近年来，受国际宏观经济发展不景气的影响，我国热区农业发展受到成本上升、价格下跌的双重挤压，同时生态环境对热带农业生产的要求进一步提高，热带农业农村发展面临前所未有的挑战，热区农业农村形势不容乐观。通过对我国热区乡村产业发展、热区乡村治理、热区数字乡村建设、国内外乡村发展与治理模式、科技促进热区乡村振兴机制等方面的深入研究，为热区乡村振兴建言献策，进一步服务乡村振兴战略的高质量发展。

中国热区陆地范围包括海南和台湾，广东、广西、福建、云南、湖南和江西南部地区，四川凉山彝族自治州、攀枝花市和贵州干热河谷地区，以及西藏的墨脱县、察隅县和波密县的低海拔地区等11个省（区）的464个县（区），面积约53.8万平方公里，占中国国土面积的5.6%。中国热区海洋范围与中国管辖的南海范围一致，面积约为210万平方公里；热区人口2.1亿人（其中农业人口1.3亿人）；热区边境线约5 000公里，与印度、缅甸、老挝、越南等国家接壤。

中国热带农业科学院热区乡村振兴研究创新团队围绕国家乡村振兴战略，对我国主要热区省份的乡村发展进行了研究，通过数据收集与分析，完成了系列研究报告，助力热区乡村振兴战略的全面推进。

本书由五章组成，各章内容如下。

第一章热区乡村产业振兴研究，由侯媛媛主笔完成。主要从热区主要热带作物产业发展现状入手，阐述热区乡村产业振兴的发展趋势与机遇，总结了热带乡村振兴的典型模式与案例，最终提出热区乡村产业振兴的途径与对策，为谋划热区乡村产业振兴提供思考。

第二章热区乡村治理研究，由金丹主笔完成。围绕热区乡村治理的现状及问题展开阐述，总结了热区乡村治理的典型案例，梳理了热区乡村治理存在的问题，最终从高位推动乡村治理、党建与乡村治理融为"一盘棋"、加强组织化治理、提升农户参与度等方面提出对策建议，以期为热区乡村治理工作提供决策和参考。

第三章数字乡村建设与发展研究，由黄家健、张娟、朱勇学、王成丽、王彦铮等主笔完成。主要围绕数字乡村战略部署，分析了战略背景与现实意义，梳理了基本内涵与发展历程，总结了建设成效与发展态势，凝练了国家数字乡村试点典型案例，初步提出了发展展望，为科学谋划数字乡村建设与发展提供参考。

第四章国内外乡村发展与治理模式研究由徐丹璐、王艺琳、王俊峰和陈慧主笔完成。结合国内外多个乡村发展与治理典型案例，归纳总结城乡融合发展型、文旅融合发展型、农村金融发展型、强势产业聚焦型四大模式，深入分析各种模式背后的经济学原理与路径，归纳分析特定模式在热区应用的影响因素与要素条件，探究现有的国际与国内成功模式和发展策略在热区的融合应用；并结合各地成功模式和实践，提出适应我国热区发展阶段、资源禀赋、区域特点的热区乡村振兴的建议。拟通过了解、借鉴各地农村地区所选择的发展模式，跟踪发展动态，深入把握乡村振兴的深层逻辑，寻找热区乡村发展的"最优解"。

第五章科技促进热区乡村振兴机制研究，由仲天娇主笔完成。在分析阐述科技与热区乡村五大振兴的关系的基础上，研判科技赋能热区乡村振兴的趋势与机遇，以广东、湖南、海南三个热区代表性省份为例，选取研究与试验发展（R&D）经费投入情况、科技产出及成果情况、农业科技创新能力等维度，对其科技创新现状及支撑乡村振兴发展中的问题进行了定量分析，同时梳理总结了热区科技支撑乡村振兴的典型案例，并针对热区科技支撑乡村振兴问题提出相关建议。

著　者

2022 年 10 月 12 日

目 录

第一章 热区乡村产业振兴研究 ……………………………………… (1)
 第一节 引 言 ……………………………………………………… (1)
 第二节 热区乡村产业振兴的发展现状 ………………………… (3)
 第三节 热区乡村产业振兴的发展趋势与机遇 ………………… (20)
 第四节 热区乡村产业振兴的典型模式与案例 ………………… (28)
 第五节 热区乡村产业振兴的途径与对策 ……………………… (42)

第二章 热区乡村治理研究 …………………………………………… (48)
 第一节 引 言 ……………………………………………………… (48)
 第二节 热区乡村治理的现状 …………………………………… (49)
 第三节 热区乡村治理存在的问题 ……………………………… (74)
 第四节 热区乡村治理的典型案例 ……………………………… (77)
 第五节 热区乡村治理的对策与建议 …………………………… (86)

第三章 数字乡村建设与发展研究 …………………………………… (91)
 第一节 引 言 ……………………………………………………… (91)
 第二节 战略背景与现实意义 …………………………………… (91)
 第三节 基本内涵与发展历程 …………………………………… (98)
 第四节 建设成效与发展态势 …………………………………… (106)
 第五节 建设试点与典型案例 …………………………………… (110)
 第六节 发展展望 ………………………………………………… (119)

第四章 国内外乡村发展与治理模式研究 …………………………… (122)
 第一节 引 言 ……………………………………………………… (122)
 第二节 城乡融合发展型模式 …………………………………… (123)
 第三节 文旅融合发展模式 ……………………………………… (132)
 第四节 农村金融发展模式 ……………………………………… (141)
 第五节 产业聚焦型模式 ………………………………………… (147)

第五章 科技促进热区乡村振兴机制研究 (158)

第一节 引　言 (158)
第二节 科技创新与热区乡村振兴的关系 (159)
第三节 热区科技创新现状及支撑乡村振兴发展中的问题 (170)
第四节 科技赋能热区乡村振兴的趋势及机遇 (184)
第五节 科技支撑乡村振兴发展的典型案例 (187)
第六节 科技支撑乡村振兴发展的对策建议 (193)

第一章　热区乡村产业振兴研究

第一节　引　言

一、研究意义

2019年6月，国务院印发了《关于促进乡村产业振兴的指导意见》，对乡村产业进行准确定位，明确指出：乡村产业根植于县域，以农业农村资源为依托，以农民为主体，以农村一、二、三产业融合发展为路径，地域特色鲜明、创新创业活跃，业态类型丰富、利益联结紧密，是提升农业、繁荣农村、富裕农民的产业①。城乡发展的不平衡问题表现日益明显，农产品周年供应不协调，品质不统一，农民的生产活动与市场波动存在明显的时滞性，农民的整体素质有待提高，缺乏种养大户的带头人。农村的基础设施有待进一步完善，农村生活环境的改善尚需较长一段时间，农业生产与生态环境之间的平衡还未形成，乡村产业发展水平较低，农产品加工能力薄弱，农业社会化服务薄弱，金融改革任务尚未完成，农村网络设施服务水平较低，城乡要素流通机制待健全。党的十九大报告首次提出乡村振兴战略，指出农业农村农民问题是关系国计民生的根本性问题，必须始终把解决好"三农"问题作为全党工作的重中之重，实施乡村振兴战略。我国热区农业一直以来都是热区农民经济收入的重要来源，但近年来，受国际宏观经济发展不景气的影响，我国热区农业发展受到成本上升、价格下跌的双重挤压，同时生态环境对热带农业生产的要求进一步提高，热带农业产业发展面临前所未有的挑战，农民收入受到影响，热区农业农村形势不容乐观。同时热区有着独特的资源禀赋，与传统农业产业发展有着显著的差别。阐述分析我国热区农业产业发展现状，找出限制我国热区乡村产业振兴的瓶颈，总结热区乡村振兴的经典模式，对实现我国热区乡村产业振兴具有重大意义。

二、研究方法、数据来源

选用的研究方法主要有理论研究、案例研究、实践研究和定量分析等方法。实证研

---

① 孙伟.乡村产业振兴的实践与路径——基于青岛市即墨区鳌角石村的调研[J].广西职业技术学院学报，2021，14（5）：69-76。

究，应用产业竞争力比较研究，分析我国热区农业产业发展的局限性，与国际先进热区国家相比存在的优势和短板。通过案例分析，揭示热区农村产业发展需要结合时代特征，根据本地资源禀赋优劣势发展特色产业，揭示了一、二、三产业融合对农业产业发展的意义。

数据主要来自《中国统计年鉴》《中国农村经济调研报告》《全国热带、亚热带作物生产情况》《中国农业统计资料》《全国农产品成本收益资料摘要》、海关数据、行业协会数据、热区各省份统计年报、电商销售数据、调研数据等各类数据。

三、理论基础

资源禀赋理论[①]。在不同的区域范围内，自然资源的禀赋条件各不相同，决定了在发展乡村产业的时候，要因地制宜，采用多种多样的方式进行。资源禀赋又被称作要素禀赋，主要包含了劳动力、土地、技术和资金等。一个地区的资源禀赋对该地区的经济发展具有很大的影响力。学术界早期的研究多数是以成本优势为目的，讨论资源禀赋对于产业发展过程的积极影响。20世纪末，学者开始把资源禀赋理论运用到乡村治理中，从农业规模化程度、土地流转的效率、机械化程度等多个方面进行研究。拓宽了资源禀赋理论的应用范畴，各要素之间相互影响、相互依赖，共同作用于农业产业发展及农村社会经济的发展，从而进一步影响到农民的收入水平。

二元经济结构理论[②]。二元经济结构理论是由英国经济学家刘易斯提出。他最早将发展中国家的社会经济发展分为两个不同的部分，一个是农业农村中的传统手工方式生产的涉农部门；另一个是在城市发展中以机械化手段制造工业品的现代化部门。他认为，城乡差距的存在主要是由于这两个部门产生的价值不同造成的。农村人口的数量较大，同时传统手工艺产品的价值较低；而在城市，由于科学技术的发展，提高了生产效率的同时，也出现了更多的高产值商品。两个部门的存在逐渐拉开了城乡收入的差距。这样的二元经济结构被认为是发展中国家的典型特征。后来，拉尼斯和费景汉在此前刘易斯的二元经济结构模型的基础上，进行了进一步的完善，他们认为城市的现代化工业部门与农村的农业部门应该是相互平衡的，将产业差别与区域差别定义为二元结构的内容。他们认为城乡经济一体化的发展对社会经济的协调发展非常重要，农村的农业生产部门要努力提高生产效率。之后的学者认为二元经济结构理论在城乡差异中的作用逐渐凸显。乡村的振兴就是一个缩小城乡差距最好的途径，只有农村经济发展了才能使二元经济结构向城乡一体化结构转变。

---

① 向武胜．村庄异质性视角下的乡村产业振兴研究［D］．吉首：吉首大学，2020。
② 方沁怡．乡村振兴战略背景下产业振兴研究［D］．杭州：浙江理工大学，2021。

第二节 热区乡村产业振兴的发展现状

中国热区陆地范围包括海南和台湾，广东、广西①、福建、云南、湖南和江西南部地区，四川凉山州②、攀枝花市和贵州干热河谷地区，以及西藏③的墨脱县、察隅县和波密县的低海拔地区等④11个省（区）的464个县区，面积约53.8万平方公里⑤，占中国国土面积的5.6%。我国热区北界线自西向东经过云南腾冲、保山、昌宁、凤庆、南涧、景东、楚雄等县区；广西田林、凌云、凤山、东兰、河池、环江等县区；广东怀集、阳山、英德、曲江、花都等县区；江西全南、龙南、定南、寻乌等县区；福建武平、上杭、龙岩、漳平、安溪、永春、仙游等县区，以及台湾台中、高雄和台南等，还包括西藏灵芝，四川盐边、攀枝花、会理，云南华坪、永仁、元谋、武定，贵州罗甸、望谟、册亨、贞丰，湖南永州和郴州等。中国热区海洋范围与中国管辖的南海范围一致，面积约为210万平方公里。我国热区人口2.1亿人（其中农业人口1.3亿人），有汉、彝、藏、满、回、羌、布依、侗、水、仫佬、壮、瑶、白、哈尼、傣、傈僳、拉祜、佤、纳西、景颇、布朗、普米、怒、阿昌、蒙古、独龙、基诺、仡佬、京、毛南、高山、畲、德昂、景颇、苗、黎36个民族。热区边境线约5 000公里，与印度、缅甸、老挝、越南等国家接壤。

中国热区多属热带季风气候，雨量充沛，光热水资源充足，土地资源有限，人均耕地面积少，生物资源和种质资源丰富，具有资源唯一性、稀缺性和不可替代性。人均耕地面积仅0.59亩⑥，远远低于全国水平，每个劳动力负担耕地2.21亩，人口密度305人/平方公里。但是该区域中适宜发展热带、南亚热带作物的土地约有3亿多亩，目前已经开发利用的约1.8亿亩，尚有40%可以利用的荒山、荒坡、荒地。热区土壤酸碱度适宜，农作物生长周期较短，粮食可实现一年三熟，许多品种的农作物都可以冬季种植。

一、我国热区乡村特色产业发展现状

我国现在已经成为世界主要热带作物生产、加工及消费大国。据农业农村部⑦发展南亚热带作物办公室统计，截至2020年年底，我国热区热带、南亚热带作物种植总面

---

① 广西壮族自治区，全书简称广西。
② 凉山彝族自治州，全书简称凉山州。
③ 西藏自治区，全书简称西藏。
④ 卢琨，林紫华，金琰，等. 中国热区主要省份科研投入产出的对比分析 [J]. 热带农业科学，2021，41（7）：114-118.
⑤ 1公里=1千米，1平方公里=1平方千米，全书同。
⑥ 1亩≈667平方米，全书同。
⑦ 中华人民共和国农业农村部，全书简称农业农村部。

积 6 968.0 万亩（图 1-1），同比增长 2.5%。其中广西 1 886.2 万亩居第一位，云南 1 850.7 万亩，广东 1 366.3 万亩，海南 1 331.2 万亩，福建 231.9 万亩，四川 193.9 万亩，贵州 83.6 万亩，重庆 13.0 万亩，湖南 11.1 万亩和西藏 0.2 万亩。

2020 年，热区热带、南亚热带作物种植总产量 3 340.1 万吨（图 1-1），同比增长 4.3%。省（区、市）产量排序依次为：广东 1 120.2 万吨居第一位，广西 894.9 万吨居第二位，云南 414.4 万吨居第三位，海南 398.6 万吨居第四位，福建 394.2 万吨、四川 66.4 万吨、贵州 40.1 万吨、湖南 7.6 万吨、重庆 3.9 万吨和西藏 0.07 万吨，分别位于第五至第十位。

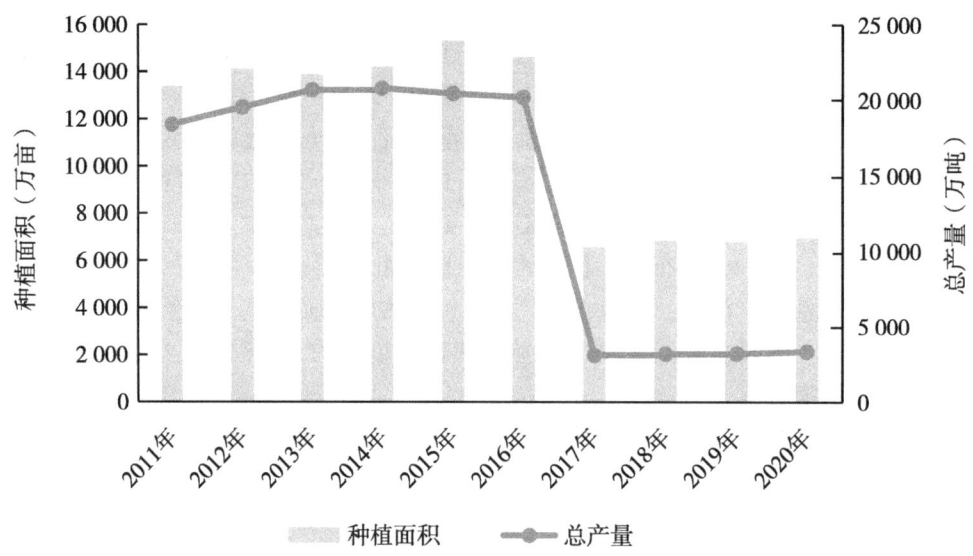

图 1-1　2011—2020 年我国热区特色产业总体生产情况

（数据来源：历年《全国热带、南亚热带作物生产情况》①）

2020 年，热区热带、南亚热带作物种植总产值 1 998.9 亿元，同比增长 9.3%。省（区、市）产值排序依次为：广东 566.2 亿元，海南 491.5 亿元，广西 491.3 亿元，云南 243.4 亿元，福建 103.7 亿元，四川 69.3 亿元，贵州 28.8 亿元，重庆 3.2 亿元，湖南 1.4 亿元和西藏 0.09 亿元。

2020 年，热带作物产品进出口贸易量达到 2 512.4 万吨，比 2019 年下降 0.4%。其中进口量 2 456.9 万吨，比 2019 年增长 0.6%；出口量 55.6 万吨，比 2019 年减少 29.4%；进出口贸易额 238.5 亿美元，比 2019 年增长 2.7%。其中进口额 227.5 亿美元，比 2019 年增长 3.2%；出口额 10.9 亿美元，比 2019 年减少 8.4%。贸易逆差 216.6 亿美元，比 2019 年增加了 8.1 亿美元。2020 年，中国热带作物产品进出口贸易额最大的产品是混合橡胶类，为 47.8 亿美元；进出口贸易量最大的产品是棕榈油类，为

---

①　由于统计口径调整，从 2017 年开始，不再统计柑橘橙、柠檬、其他水果、腰果、其他香辛料、茶叶、甘蔗、反季节瓜菜、南亚热作花卉等，故 2017 年及以后数据较 2016 年及之前有较大减少

722.9万吨。贸易顺差最大的产品是肉桂，为 2.9 亿美元；贸易逆差最大的产品是混合橡胶类，为 47.8 亿美元。

热区现有生产经营热带作物产品的国家级龙头企业 84 家，省级龙头企业 601 家，专业合作社 31 201 个，农业农村部热作标准化生产示范园 365 个。

（一）天然橡胶产业

天然橡胶是我国重要的战略物资和工业原料，2020 年我国天然橡胶种植面积达 1 709.9 万亩（图 1-2），同比下降 0.47%。其中，云南 848.3 万亩（农垦 205.5 万亩），海南 788.8 万亩（农垦 334.0 万亩），广东 71.4 万亩（均为农垦种植）。

2020 年我国天然橡胶总产量 75.3 万吨，同比减少 7.09%，居世界第四位（仅次于泰国、印度尼西亚、越南）。其中，云南 41.7 万吨（农垦 11.3 万吨），海南 32.0 万吨（农垦 12.5 万吨），广东 1.6 万吨（全部来自农垦）。平均单产 65.7 公斤[①]/亩，同比下降 8.24%。

2020 年我国天然橡胶平均单产水平居 ANRPC[②] 成员国第六位（低于越南、马来西亚、泰国、印度尼西亚和印度）。其中，云南 80.5 公斤/亩（农垦 78.6 公斤/亩），海南 54.3 公斤/亩（农垦 60.0 公斤/亩），广东 40.3 公斤/亩。

2020 年我国天然橡胶进口量 583.6 万吨，比 2019 年增长 14.1%。其中，纯天然橡胶进口量 229.8 万吨，比 2019 年减少 6.4%；以混合橡胶名义的天然橡胶进口量 353.8 万吨，比 2019 年增加 33.1%。复合橡胶进口量 6.7 万吨，比 2019 年减少 19.3%。

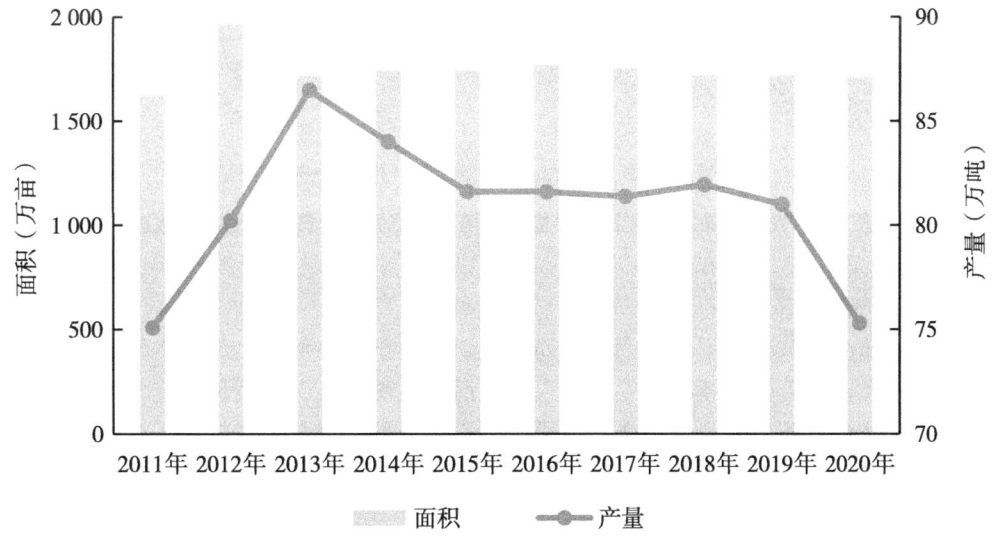

图 1-2　2011—2020 年我国天然橡胶种植面积和产量变化趋势
（数据来源：历年《全国热带、南亚热带作物生产情况》）

---

① 1 公斤 = 1 千克，全书同。
② ANRPC 为天然橡胶生产国组织。

2011—2020年，我国天然橡胶种植面积从1 622万亩增长至1 709.9万亩，年均增长0.54%（图1-2），居世界第三位；产量从75.08万吨增长至2019年的80.99万吨，年均增长2.16%，2020年受天然橡胶价格影响，胶农割胶积极性下降，导致2020年天然橡胶干胶产量下降7.09%，回落到2011年产量水平。我国天然橡胶种植主要分布在海南、云南、广东三大植胶区。生产的天然橡胶初加工品种主要有标准胶和离心浓缩胶乳，还生产少量的烟片胶和胶清胶，其中标准胶又分为乳胶级标准胶和凝胶级标准胶。乳胶级标准胶以SCR5橡胶为主，占我国天然橡胶总产量的70%~80%；年产离心浓缩胶乳6万~8万吨，占我国天然橡胶总产量的10%。近年来，我国天然橡胶产量相对稳定，位居世界第五位，消费量却持续增长，已经成为世界上第一大天然橡胶消费国，第一大天然橡胶进口国。2011—2020年中国天然橡胶生产、消费、出口量和进口量数据变化情况如图1-3。

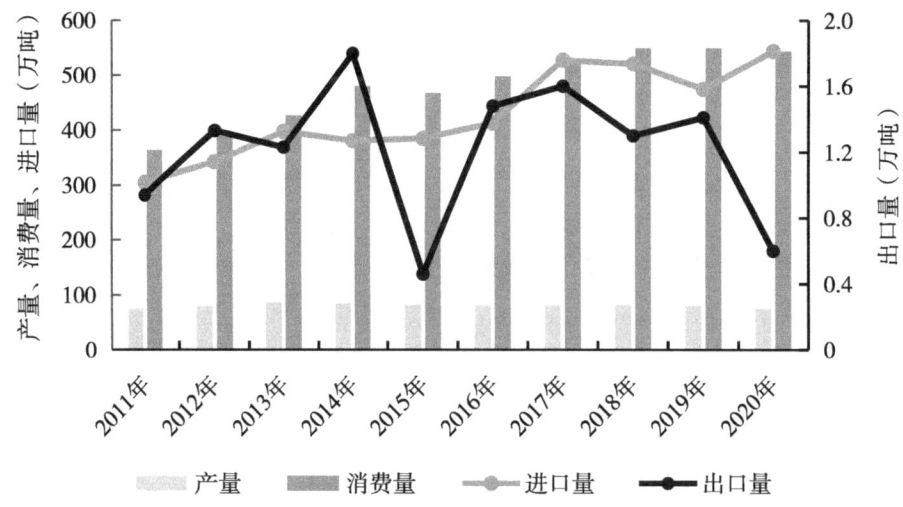

图1-3　2011—2020年我国天然橡胶产量、消费量、进口量和出口量数据

（二）热带水果产业

我国以往主要发展温带水果产业，如苹果、梨、柑橘、葡萄，热带水果中仅有香蕉种植面积较大。随着社会经济的发展，人民生活质量的提高，以及科学技术的进步，采后贮藏保鲜技术日益成熟，生鲜产品流通渠道逐年通畅，绿色通道打通了全国产区与销区的地理限制，热带水果得到迅速发展壮大，成为我国热区农民重要的收入来源。同时，中国东盟自由贸易区建立后，平均关税从之前的9.8%下降到0.1%，以及2004年开始的"早期收获计划"，加大了我国热带水果产业发展的压力，刺激了热带水果贸易量的增加，贸易逆差扩大。

我国热带水果品种繁多，市场上常见的品种主要有香蕉、杧果、火龙果、荔枝、菠萝、百香果、龙眼、椰子、阳桃、黄皮果等。2020年热带水果年末实有面积为2 839.6万亩，同比增长2.8%。总产量为2 904.6万吨，同比上涨6.07%。总产值1 372.0亿元，同比下降2.9%。我国热带水果主要分布在海南、广东、广西、云南、四川、福建地区（图1-4）。

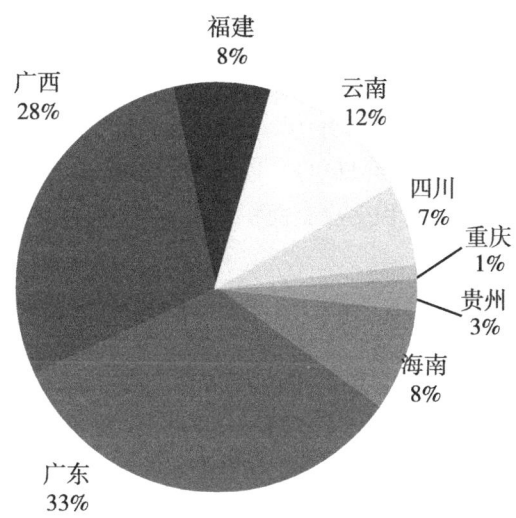

图1-4 我国热带水果种植区域分布（2020年）
（数据来源：《全国热带、南亚热带作物生产情况（2020）》）

从种植面积来看，我国热带水果生产主要集中在"两广"地区。广东、广西两个省（区）热带水果面积占全国热带水果总面积的61%，产量也占到全国热带水果总产量的60.3%。2020年热带水果中，荔枝收获面积最大，为722.3万亩，其次是杧果515.5万亩，第三位是香蕉490.9万亩。此外还有龙眼413.7万亩、柚子330.5万亩、西番莲111.9万亩、火龙果99.7万亩、菠萝98.7万亩、番石榴24.9万亩、黄皮果18.5万亩、阳桃12.2万亩和红毛丹1.4万亩。从产值上看，热带水果产值从2010年的714.20亿元增长到2020年的1 372.0亿元，年增长率为9.2%。

我国荔枝主要集中在海南、广东、广西、福建、四川和云南6个省（区）。经过近些年的发展，荔枝产业逐步形成了周年供应的产业带，如海南的特早熟优势种植区域、广东和广西西南地区的早熟种植区域、广东和广西中部的中熟种植区域、广东东部福建南部的晚熟荔枝种植区域，以及四川泸州特晚熟种植区域，这五大荔枝优势生产区域依次上市，实现了我国荔枝均衡上市的差异化发展格局。在种植品种上，主要集中在妃子笑、糯米糍、白糖罂、桂味几个优质品种，种植比重超过30%。广东荔枝收获面积为310.00万亩，产量135.10万吨，面积和产量均占全国五成以上。

我国是世界杧果的主产国之一，产区集中在海南、广东雷州半岛的早熟产区，广西百色、云南南部和西南部的中熟产区和川滇金沙江干热河谷流域的晚熟产区。近年来，中国杧果种植面积、产量均有较大幅度的增长，广西、云南已经成为全国最大的两个杧果产区。

香蕉是我国主要的热带水果品种，种植面积大，消费量也极为突出，是我国"菜篮子"产品中唯一的热带水果品种。香蕉的产区主要集中在广西、广东、福建、台湾、云南和海南。香蕉种类有齐尾、仙人蕉、威廉斯、大种高把、高脚顿地雷、矮脚顿地雷、广东香蕉1号、广东香蕉2号等。据不完全统计，中国直接或间接从事香蕉产业的人员在200万人以上。近些年中国香蕉人均消费量增速远远高于世界水平，但与世界人均水平相比仍然存在较大差距，香蕉消费市场的潜力巨大。

我国的龙眼广泛分布在广东、广西、云南、四川、福建和海南，现已形成海南—粤西南—桂南早熟龙眼优势带，桂中—粤中—闽南中熟龙眼优势带，闽东、闽中—攀西、泸州等晚熟龙眼优势带。主栽品种以储良、石硖为主，其他的品种还有大乌圆、蜀冠、广眼、福眼等。广东龙眼栽培面积、收获面积均占全国的1/3以上，产量占全国的一半以上。

我国菠萝种植历史悠久，主要分布在广东、广西、海南、云南、福建等省（区）。近年来，中国菠萝产业发展比较稳定，种植面积在100万亩左右，产量在180万吨左右，主要栽培品种为巴厘，台农系列呈现逐年增长趋势。广东是中国菠萝种植第一大省，湛江徐闻是"中国菠萝之乡"，有"菠萝的海"美誉，全县种植面积达35万亩，年产量约70万吨，中国每3个菠萝就有1个来自徐闻。

我国热带水果的进出口贸易均呈现稳步增长态势（表1-1）。进出口方面，2015年热带水果进口量为2 174 488吨，2020年热带水果进口量为4 145 348吨，增长90.64%。从进口额来看，2015年热带水果进口额为265 837万美元，2020年进口额为560 321万美元，增长了110.78%。热带水果出口规模小于进口规模，2015年热带水果出口量为94 866吨，2020年热带水果出口量为150 721吨，增长58.88%。从出口额来看，2015年热带水果出口额为13 629万美元，2020年热带水果出口额为25 570万美元，增长87.61%。

表1-1 2015—2020年我国热带水果进出口贸易情况

年份	进口量（吨）	进口额（万美元）	出口量（吨）	出口额（万美元）
2015	2 174 488	265 837	94 866	13 629
2016	2 398 784	246 303	125 791	20 215
2017	2 703 116	256 340	135 101	22 021
2018	3 526 993	368 962	133 330	20 340
2019	4 316 206	499 923	126 608	20 523
2020	4 145 348	560 321	150 721	25 570

数据来源：历年农业农村部农垦局《全国热带、南亚热带作物生产情况》。

近些年我国的热带水果发展迅速，热带水果的消费市场逐年增加，进口量和进口额呈现稳步增长趋势。热带水果产业的发展主要得益于优良品种的引进与改良，科学技术的进步让热带水果的品质和产量大幅提高，同时国家出台一系列支持配套政策，让生产主体在各个环节得以保障。同时，不断完善的基础设施建设和交通网络，让热带水果从田头到消费者手中成为可能。近年来，国家不断完善市场信息系统，使市场信息更加透明、及时地发布给各个市场主体，节省了交易时间与成本，提高了农户的市场参与度，不但保障了农民的切身利益,同时也为消费者节约了消费成本。方方面面条件的健全,给我国热带水果的蓬勃发展提供了动力。

(三) 槟榔产业

槟榔是一种典型的热带植物,主要分布于亚洲与美洲的热带地区。我国是世界槟榔主产国,2020年种植面积居世界排名第五名,产量居世界排名第三名。2020年年末全国槟榔面积124 686公顷,同比上涨8.3%(图1-5),全部种植在海南,其中海南农垦24 600公顷。总产量28.3万吨,同比减少1.3%,其中海南农垦4.1万吨。平均单产213.5公斤/亩,其中海南农垦152.8公斤/亩。由于槟榔价格的上涨,2020年槟榔产值285.26亿元,同比增长224.8%。据中国海关统计,2020年我国槟榔果进口量4 081吨,进口额444.9万美元;出口量81.9吨,出口额22.6万美元。

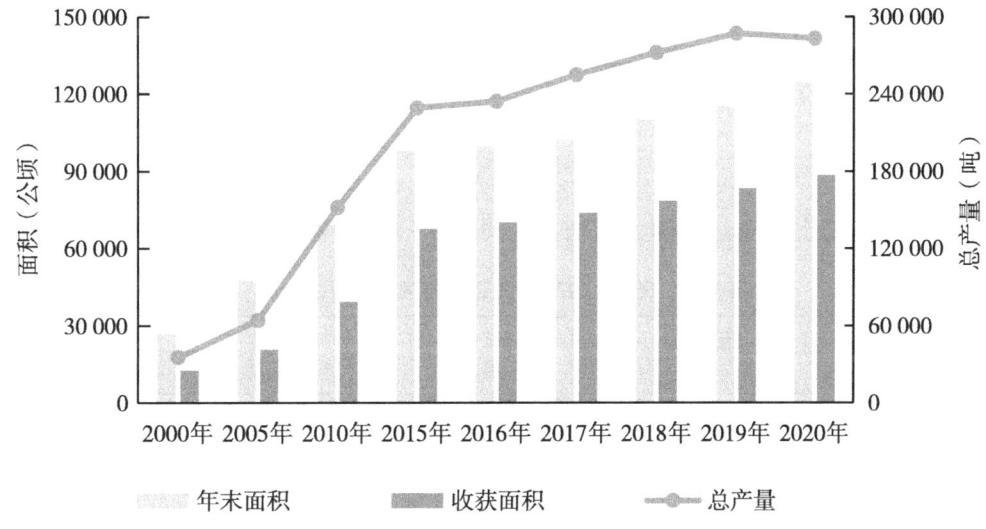

图1-5 2000—2020年我国槟榔面积与总产量

槟榔是海南省农业重要的经济支柱产业和农民收入的重要来源,种植面积逐年上升。从2000年的2.7万公顷,增加到2020年的12.5万公顷,增长3.6倍。产量也从3.6万吨,增加到2020年的28.3万吨,增长6.8倍。在海南,槟榔的产区主要集中在东部、中部和西部。其中东部产区主要在万宁、琼海和陵水;中部产区集中在琼中、屯昌和五指山;西部产区产量较小,主要在白沙和东方。

2020年,中国槟榔鲜果价格暴涨,创历史新高,收购均价达8.325元/公斤,同比上涨324%,主要原因如下:①2019年槟榔致癌负面舆情慢慢平息,2020年槟榔入选历次新冠肺炎预防的中药配方,槟榔药用价值进一步为大众了解,提升了槟榔正面形象;②受产地干旱气候以及槟榔黄化病影响,2020年槟榔有不同程度的减产,减产多的达1/2,槟榔鲜果供给不足造成了槟榔价格上涨;③新冠肺炎疫情影响槟榔进口,加剧了槟榔鲜果的短缺,无形之间抬高了槟榔的价格。受槟榔鲜果价格暴涨影响,槟榔种植户收入大涨,新种植积极性大增,2020年扩种面积预计会远超往年。目前,我国槟榔种植仍采用传统种植方式,机械化程度低,且生产主体以小农户为主。

我国槟榔果消费中鲜食消费约占1%，初加工成干果消费约占4%（主要用于药材），深加工成咀嚼食品约占95%。海南主要从事槟榔初加工，湖南湘潭、益阳主要从事深加工，近年湖南深加工企业开始在海南设立深加工厂房。我国槟榔初加工主要是通过烘烤，把槟榔加工成白色或黑色的干果，一般称为黑果和白果。黑果加工方式主要是通过烟熏，槟榔果加工后外表呈黑色被称为黑果，俗称烟熏果。我国传统的槟榔初加工采取柴火熏烤，由于传统工艺加工成的黑果表面烟垢苯并芘含量超标，不符合食品安全，所以传统加工方式已经被淘汰。烟熏黑果具有独特的风味，为了保持独特风味，又保障健康，现在已经改良了烟熏工艺。白果加工方式主要是采取锅炉蒸汽烘干。因未经烟熏颜色呈白色，被称为白果。干果再经深加工制成包装槟榔销往市场。我国槟榔经营企业有9 284家，其中湖南4 058家，海南3 782家，福建484家，广东246家。湖南企业以槟榔深加工为主，海南企业以槟榔初加工为主，也有部分湖南深加工企业为了争夺优质鲜果，在海南进行初加工。此外，也有企业从事槟榔有效成分提取，槟榔粗纤维软化，槟榔茶等产品研发，但是总体占比较小。

槟榔进出口贸易规模在2019年之前基本保持稳定，2020年由于槟榔价格的飙涨，导致槟榔进出口贸易规模大幅增加，见表1-2。

表1-2 2015—2020年我国槟榔进出口贸易情况

年份	进口量（吨）	进口额（万美元）	出口量（吨）	出口额（万美元）
2015	740	145	19	8.25
2016	819	144	13	8.18
2017	495	79	13	6.54
2018	460	75	22	10.10
2019	782	102	14	6.38
2020	4 082	445	82	22.50

数据来源：历年农业农村部农垦局《全国热带、南亚热带作物生产情况》。

（四）椰子产业

2020年我国椰子种植面积35 695公顷，同比增长3.6%，世界排名23；产量21 279万个，同比减少7.9%，世界排名15；总产值3.05亿元，同比下降21.8%。我国椰果供不应求，海南年产椰果不到2.3亿个，而椰果市场需求量是产量的10倍以上，90%以上的椰果从东南亚国家进口。2020年我国椰子进口的最大来源国为印度尼西亚，2019年最大来源国是泰国，占椰子进口总量的37.80%，在2020年退居第二位。2020年，我国椰子进口总量为65.15万吨，进口总额为32 136.64万美元。出口总量为504.98吨，出口总额38.45万美元。

海南椰子年产量占全国椰子总产量的99.9%，产值占全国椰子总产值的99.85%。

海南省文昌市的椰子种植面积最大、产量最多，主推品种有文椰2号、文椰3号、文椰4号等①。海南椰子种植面积从2000年开始呈现下降趋势，从44 426公顷下降至2017年的31 424公顷，之后逐步恢复到2020年的35 695公顷。椰子产量基本保持在2.3亿~2.4亿个（图1-6）。

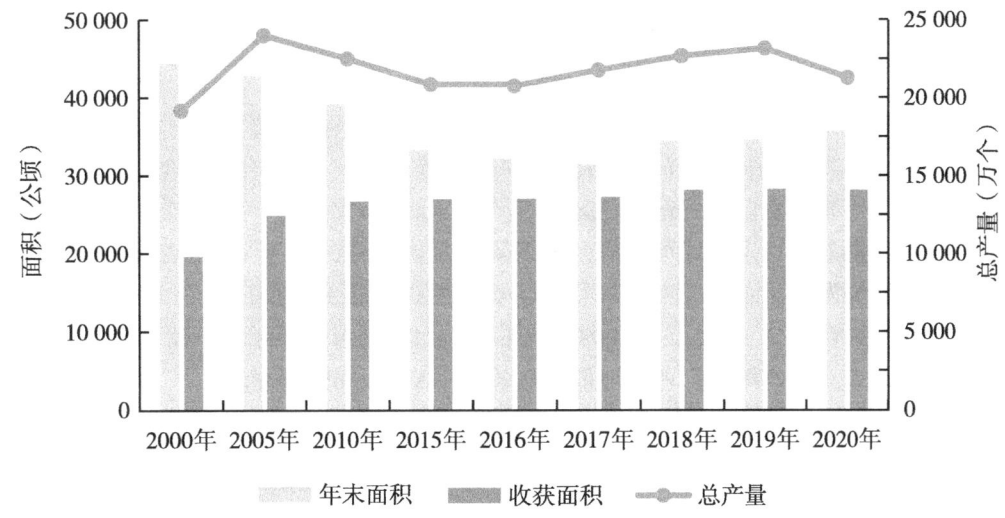

图1-6 海南历年椰子面积与总产量

（数据来源：历年《全国热带、南亚热带作物生产情况》）

椰子进出口贸易从2015年开始稳步增长。2020年我国椰子进口量651 475吨，较2015年增长102.57%；进口额32 137万美元，较2015年增长135.66%；出口量505吨，较2015年增长35倍；出口额38.45万美元，较2015年增长103倍（表1-3）。大部分东南亚国家的椰子以毛椰子或椰干的形式出口，其中，泰国和马来西亚的水果型矮种椰子产业发展较好，泰国约2/3的水果型椰子出口到我国。2020年从印度尼西亚进口的椰子数量最多，占椰子进口总量的41.13%，其次是泰国，占比39.04%，第三是越南，占比16.29%。

表1-3 2015—2020年椰子进出口贸易情况

年份	进口量（吨）	进口额（万美元）	出口量（吨）	出口额（万美元）
2015	321 612	13 637	14	0.37
2016	325 891	14 270	41	1.61
2017	393 006	18 871	144	19.64
2018	462 299	22 397	370	37.91

---

① 卢琨，侯媛媛. 海南省椰子产业分析与发展路径研究[J]. 广东农业科学，2020，47（6）：145-151。

(续表)

年份	进口量（吨）	进口额（万美元）	出口量（吨）	出口额（万美元）
2019	673 219	30 488	655	61.44
2020	651 475	32 137	505	38.45

数据来源：历年《全国热带、南亚热带作物生产情况》。

海南的椰子产业链条比较完整，产业链较长，目前海南的椰子产量无法满足加工需求，缺口每年都在20亿个左右，海南本地种植的椰子基本用于鲜食，加工用果多来自进口椰果。多年来，从国家到地方各级政府层面都重视发展椰子产业，抓住当前海南省建设自由贸易港的机遇发展椰子产业，围绕椰子产业发展战略、产业结构升级和品种优化布局等重大问题，组织智库专家和行业协会开展课题研究。推广"公司+村集体+农户+合作社"种植模式，让龙头企业的示范带头作用得到有效展示，同时要加强科技成果的转化与示范，提高椰子产业附加值，从各个环节增加农民收入。

（五）咖啡产业

咖啡是用经过烘焙的咖啡豆（即咖啡树果实的果仁）经研磨萃取后制作的饮品，全世界约1/3的人饮用。咖啡树主要分为阿拉比卡种（用于制作现磨咖啡和精品咖啡）和罗布斯塔种（用于制作速溶咖啡），我国主要种植阿拉比卡种。2020年，全球咖啡豆产量1 056万吨，消费量1 000万吨，主产国巴西、越南、哥伦比亚产量分别占全球总产量的38.7%、13.5%、8.0%。我国的咖啡生产，2020年年底种植面积149.1万亩，在世界咖啡种植面积排名第三十四位。其中云南147.4万亩（农垦1.1万亩）、海南1.5万亩（农垦0.7万亩）、四川0.05万亩。2020年全国生咖啡豆总产量11.4万吨，在世界咖啡产量排名第十四位。其中，云南11.4万吨（农垦0.1万吨）、海南0.04万吨（农垦0.01万吨）、四川0.003万吨。2020年全国咖啡平均单产105.8公斤/亩，居世界第二位。其中，海南128.3公斤/亩（农垦113.5公斤/亩）、云南105.8公斤/亩（农垦116.2公斤/亩）、四川62.0公斤/亩。

据海关统计，2020年我国咖啡进口量110 607吨，进口额54 383万美元，分别较2015年增长149%、213%；出口量58 056吨，出口额19 009万美元（表1-4）。分别较2015年下降1.06%、8.83%。可以看出，随着国内咖啡需求的上涨，进口贸易增加、出口贸易减少的趋势正在形成。

表1-4 2015—2020年咖啡进出口贸易情况

年份	进口量（吨）	进口额（万美元）	出口量（吨）	出口额（万美元）
2015	44 355	17 374	58 677	20 851
2016	131 768	90 356	148 600	94 447
2017	98 738	44 764	91 063	43 187

（续表）

年份	进口量 （吨）	进口额 （万美元）	出口量 （吨）	出口额 （万美元）
2018	105 366	51 955	10 8581	35 612
2019	103 279	44 962	77 786	21 291
2020	110 607	54 383	58 056	19 009

数据来源：历年《全国热带、南亚热带作物生产情况》。

我国咖啡初加工主要分布在云南省、海南省和四川省等省（区）。目前，云南省咖啡产量占全国的99%，分布在9个州（市）34个县（区）。初加工方面，由于咖啡采摘后需要在24小时内脱皮脱胶，因此，咖啡豆初加工集中在种植产区云南。在深加工方面，我国咖啡精深加工厂主要分布在广东（广州、东莞）、云南（保山、德宏、昆明、普洱等）、海南等地，其他小型加工或终端加工（咖啡吧）主要分布在省会城市。目前我国咖啡加工产品精深加工率占总出口量的44.35%。

我国咖啡产业虽然取得了巨大成就，但咖啡加工技术和设备还比较落后，主要体现在技术与设备的不配套、加工及包装机械性能和质量较差、不稳定；除此之外，自主品牌影响力极其有限，不仅在国际上缺乏知名度，在国内市场的占有率也不足20%，仍属于短板。对于咖啡加工政策方面，从国家层面看，主要在加工技术、设备及新产品开发等方面给予一定的项目支持；从地方层面看，各地情况不一致，主要优惠政策有研发项目资助、出口退税、农机补贴、贴息贷款、自然灾害保险、价格保险、标准化厂房补贴、苗木补贴等。

（六）木薯产业

木薯为大戟科木薯属植物，具有很强的耐旱特征，易生产种植，被称为"淀粉王"。作为非洲的主要粮食作物，是全世界大约6亿人的主要粮食来源。截至2020年年底，我国木薯种植面积405.9万亩，居世界第十五位。其中，广西260.7万亩（农垦0.5万亩）、广东115.0万亩（农垦0.4万亩）、云南13.5万亩、海南10.0万亩（农垦3.1万亩）、福建5.9万亩、湖南0.9万亩。2020年全国干薯总产量244.8万吨，居世界第十五位。其中，广西167.5万吨（农垦0.4万吨）、广东59.4万吨（农垦0.2万吨）、福建8.1万吨、云南4.5万吨、海南3.8万吨（农垦2.3万吨）、湖南1.4万吨。2020年全国干薯平均单产623.9公斤/亩，单产世界排名第二十四位。其中，湖南1 577.8公斤/亩、福建1 371.4公斤/亩、云南656.3公斤/亩、广西642.6公斤/亩（农垦843.3公斤/亩）、广东550.0公斤/亩（农垦473.3公斤/亩）、海南384.9公斤/亩（农垦714.5公斤/亩）。

中国木薯贸易产品主要有鲜木薯、木薯干、木薯淀粉。近年来，中国木薯进口量呈下降趋势（表1-5）。2020年我国木薯进口量611.184 8万吨，进口额191 354万美元，分别较2015年下跌42.35%、30.63%；出口量681吨，出口额54万美元。分别较2015年下降57.73%、63.01%。2020年中国木薯主要进口省（区）为山东、江苏、广东、广西。中国木薯干的主要进口国为泰国、印度尼西亚、越南，其中来自泰国的数量和金额占中国木薯干进口总量和金额的六成以上。

表1-5 2015—2020年我国木薯进出口贸易情况

年份	进口量（万吨）	进口额（万美元）	出口量（吨）	出口额（万美元）
2015	1 060.1947	275 842	1 611	146
2016	977.7345	212 414	813	66
2017	1 045.8608	221 810	551	44
2018	680.6476	206 950	710	57
2019	521.3064	167 285	687	54
2020	611.1848	191 354	681	54

数据来源：历年《全国热带、南亚热带作物生产情况》。

近年来，木薯方面的科学研究不断深入，产业链条不断延伸，产品出现多样化趋势，木薯被广泛开发为淀粉、饲料和乙醇等工业原料。

随着木薯产业的发展，木薯用途逐渐多样化，作为饲料、淀粉、燃料乙醇等工业原料。2020年我国木薯淀粉产量为26万吨，同比增长52.9%；木薯淀粉进口数量为275.69万吨，同比增长16%；木薯淀粉出口数量为0.068万吨；木薯淀粉表观需求量为301.62万吨，同比增长22.8%。

二、热区各省份乡村特色产业发展现状

随着市场一体化进程不断深化，我国主要热带作物生产呈现出持续向海南、广东、云南等优势区域集中的发展态势，热作资源配置和区域布局更趋合理。

从表1-6、表1-7可以看出，热作种植面积主要集中在广西、云南、广东、海南。其中广西热作种植面积一直以来都位列首位，但占比呈现下降趋势，由2011年的32.54%下降至2020年的27.07%；云南热作种植面积占比呈现快速上升趋势，由2011年的18.51%，上升至2015年的22.21%，再上升到2020年的26.56%，说明云南热作产业发展迅速。广东热作产业生产面积占比一直比较稳定，基本维持在20%左右的水平。海南热作产业种植面积发展迅速，2011年海南热作面积占比12.07%，2020年达到19.10%。湖南、贵州、四川、福建的热作生产面积占比逐年减少。

表1-6 2011—2020年我国热区主要省份热作产业生产情况

地区	2011年			2015年			2020年		
	面积（万亩）	产量（万吨）	产值（亿元）	面积（万亩）	产量（万吨）	产值（亿元）	面积（万亩）	产量（万吨）	产值（亿元）
海南	1 569.16	1 099.80	317.40	1 717.25	1 163.13	394.82	1 331.20	398.60	491.50
广东	2 393.40	3 141.08	657.13	3 112.84	4 203.39	890.06	1 366.30	1 120.20	566.20

(续表)

地区	2011年			2015年			2020年		
	面积（万亩）	产量（万吨）	产值（亿元）	面积（万亩）	产量（万吨）	产值（亿元）	面积（万亩）	产量（万吨）	产值（亿元）
广西	4 229.55	9 166.98	519.09	4 423.32	9 445.03	771.21	1 886.20	894.90	491.30
福建	1 074.83	1 132.58	148.78	1 327.92	1 204.60	272.93	231.90	394.20	103.70
云南	2 406.00	2 326.54	313.16	3 402.75	2 993.76	671.13	1 850.70	414.40	243.40
四川	725.90	658.82	87.90	742.42	771.36	175.89	193.90	66.30	69.30
贵州	194.17	335.60	42.60	201.30	318.40	58.53	83.60	40.10	28.80
湖南	397.66	277.13	59.93	396.24	329.14	66.01	11.10	7.60	1.40
西藏							0.20	0.10	0.10
重庆	5.85	0.50	0.90				13.00	3.90	3.20
合计	12 996.52	18 139.02	2 146.89	15 324.04	20 428.81	3 300.58	6 968.00	3 340.00	1 998.90

数据来源：历年《全国热带、南亚热带作物生产情况》。2020年统计剔除了柑橘橙、柠檬、其他水果、腰果、其他香辛料、茶业、甘蔗、反季节瓜菜、南亚热作花卉等数据，因此数据与2011年、2015年差别较大。

表1-7　2011—2020年我国热区主要省份热作产业生产占比情况　　单位：%

地区	2011年			2015年			2020年		
	面积	产量	产值	面积	产量	产值	面积	产量	产值
海南	12.07	6.06	14.78	11.21	5.69	11.96	19.10	11.93	24.59
广东	18.42	17.32	30.61	20.31	20.58	26.97	19.61	33.54	28.33
广西	32.54	50.54	24.18	28.87	46.23	23.37	27.07	26.79	24.58
福建	8.27	6.24	6.93	8.67	5.90	8.27	3.33	11.80	5.19
云南	18.51	12.83	14.59	22.21	14.65	20.33	26.56	12.41	12.18
四川	5.59	3.63	4.09	4.84	3.78	5.33	2.78	1.99	3.47
贵州	1.49	1.85	1.98	1.31	1.56	1.77	1.20	1.20	1.44
湖南	3.06	1.53	2.79	2.59	1.61	2.00	0.16	0.23	0.07
西藏	0.00	0.00	0.00	0.00	0.00	0.00	0.00	0.00	0.01
重庆	0.05	0.00	0.04	0.00	0.00	0.00	0.19	0.12	0.16
合计	100.00	100.00	100.00	100.00	100.00	100.00	100.00	100.00	100.00

（一）广东热区乡村特色产业发展

广东省热带作物分布区主要位于北纬24°以南地区的20个地级市108个县（市、区）。土地面积大约为14.2万平方公里。广东太阳辐射总量在每平方米5 000兆焦左右，热量比较充沛，广东的热区年平均温度在21~22℃，四季适宜，年降水量1 500~2 000毫米。热区总人口约8 246万人，热区农村人均年可支配收入14 080元。

2020年广东全省热作种植面积1 366.3万亩，同比增长1.1%；产量1 120.2万吨，同比增长5.5%；产值556.2亿元，同比减少6.1%。其中热带水果种植面积942万亩，同比增长2.0%；产量1 052万吨，同比增长7.0%；产值516.9亿元，同比下降6.4%。天然橡胶年末实有面积71.4万亩，开割面积40.0万亩，全年干胶总产量1.6万吨，开割品种主要为热研7-33-97、PR107、东方93-114、IAN873、GTI、南华1等；单产40.3公斤/亩，全年总产值2.3亿元。剑麻年末实有面积5.2万亩，同比增长22.9%；总产量4 078.0吨，同比下跌81.0%；总产值5 097.5万元，同比增长31.6%。木薯全省种植面积115.0万亩，产量59.4万吨，单产550.0公斤/亩，产值12.8亿元。椰子全省种植面积0.04万亩，产量9万个，单产300个/亩，产值18.0万元。肉桂种植面积155.0万亩，产量5.2万吨，单产40.0公斤/亩，产值10.6亿元。八角种植面积24万亩，产量3 850吨，单产22.0公斤/亩，产值1.3亿元。砂仁种植面积27.0万亩，产量5 600吨，单产28.0公斤/亩，产值21.0亿元。益智种植面积26.0万亩，产量4 125.0吨，单产24.3公斤/亩，产值7 990.0万元。辣木种植面积7 000.0亩，叶子产量1 900.0吨，单产316.7公斤/亩，产值1 402.2万元。

（二）广西热区乡村特色产业发展

广西热区共有54个县（市），占全区109个县（市）的48%；热区总面积11.4万平方公里，占全区土地总面积的48%，占全国热区面积近1/4。广西属于亚热带季风气候，在广西南部热区，无霜期可以达到300天左右，尤其是南部的沿海地区可以终年无霜。广西的农作物可以实现周年生产，非常适合发展热带农业。广西的热区年均气温在18~22℃，积温6 000~8 000℃，降水量充足，且与农作物生产者周期保持同步，对热带作物的种植生产有极大的促进作用。热区总人口约3 393万人，其中农业人口2 764万人，从业人员有1 561万人，农村居民人均可支配收入达到1.0359万元。现有国家级种植龙头企业20家，省级种植龙头企业94家，从事果蔬种植合作社4 513个。参与农业农村部热作标准化生产示范园创建单位73个，其中通过认定51个。

2020年全区热作生产总面积1 886.2万亩，同比增长4.5%；总产量894.9万吨，同比增长4.9%；总产值491.3亿元，同比增长7.4%。其中剑麻种植面积21.2万亩，同比减少6.6%；纤维总产量6.3万吨，同比减少4.1%；总产值4.8亿元，同比减少19.2%。木薯2020年种植面积260.7万亩，同比减少2.4%，总产量（干薯）167.5万吨，同比减少0.7%；总产值46.1亿元，同比减少8.0%。热带水果种植面积807.8万亩，同比持平；总产量698.3万吨，同比增长6.1%；年产值369.1亿元，同比增长0.1%。肉桂年末实有面积230.0万亩，同比持平；总产量4.7万吨，同比持平；总产值9.4亿元，同比持平。八角年末实有面积520.0万亩，同比增长18.2%；总产量17.7万吨，同比增长18.7%；总产值60.2亿元，同比增长168.7%。

（三）海南热区乡村特色产业发展

海南省地处热带区域，年平均气温23.8℃，年降水量1 500~2 000毫米，对发展热带作物具有得天独厚的优势。海南 2020 年人口约为 944 万人,其中海南的乡村农业人口大约为 561 万人;2020 年海南省农民人均可支配收入达到 15 113 元,较 2019 年增加 8%[①]。海南目前拥有橡胶专业合作社 372 个,热作标准化示范园 226 个。

2020 年海南省热带作物种植面积 1 331.2 万亩,同比增长 1.3%;总产量 398.6 万吨,同比增长 1.8%;总产值 491.5 亿元,同比增长 64.7%。其中天然橡胶年末实有面积 788.8 万亩,同比下降 0.2%;开割面积 572.0 万亩,干胶单位面积产量 54.3 公斤/亩,主要栽培品种为热研 7-33-97、PR107、RRIM600、热研 7-20-59 等;全年干胶总产量 32.0 万吨,同比下降 3.3%;全年总产值 38.2 亿元,同比增长 13.0%。槟榔年末实有面积 187.0 万亩,同比增长 8.3%;总产量(干果)28.3 万吨,同比减少 1.3%;总产值 285.3 亿元,同比增长 224.8%。椰子年末实有面积 53.5 万亩,同比增长 3.4%;全年总产量 2.1 亿个,同比减少 8.1%;全年总产值 3.0 亿元,同比减少 21.8%。胡椒年末实有面积 32.7 万亩,同比减少 2.3%;全年总产量 4.1 万吨,同比减少 8.2%;总产值 11.9 亿元,同比减少 18.3%。热带水果年末实有面积 234.3 万亩,同比增长 1.9%;全年总产量 307.4 万吨,同比增长 3.9%;总产值 142.9 亿元,同比减少 4.4%。

(四)云南热区乡村特色产业发展

云南是我国热区面积排名第二的省份,涉及云南的 15 个市(州),土地面积超过 8 万平方公里,约占云南全省面积的 1/5。云南的热区气候温暖,年均气温在 18~22℃,积温 3 800~7 200℃。降水量适宜,光热水资源十分充足,非常有利于热带作物的生产种植。2020 年,云南热区的人口约为 1 961 万人,相关从业人员有 435 万人,热区的人均 GDP 约为 28 313 元。

2020 年云南热作种植总面积 1 850.7 万亩,同比增长 1.3%;总产量 414.4 万吨,同比减少 1.7%;总产值 243.4 亿元,同比减少 3.4%。其中,天然橡胶 2020 年种植面积 848.3 万亩,同比减少 1.0%,实际开割面积 518.0 万亩;产量 41.7 万吨,同比减少 9.0%;实现产值 49.8 亿元,同比增长 7.9%。种植面积和产量居全国第一。咖啡 2020 年种植面积 147.4 万亩,同比增长 6.2%;产量 11.4 万吨,同比增长 5.6%;农业产值 17.1 亿元,同比增长 9.8%。热带水果生产方面,云南 2020 年香蕉种植面积 123.6 万亩,同比减少 2.4%;全年总产量 197.6 万吨,同比减少 6.5%;实现农业产值 61.4 亿元,同比增长 3.1%。荔枝种植面积 11.5 万亩,同比增长 2.8%;全年总产量 3.5 万吨,同比增长 16.3%;实现农业产值 2.9 亿元,同比增长 4.1%。龙眼种植面积 2.2 万亩,同比增长 0.6%;全年总产量 1.3 万吨,同比减少 2.2%;全年总产值 0.8 亿元,同比减少 34.2%。菠萝种植面积 11.0 万亩,同比增长 1.9%;全年总产量 11.6 万吨,同比减少 0.6%;全年总产值 3.5 亿元,同比增长 12.8%。杧果种植面积 152.4 万亩,同比增长 10.5%;总产量 96.2 万吨,同比增长 29.0%;全年总产值 53.9 亿元,同比增长 13.6%。澳洲坚果比较效益较高,2020 年全省种植面积 353.0 万亩,同比增长 7.0%;全年总产量 7.5 万吨,同比增长 60.5%;全年总产值 16.1 亿元,同比增长 11.9%。胡

---

① 数据来自 2021 年《海南省统计年鉴》。

椒 2020 年种植面积 4.14 万亩，同比减少 3.8%；全年总产量 686.3 吨，同比减少 75.6%；总产值 1 044.9 万元，同比减少 81.5%。八角种植面积 85.0 万亩，同比减少 1.4%；全年总产量 2.4 万吨，同比减少 65.5%；总产值 9.7 亿元，同比减少 43.0%。

（五）福建热区乡村特色产业发展

福建的南亚热带面积约为 5 000 万亩，占福建全省面积的 30% 左右。包含全省的 51 个市（县），占全省市（县）总数的 60% 左右。福建的热区光照充足，年降水量可以达到 1 600 毫米，年均气温保持在 19℃ 以上。福建的热区人口数量约为 2 093.5 万人，人口密集度较大。福建热区农民的增收对于全省乡村振兴至关重要。

2020 年福建热带作物种植总面积 231.9 万亩，同比增长 5.1%，主要是热带水果的生产种植。总产量 394.2 万吨，同比增长 6.5%；总产值 103.7 亿元，同比减少 26.5%。香蕉年末实有面积 17.8 万亩，同比增长 2.1%；全年总产量 45.2 万吨，同比增长 0.9%；全年总产值 8.9 亿元，同比增长 0.9%。荔枝实有面积 21.1 万亩，同比增长 1.0%；年产量 10.6 万吨，同比增长 16.3%；全年总产值 8.5 亿元。龙眼面积 45.2 万亩，同比减少 2.9%；年产量 22.0 万吨，同比增长 8.6%；全年总产值 13.2 亿元，同比减少 40.8%。杧果面积 0.6 万亩，同比减少 10.3%；年产量 0.9 万吨，同比减少 6.9%；全年总产值 0.5 亿元，同比减少 33.5%。柚子面积 105.9 万亩，同比增长 1.0%；年产量 247.2 万吨，同比增长 3.0%；全年总产值 29.7 亿元，同比减少 48.5%。西番莲年末实有面积 25.0 万亩，同比增长 66.7%；年产量 30.0 万吨，同比增长 50.0%；全年总产值 30.0 亿元，同比增长 7.1%。火龙果年末实有面积 3.4 万亩，同比增长 1.5%；年产量 7.7 万吨，同比增长 23.9%；全年总产值 3.8 亿元，同比减少 3.2%。阳桃面积 2.0 万亩，年产量 8.0 万吨，全年总产值 3.4 亿元。

（六）四川热区乡村特色产业发展

四川的热带区域主要是在攀枝花、泸州、宜宾、凉山等 8 个市（州）中的 41 个县（区）。四川的热区面积大约有 6.5 万平方公里，其中的耕地面积大约 1 500 万亩，占四川全省耕地面积的 25%。四川热区年日照时间较长，约为 2 700 小时；降水量充足，约为 1 000 毫米。全年无霜期超过 300 天。属于典型的干热河谷气候，是我国晚熟杧果、晚熟龙眼和晚熟荔枝的重要生产基地。区内热作品种丰富，其中杧果、荔枝、龙眼、香蕉、咖啡、柚子等都具有较大的发展空间。龙头企业共有 75 个，其中国家级 5 个、省级 70 个。农村专业合作经济组织共有 70 个。

2020 年四川省热作种植总面积 193.9 万亩，同比增长 0.6%；总产量 66.4 万吨，同比增长 1.0%；总产值 69.3 亿元，同比增长 29.7%。其中热带水果年末实有总面积 185.6 万亩，同比增长 0.9%；总产量 65.5 万吨，同比增长 1.1%；总产值 68.7 亿元，同比增长 30.7%。砂仁年末实有面积 8.2 万亩，同比减少 6.8%；总产量 8 734.0 吨，同比减少 8.7%；总产值 6 463.2 万元，同比减少 30.1%。咖啡年末实有面积 0.05 万亩，同比减少 50.0%；总产量 31.0 吨，同比减少 51.9%；总产值 13.3 万元，同比减少 48.4%。

(七) 贵州热区乡村特色产业发展

贵州省南亚热带作物分布区主要位于南北盘江、红水河流域、赤水河流域、乌江流域及支流、都柳江流域及以南地区、清水江流域的32个市（县）。土地总面积22 844.0平方公里，占全省土地总面积的12.97%。适宜种植南亚热带作物面积1 634.6万亩，占本区总面积的47.61%。海拔最低处为黎平县孟彦乡地坪水口河，仅137米。这些地区热量充足，气候炎热，年均气温16.8~21.3℃，太阳辐射强，全年太阳总辐射每平方米2 932~4 522兆焦。年日照时数1 100~1 500小时，日照率26%~30%，年均降水量1 000~1 500毫米，年降水日数150~170天。无霜期345~360天（少数低热河谷全年无霜）。热区总人口约400万人，其中农业人口284万人。

2020年贵州热区热作种植总面积83.6万亩，同比增长31.9%；总产量40.1万吨，同比增长38.5%；总产值28.8亿元，同比增长62.4%。其中热带水果年末实有总面积72.3万亩，同比增长41.3%；总产量39.6万吨，同比增长38.6%；总产值26.9亿元，同比增长68.6%。砂仁种植面积10.2万亩，同比减少1.5%；全年总产量5 247.0吨，同比增长32.2%；全年总产值1.9亿元，同比增长5.4%。

(八) 湖南热区乡村特色产业发展

湖南热区分布在湘南地区，辖郴州、永州两市，热区耕地面积836万亩，占热区总土地面积的14.22%。属于亚热带湿润季风气候区，气候温和，雨量充沛，光照充足，年均气温16~18℃，无霜期280天左右，年降水量1 500~1 600毫米。热区农业人口1 044.87万人。有国家级龙头企业19家，省级龙头企业51家，合作社77个。参与农业农村部热作标准化生产示范园创建单位3个，其中通过认证示范园1个。

2020年湖南省热作种植面积11.1万亩，总产量7.6万吨，总产值1.4亿元，同比分别减少3.5%、2.2%和11.1%。其中热带水果年末实有总面积10.2万亩，同比减少3.8%；总产量6.2万吨，同比减少3.6%；总产值1.3亿元，同比减少4.1%。木薯年末实有总面积0.9万亩，同比持平；全年总产量1.4万吨，同比增长4.4%；全年总产值880.4万元，同比减少56.9%。

(九) 西藏热区乡村特色产业发展

西藏自治区南亚热带作物分布区主要位于北纬28°~29°的林芝市墨脱县、察隅县、波密县。西藏热区虽然纬度较高，但由于西南季风所带来的印度洋暖湿气流受到喜马拉雅山的阻挡，形成了丰富的水、热环境，分布着热带（南亚热带）植被，属典型的亚热带湿润气候区。其中，墨脱县年均气温16℃左右，年降水量2 000~3 500毫米，年日照2 300小时以上，无霜期达330天以上；察隅县年均气温13℃左右，年降水量800毫米，年日照时数1 615.6小时，无霜期200天以上；波密县西北部年均气温11.4℃，年降水量960~1 100毫米，年日照时数1 563小时，无霜期176天。

墨脱县、察隅县、波密县历来都有热作种植，截至2020年年底，实有香蕉种植面积约0.1万亩，产量600吨，全年总产值800.0万元；柚子种植面积0.02万亩，产量50吨，全年总产值26.7万元。

第三节 热区乡村产业振兴的发展趋势与机遇

一、海南乡村产业发展的趋势

(一) 经济宏观运行向好,产业结构日趋合理

海南"十三五"以来,经济发展势头良好,经济实现持续增长,各项经济指标运行向好。2020年全省地区生产总值5 532.39亿元,按不变价格计算,比2019年增长3.5%。其中,第一产业增加值1 135.98亿元,增长2.0%;第二产业增加值1 055.26亿元,下降1.2%;第三产业增加值3 341.15亿元,增长5.7%。

从全省角度看,海南省产业结构日趋合理。三次产业结构由2011年的26.2∶28.4∶45.4,转变为2020年的20.5∶19.1∶60.4。"十二五"以来,第一产业所占比重下降5.7个百分点,第二产业所占比重下降9.3个百分点,第三产业所占比重上升15个百分点。以现代服务业为代表的第三产业已成为推动海南经济增长的主要力量。

从各市(县)看,各地区"一二三"结构逐渐减少,"三二一"或者"二三一"结构逐渐增多。当前海口市服务业占GDP比重为全省最高水平,约为78%;三亚、儋州、琼海、万宁是海南省次于海口市服务业发展较好的地区。

(二) 农业综合生产能力不断提高

2011年以来,海南省农业综合生产能力不断提升,农业总产值持续增加。按现价来看(表1-8),2020年农林牧渔业总产值为1 821.02亿元,较2011年增长了81.67%,其中2011年增速最快,达22%。2011年以来,种植业增速波动很大,2013年、2017年和2018年均低于6%,其余年份增速较快,2020年达到874.81亿元。林业产值在2011年达到最高161.44亿元,此后年度一直呈现负增长,2016年逐步恢复正增长,2019年又呈现负增长,2020年恢复增长13.87%,达到121.15亿元。牧业产值在2017年之前不断增加,但增速有放缓趋势,2017年产值开始下滑,2020年又恢复18.69%的增长。渔业和农林牧渔服务业的总产值均逐年增加,但增速呈现波动下降趋势。

表1-8 2011—2020年海南省农林牧渔总产值及其增速

年份	项目	种植业	林业	牧业	渔业	农林牧渔服务业	农林牧渔业总产值合计
2011	产值(亿元)	401.00	161.44	207.15	204.58	28.18	1 002.35
	增速(%)	17.36	30.41	30.64	17.89	18.66	22.04
2012	产值(亿元)	460.72	137.85	214.14	236.27	33.16	1 082.15
	增速(%)	14.89	-14.61	3.38	15.49	17.69	7.96

(续表)

年份	项目	种植业	林业	牧业	渔业	农林牧渔服务业	农林牧渔业总产值合计
2013	产值（亿元）	476.05	119.29	231.24	264.19	35.16	1 125.93
	增速（%）	3.33	-13.46	7.99	11.82	6.03	4.05
2014	产值（亿元）	555.72	101.31	234.69	295.69	39.73	1 227.14
	增速（%）	16.74	-15.07	1.49	11.92	13.00	10.75
2015	产值（亿元）	598.7	97.21	246.35	307.78	43.97	1 294.01
	增速（%）	7.73	-4.05	4.97	4.09	10.67	14.80
2016	产值（亿元）	676.56	97.76	276.94	333.15	49.47	1 433.88
	增速（%）	13.00	0.57	12.42	8.24	12.51	10.81
2017	产值（亿元）	707.42	107.71	245.05	372.77	55.92	1 488.86
	增速（%）	4.56	10.18	-11.52	11.89	13.04	3.83
2018	产值（亿元）	729.51	110.44	245.32	387.44	63.02	1 535.73
	增速（%）	3.12	2.53	0.11	3.94	12.7	3.15
2019	产值（亿元）	819.59	106.39	300.85	390.90	71.69	1 689.40
	增速（%）	12.35	-3.67	22.64	0.89	13.76	10.01
2020	产值（亿元）	874.81	121.15	357.07	390.80	77.18	1 821.02
	增速（%）	6.74	13.87	18.69	-0.03	7.66	7.79

数据来源：历年《海南统计年鉴》。

近年来，海南农业通过发展以特色农业为核心的现代农业，以"五基地一区"（国家冬季瓜菜生产基地、天然橡胶基地、南繁育制种基地、热带水果和花卉基地、水产养殖与海洋捕捞基地、无规定动物疫病区）为建设重点，同时大力发展休闲农业，取得了较为明显的成效。

（三）农业产业结构不断调整优化

从内部结构上看，2011 年以来，农业、渔业的占比不断上升（图 1-7）。按现价计算，2020 年农业占比为 48.08%，较 2011 年上升了 8.07 个百分点；渔业占比达到 21.46%，较 2011 年上升了 1.05 个百分点。林业和牧业的比重逐年下降，林业比重下降较大，下降了 9.46 个百分点；牧业下降了 1.06 个百分点；农林牧渔服务业比重逐年缓慢上升。

2011 年以来，海南农业产业结构的变化一方面与"五基地一区"的建设密不可分，另一方面也反映了海南一直以来注重充分发挥热带特色农业优势、加强海水产品生产。

利用农业产业结构演进指数（Agricultural Structure Change Index，ASI），来评估海南省农业产业结构演进的产业构成变化、产业关联变动、产业层次及发展水平变动，计算公式为：

$$\text{ASI}_t = \sqrt{\sum_{i=1}^{n}\left(\frac{Q_{it}}{Q_t}\right)^2}$$

式中：t（$t=1, 2, \cdots, T$）表示年份，i（$i=1, 2, \cdots, n$）表示产业（部门），Q_{it}表示第i种产业在t年份的生产总值，Q_t表示t年份农林牧渔业总产值。利用该公式，计算出2011—2020年海南农业产业结构演进指数变化情况（图1-8）。

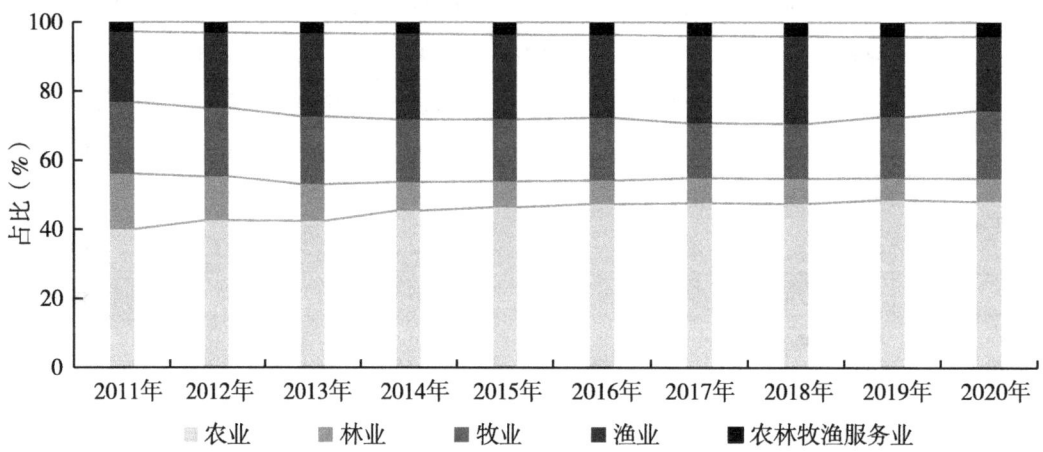

图1-7　2011—2020年海南农业产业内部结构

（资料来源：历年《海南统计年鉴》）

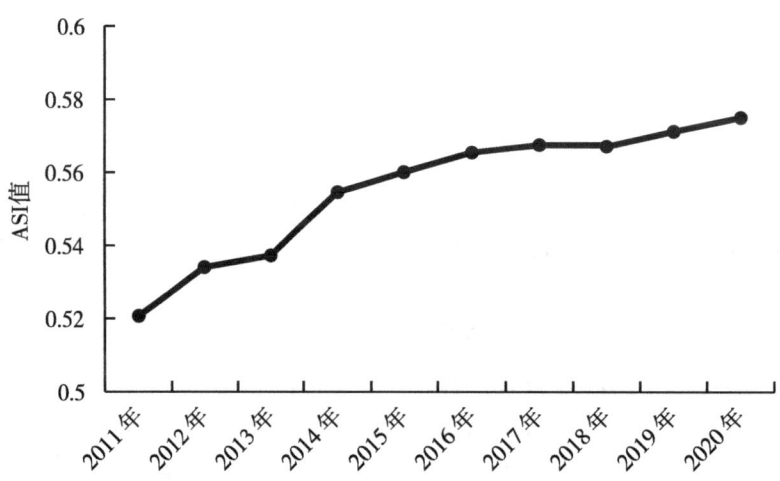

图1-8　2011—2020年海南农业产业结构演进指数

从图1-8中可以看出，近年来，海南省农业产业结构演进指数变化不大，呈现缓慢上升趋势，2020年达到0.575 1。种植业、林业、牧业、渔业以及服务业相对较为协同，产业结构形态趋于稳定。

（四）五区一基地初步建成

2011年以来，海南省蔬菜、水产品和油料的绝对产量逐年上升（表1-9）。按现价计算，除 2015 年之后油料和蔬菜的增速有所减缓外，其余年份增长速度均超过 4.3%。从粮食生产上看，2012 年绝对产量最高，达到 199.50 万吨，此后逐年减产，这是由于近几年农业产业结构调整，水稻等传统农作物种植开始逐渐向冬季瓜菜、热带水果、热带经济作物等产品的生产转变。同理，甘蔗等糖料的生产也在 2015 年开始出现 31.06% 的减产，之后逐年下降。值得一提的是，2011—2020 年糖料在第一产业主要产品中波动幅度最大。水果和肉类产品的产量呈现近似的波动态势，2011—2013 年逐年上升，其后开始下滑，2017 年后有所回升。茶叶产量 2011 年最高，此后一路走低，2015 年下降幅度最大，出现 15.71% 的减产，之后产量有所回升。

表 1-9　2011—2020 年海南省主要产品产量及增长率

年份	项目	粮食（万吨）	糖料（万吨）	油料（万吨）	茶叶（吨）	蔬菜（万吨）	水果（万吨）	水产品（万吨）	肉类（万吨）
2011	产量	188.04	364.83	9.90	1 241	469.06	403.69	160.24	71.90
	增长率（%）	4.20	0.50	4.30	1.10	6.00	7.60	7.20	5.00
2012	产量	199.50	394.24	10.36	1 196	499.00	428.71	168.46	79.54
	增长率（%）	6.09	8.06	4.65	-3.63	6.38	6.20	5.13	10.63
2013	产量	190.90	440.77	10.92	1 028	524.78	342.54	178.27	82.26
	增长率（%）	-4.31	11.80	5.41	-14.05	5.17	-20.10	5.82	3.42
2014	产量	186.60	424.88	11.57	1 025	551.46	311.35	177.15	78.83
	增长率（%）	-2.25	-3.61	5.95	-0.29	5.08	-9.11	-0.63	-4.17
2015	产量	183.99	292.90	11.64	864	572.19	296.68	185.56	77.33
	增长率（%）	-1.40	-31.06	0.61	-15.71	3.76	-4.71	4.75	-1.90
2016	产量	146.10	171.18	9.59	975	579.95	291.53	192.13	79.60
	增长率（%）	-20.59	-41.56	-17.61	12.85	1.36	-1.74	3.54	2.94
2017	产量	138.11	133.09	9.03	1 024	579.37	303.81	180.79	78.67
	增长率（%）	-5.47	-22.25	-5.84	5.03	-0.10	4.21	-5.90	-1.17
2018	产量	147.12	132.52	8.44	1 138	566.77	322.12	175.82	79.87
	增长率（%）	6.52	-0.43	-6.53	11.13	-2.17	6.03	-2.75	1.53
2019	产量	144.96	114.55	8.69	1 267	567.78	332.92	172.16	67.07
	增长率（%）	-1.47	-13.56	2.96	11.34	0.18	3.35	-2.08	-16.03
2020	产量	145.47	105.83	7.69	1 323	572.75	349.75	166.79	57.50
	增长率（%）	0.35	-7.61	-11.51	4.42	0.88	5.06	-3.12	-14.27

数据来源：历年《海南统计年鉴》。

由于海南独特的气候条件，热带作物和热带水果已经成为海南农业最具特色品牌。经过多年的发展，热带作物及热带水果生产初具规模，在市场上竖起了自己的品牌。热带作物总面积逐年上升,天然橡胶种植面积和产量在2012年有所下降,2017年开始回升;椰子、胡椒面积和产量比较稳定;咖啡面积和产量在2012年逐渐下降后,2014年开始缓慢回升;腰果面积和产量逐年下滑;槟榔面积和产量自2011年开始稳步上升(表1-10)。

表1-10 2011—2020年海南省热带作物生产情况

年份	项目	热带作物合计	天然橡胶	椰子	咖啡	腰果	胡椒	槟榔	热带水果合计
2011	收获面积（公顷）	642 623	501 358	28 967	140	176	18 188	48 191	147 737
	总产量	—	37.18万吨	2.38亿个	269吨	245吨	3.54万吨	16.92万吨	308.17万吨
2012	收获面积（公顷）	672 796	372 932	29 031	149	161	18 403	54 700	151 397
	总产量	—	39.51万吨	2.42亿个	280吨	234吨	3.66万吨	19.81万吨	334.63万吨
2013	收获面积（公顷）	692 694	392 678	28 432	137	161	18 509	60 163	151 891
	总产量	—	42.08万吨	2.42亿个	242吨	290吨	3.98万吨	22.33万吨	342.54万吨
2014	收获面积（公顷）	696 407	389 293	28 050	139	130	17 385	64 836	140 107
	总产量	—	39.12万吨	2.40亿个	230吨	105吨	4.00万吨	23.1万吨	311.35万吨
2015	收获面积（公顷）	699 733	383 329	27 005	148	40	19 004	67 568	136 149
	总产量	—	36.11万吨	2.09亿个	259吨	114吨	3.56万吨	22.92万吨	296.68万吨
2016	收获面积（公顷）	699 888	379 368	27 046	162	41	18 341	70 218	137 019
	总产量	—	35.14万吨	2.07亿个	342吨	7吨	3.66万吨	23.42万吨	291.53万吨
2017	收获面积（公顷）	705 137	400 393	27 231	183	—	19 923	73 872	140 397
	总产量	—	36.21万吨	2.18亿个	406吨	—	4.16万吨	25.51万吨	303.81万吨
2018	收获面积（公顷）	699 122	381 113	28 121	187	—	19 365	78 551	150 474
	总产量	—	35.07万吨	2.27亿个	406吨	—	4.34万吨	27.22万吨	322.12万吨

(续表)

年份	项目	热带作物合计	天然橡胶	椰子	咖啡	腰果	胡椒	槟榔	热带水果合计
2019	收获面积（公顷）	706 502	381 301	28 240	216	1	19 609	83 318	150 892
	总产量	—	33.08万吨	2.32亿个	435吨	40吨	4.50万吨	28.70万吨	332.92万吨
2020	收获面积（公顷）	707 897	394 444	28 133	209	0	19 633	88 454	159 391
	总产量	—	33.66万吨	2.13亿个	398吨	2吨	4.10万吨	28.33万吨	349.75万吨

数据来源：历年《海南统计年鉴》；热带水果包含菠萝、香蕉、荔枝、杧果、阳桃、红毛丹、番石榴、火龙果。

（五）农民收入快速增长

经过多年的改革，海南省农业农村经济发生了巨大的改变，农民收入水平也得到快速发展。农村居民可支配收入已由 2011 年的 6 446 元增加到 2020 年的 16 279 元，农民收入排名提升至全国第十四位，年均增长率为 12%，增速逐年放缓。2020 年海南省农村居民人均可支配收入与全国的 17 132 元水平相比，还有 853 元差距。同时，2011 年以来，海南省农民收入增幅虽然有所提高，但与城镇居民家庭人均可支配收入相比，虽增速较快，但绝对差距仍非常大（表1-11）。

表1-11　2011—2020 年海南省农村居民与城镇居民人均可支配收入

年份	农村居民可支配收入		城镇居民可支配收入		海南省城乡居民收入差距（元）	海南省城乡居民收入比值
	金额（元）	增速（%）	金额（元）	增速（%）		
2011	6 446	22.2	18 369	17.9	11 923	2.85∶1
2012	7 408	14.9	20 918	13.9	13 510	2.82∶1
2013	8 343	12.6	22 929	9.6	14 586	2.75∶1
2014	9 913	18.8	24 487	6.8	14 574	2.47∶1
2015	10 858	9.5	26 356	7.6	15 498	2.43∶1
2016	11 843	9.1	28 453	8.0	16 610	2.40∶1
2017	12 902	8.9	30 817	8.3	17 915	2.39∶1
2018	13 989	8.4	33 349	8.2	19 360	2.38∶1
2019	15 113	8.03	36 017	8.0	20 904	2.38∶1
2020	16 279	7.72	37 097	3.0	20 818	2.28∶1

数据来源：历年《海南省统计年鉴》，2018 年数据来源于 2019 年 1 月 30 日发布的《2018 年海南省国民经济和社会发展统计公报》。

在海南省农村居民人均可支配收入来源构成中，家庭经营收入仍然是主要部分，但家庭经营收入占农村居民可支配收入比重逐年下滑，而工资性收入与农民务工收入的比重得到有效提高，各项对农民的转移性收入也增长较快，财产性收入在农民收入中的份额较小。2011年，海南省农村居民经营性收入3 827元，占人均可支配收入的59.4%；而务工及工资性收入2 005元，占可支配收入的31.3%；转移性收入仅479元，占比7.4%。到2020年，农民从事经营性收入6 124元，占比37.6%；而务工及工资性收入达到6 753元，占比41.5%，高于家庭经营性收入；转移性收入3 095元，占比上升至19%，财产性收入307元，占比1.9%（表1-12）。

可以看出，海南农村居民人均可支配收入中，工资性收入逐年增加，比重呈现上升趋势；经营性收入虽然也在增加，但比重呈现下跌趋势，主要是由于近年来，农业产业结构的不断调整，农业生产效率增加较快，城镇化建设步伐加快，让农村的劳动力转移至城市打工。同时，劳动力价格保持惯性上涨，本地务工、外出务工工资水平平稳增长。随着外部环境的改善，农业结构的进一步优化，农村的务工情况较好，人数呈现增长趋势，为农村富余劳动力提供了更多的就业机会，带动农村劳动力向非农就业转移。

表1-12　2011—2020年海南省农村居民可支配收入构成

项目	2011年	2012年	2013年	2014年	2015年	2016年	2017年	2018年	2019年	2020年
农民人均纯收入（元）	6 446	7 408	8 343	9 913	10 858	11 843	12 902	13 989	15 113	16 279
增速（%）	22.2	14.9	12.6	18.8	9.5	9.1	8.9	8.4	8.03	7.72
工资性收入（元）	2 005	2 476	2 979	3 596	4 251	4 765	5 186	5 611	6 317	6 753
经营性收入（元）	3 827	4 183	4 443	4 753	5 013	5 316	5 576	5 806	5 865	6 124
财产性收入（元）	136	173	212	177	195	139	186	254	283	307
转移性收入（元）	479	576	709	1 386	1 399	1 623	1 972	2 318	2 648	3 095
工资性收入占比（%）	31.1	33.4	35.7	36.3	39.2	40.2	40.1	40.1	41.8	41.5
经营性收入占比（%）	59.4	56.5	53.3	47.9	46.2	44.9	43.2	41.5	38.8	37.6
财产性收入占比（%）	2.1	2.3	2.5	1.8	1.8	1.2	1.4	1.8	1.9	1.9
转移性收入占比（%）	7.4	7.8	8.5	14.0	12.9	13.7	15.3	16.6	17.5	19.0

数据来源：2011—2017年数据来源于历年《海南省统计年鉴》，2018年数据来源于海南省人民政府网站。

二、海南乡村产业振兴发展机遇

海南自由贸易港（简称自贸港）是按照中央部署，在海南全岛建设自由贸易试验区和中国特色自由贸易港，是党中央着眼于国际国内发展大局，深入研究、统筹考虑、科学谋划作出的重大决策。海南自贸港最大的特点在农业，最大的难点也在农业。农业是海南经济的重要组成部分，农业GDP在海南GDP总量中占比高达20%，其中70%来自热带特色农业，农村人口在海南总人口中占比超过40%。鉴于全球其他自贸港所在地区都不以农业为主要产业,所以海南自贸港农业发展没有太多可借鉴经验,海南必须探索出一条具有中国特色、符合本地实际的农业自贸路径。要在自贸港建设中科学精准规划农业发展方向、有效推动农业转型升级,海南既面临多重挑战,也拥有难得机遇。

(一) 明确热带高效农业的发展方向

习近平总书记"4·13"重要讲话中提到[①],"海南要发挥其独特的热带气候优势,做强做优热带特色高效农业,打造国家热带现代农业基地。"《中共中央 国务院关于支持海南全面深化改革开放的指导意见》[②]明确指出,"要做强做优热带特色高效农业,打造国家热带现代农业基地,创建农业绿色发展先行区。"这些都明确了海南发展热带特色高效农业的方向。

(二) 政策优势突出

2020年习近平总书记主持召开企业家座谈会时强调[③],"充分发挥国内超大规模市场优势,逐步形成以国内大循环为主体、国内国际双循环相互促进的新发展格局,提升产业链供应链现代化水平,大力推动科技创新,加快关键核心技术攻关,打造未来发展新优势。"自贸港是在自由贸易试验区基础上更高层次的对外开放形式,是目前全球开放水平最高的特殊经济功能区,因此也成为推动形成双循环的重要环节,肩负着努力率先形成新发展格局的使命。海南靠大陆、邻东盟、连世界,区位优势十分优越,自贸港建设能在保护我国农业的基础上,为农业企业更好地利用两个市场、两种资源开展农产品贸易,为市场主体便利地使用国内外各种资源和要素,为加强我国的农业外交与技术合作提供了机遇。自贸港的"桥头堡"性质也决定了其发展建设将享受长期、系统、稳定的政策利好。

(三) 给海南热带高效农业发展带来新发展动力

建设自贸港同时将打造生态循环农业示范省、绿色发展先行区、琼海农业对外开放合作试验区、全球动植物种质资源引进中转基地、国家热带农业科学中心、南繁种业硅谷、科技城等一批高层次发展平台,将为海南热带高效农业发展带来强劲发展动力。

(四) 给海南热带高效农业发展带来体制创新驱动

自由贸易试验港建设提出了"深化行政体制改革和以制度体系创新"为重点的体制机制改革,深化供给侧结构性改革,尽力突破目前海南热带高效农业产业发展中存在的体制机制僵化问题。根据海南热作产业发展实情,持续推进海南农村改革,盘活农村土地,鼓励多种经营,为海南热带农业健康发展提供可持续的制度保障。海南作为

---

① 资料来源:习近平总书记2018年4月13日在庆祝海南建省办经济特区30周年大会上的讲话,http://www.gov.cn/xinwen/2018-04/13/content_5282321.htm。

② 海南省农业厅、海南省海洋与渔业厅与海南省林业厅关于印发《海南省热带特色高效农业发展规划(2018—2020年)的通知》,http://agri.hainan.gov.cn/hnsnyt/xxgk/tzgg/xztz/201807/t20180731_1452054.html,2018年7月18日。

③ 资料来源:习近平总书记2020年7月21日在企业家座谈会上的讲话,http://www.gov.cn/gongbao/content/2020/content_5532611.htm。

"多规合一"改革试点，建立了全省统一的空间规划体系，这对于海南热带高效农业的生产规划、休闲农业等用地可以得到长远保障。同时，海南开展的农垦改革，推动集团化发展，整合各方资源，促进产业结构的优化升级等措施，也都是热作产业发展的制度保障。此外，海南热带农业人才与科教支撑体系已初步建成，为海南热带特色高效农业产业发展提供了有力的人才科技支撑。

（五）给海南农业农村发展带来更大国际合作空间

自贸港建设加速打造法治化、国际化、便利化的一流营商环境，为农业企业"引进来""走出去"创造了有利条件，将充分发挥海南"用最好的资源吸引最好的投资者"的优势，为海南热带高效农业发展带来更大国际合作空间。

（六）更深层次推进海南农业供给侧结构性改革

在自贸港建设背景下，海南以农业供给侧结构性改革为主线，推进农业健康稳定发展，推进国家热带特色农业"五基地一区"（国家冬季瓜菜生产基地、天然橡胶基地、南繁育制种基地、热带水果和花卉基地、水产养殖与海洋捕捞基地、无规定动物疫病区）建设，在多种举措下海南热带高效农业未来将逐步实现多元化发展，促进产业结构的优化升级，热带农业的发展将迎来巨大机遇。

第四节　热区乡村产业振兴的典型模式与案例

一、热区乡村产业振兴的经典模式

产业振兴是实现乡村整体振兴的基础。通过农村三产的融合发展，促进热区乡村产业的全面振兴，增加农民收入，不但能解决农村人口流失的问题，同时也能通过产业的发展增加当地政府的财政收入，从而能有更多的资金投入当地的农村发展中，增强农民的幸福感、获得感。20世纪90年代，日本学者今村奈良臣在分析农产品价值时提出，农村产业的增值收益在通过加工环节、流通环节之后通向消费端时，限制了农村产业的发展壮大。他提出要通过在农村建立生产、加工、销售、服务一条龙的产业链条，将农产品产生的价值留在农村。产业融合能将农村的一、二、三产业连接起来，形成新业态，创造出更多类型的产品，延长产业链条，增加农产品价值。

21世纪以来，我国热区农业农村的基础设施条件不断完善，各地出现了不同类型的农村三产融合发展的趋势。以海南省为例，2020年，海南三次产业增加值占地区生产总值的比重分别为20.5∶19.1∶60.4。2020年农业增加值为1 135.98亿元，农村居民可支配收入达到16 279元。2020年海南农村网络零售额实现100.15亿元，同比增长13.66%[①]。其中，农村实物型网络零售额达到58.6亿元，较2019年增长24%，占海南

---

① 数据来源于海南日报新闻，http://wenchang.hainan.gov.cn/wenchang/jjzx/202101/854266c3-18f0452ba5c102ad1bb76f42.shtml。

农村网络零售总额的58.5%；农村服务型网络零售额达到41.6亿元，较2019年增长1.7%，占海南农村网络零售额的41.5%[①]。农产品网络零售额115.55亿元，同比增长35.64%。各类新型经营主体的数量大幅增加，社会化服务组织逐步完善。2020年，海南全省接待游客总人数6 455.08万人次，旅游收入872.86亿元，人均消费1 352元/次，远远超过了国内旅游人均消费774元/次。海南农业农村经济的快速发展带动了热区农业产业的转型升级，海南农村三产融合发展涌现的新业态和新模式层出不穷，主要归纳以下几种热区乡村产业振兴的模式。

（一）"农旅一体化"特色产业带动

实现乡村振兴，加强农业农村现代化，降低农业生产成本，增加农民收入，都需要以农业为依托，促进农村产业融合发展。旅游业与农业之间具有天然的耦合性，农业为旅游业的发展提供丰富的物质基础和强有力的产业支撑；旅游业为农业提供平台、市场和发展契机，提升农业的经济效益、社会效益与生态效益。自2014年中央农村工作会议首次提出要将产业链、价值链等现代化产业组织方式引入农业生产以来，促进农村产业融合开始在国家政策和方针中出现，此后连续8年的中央一号文件中均着重强调要落实农村产业融合发展，增加农民收入。

按照"农旅一体化"布局，以热带特色优势作物产业为依托，延伸产业链条，增加价值链，结合热区丰富的旅游资源，促进热作产业的休闲观光旅游发展[②]。热区农村有得天独厚的自然禀赋和本土特色资源，乡村类型多、少数民族文化多种多样。"农旅一体化"特色产业带动模式，就是挖掘热区乡村的农耕文化、以特色的热带农业文化内涵促进农业旅游业的发展壮大。同时我们也要认识到，我国热区农村融合发展总体处于初级阶段，融合链条较短，利益联结松散，合作方式单一；土地、资金存在短缺，专业型人才和复合型人才远不能满足需求。虽然近年来也强调培育新型经营主体，但热区乡村的新型经营主体还未发育完善，部分新型经营主体结构单一，经营能力不强，创新能力不足。农旅一体化融合不但解决了热区传统农业的发展方式不能适应社会和经济发展的需要，促进热区农业产业结构的转型升级；同时满足了消费者日益增长的逃离大城市，返璞田园的旅行需求。在目前的发展阶段，我国热区的"农旅一体化"特色产业带动型模式主要有田园农业旅游、休闲度假旅游、民俗风情旅游、农家乐旅游、村落乡村旅游等模式。

（二）"纵向一体化"延伸

纵向一体化延伸型模式一般是以热区农业产业化龙头企业为主体，向产业链的生产上游、中游、下游延伸，通过生产种植户、加工企业、流通批发销售等各个环节的协同发展达到产加销一条龙的产业链条。这种模式可以把产业链留在县域，能更

---

① 李伟铭，冯慧，黎春燕. 积极推进海南国际旅游消费中心建设 [J]. 中国发展观察，2021 (Z2)：28-30。

② 欧阳胜. 贫困地区农村一二三产业融合发展模式研究——基于武陵山片区的案例分析 [J]. 贵州社会科学，2017 (10)：156-161。

好地让生产种植户享受产业链的整体利益分配，对农业农村经济发展，提高农民收入有很大促进作用。但同时也要意识到，这种模式对其中加工企业的管理能力有较高要求。

泸水福兴咖啡种植农民专业合作社位于云南省怒江大峡谷三江并流地带，最初成立的时候有100多户的云南省怒江州泸水市上江镇蛮英村村民，涉及427个咖农，合作社种植的咖啡面积约有1 700亩，年生产的阿拉比卡咖啡豆有400多吨。福兴咖啡种植农民专业合作社采用了"合作社+农户"的运行模式，由村里的带头人苏福卫牵头，联合咖啡种植户，共同组建咖啡产业链。合作社统一种植"卡蒂姆"咖啡豆，由合作社提供技术支撑，统一收购，统一销售。组成了利益联合体，延长了产业链长度，抵御市场风险的能力大幅提升。近些年，加入合作社的农户全部脱贫，咖啡产业链也从单纯的种植咖啡豆，延伸到创立自身独立品牌"阿客哆咪"，涉及的产品有咖啡豆、咖啡粉、速溶咖啡、挂耳咖啡等多个品种。产品的销路由合作社负责开拓，主要销往上海、江苏等地的咖啡店。稳定的咖啡豆品质对品牌的开拓至关重要，合作社与当地农科院等多家部门联合，积极参加及组织咖啡豆技术培训与科技示范，及时跟进先进的农业科技，不但提高了种植户的种植技术，也能够稳定合作社的咖啡豆品质，实现了咖啡的统一标准与统一价格。同时积极开发新的销售渠道，疫情期间，福兴咖啡种植农民专业合作社利用网络销售平台，通过电商渠道半年实现销售额270万元，占全年销售总额的近一半。合作社通过整合资源，实现了统一的规模化经营，通过制定生产标准，提高产品的品质，稳定销售渠道的同时，也开发出自己的品牌，带动合作社农户脱贫致富。合作社还计划逐步打造咖啡文旅结合的产业链，开发咖啡文化旅游，实现三产融合发展。

（三）基层党组织带领

农村的基层党组织在乡村振兴中的作用不仅仅是在政治引领方面，同时也要在促进农业农村经济发展、巩固脱贫攻坚成果方面起到模范带头作用。只有农村经济发展良好，农民收入增加，才能达到乡村振兴的目的。将党组织的优势发挥到乡村产业振兴中去，把"党建+扶贫"的理念贯穿到工作中，通过党支部带头办专业合作社、建立生产加工基地、建设推广示范的园区等，才能更好地发挥引领、示范作用，提高农户的生产积极性与市场信心，才能把更多的农民团结到党组织周围，共同抵御市场风险。

山东省乳山市通过构建"村社一体"的模式，将基层党组织融入合作社的运行管理各环节，由村书记担任合作社的主要负责人，党员干部与合作社成员共同任职管理，将党组织的组织纪律性渗透到合作社中，确保了村合作社的高质量运行。乳山市在2021年，开始通过对农村产业发展的基础、自然禀赋的条件以及村集体资产状况等各方面的评估，成立党组织牵头申办合作社，确定村集体需要发展的产业种类，实现"一村一社一品"的发展格局。在发展党组织合作社的同时，也鼓励相关联的产业合作社共同发展联合社组织，壮大组织经营规模。通过遴选学习能力强，有带动能力的党员干部赴外地进行培训，提升创业致富的能力，来带领合作社运行经营。为了提高农民入社的积极性，鼓励党员干部出资募股，同时也能提高党员干部的工作积极性，引导广大群众广泛参与。在股权的配置上，由乳山市统一制定相关的指导意见，对组织建设、股份设置原则、分配方案等进行指导,在保证党员干部的积极性的同时,防止"大户垄断"现象的出现。在利益联结机制方面,规定合作社用于扩大生产的资金应当不高于10%利润的总额,其余的利润按照股份的占比情况进行分配。合作社在经营过程中,五年一考核,通过对比之前制订的目标任务,来评价党员干部及合作社的实际业绩情况。在运行过程中,乳山市委托第三方进行代理记账,对合作社的每笔账目实现电子凭证记录,将合作社的经营管理与党员干部的责任审计挂钩。

(四) 电商平台推动

电商平台推动模式是近年来随着信息技术、互联网技术等现代科学技术的普及出现的一种新型营销模式。这种模式的特点就在于直接联通生产端和消费端,通过现代化高效的物流体系,实现农产品快速、高效、低成本的"从田头到餐桌"。省略了传统销售渠道的批发、零售环节,实现农产品产销的无缝对接。

云南省文山州[①] 8个县被列入国家级电子商务进村综合示范县。2020年以来,文山州的网络交易额达到近80亿元,网络零售额突破45亿元,位列全省第二位。这对于文山州各市县推进农业农村转型升级,促进农村三产融合,提高农民收入起到积极作用。文山州陆续引入京东、淘宝等电商平台,强化配送点建设。同时积极鼓励本土电商平台参与电商网点的建设。实现县、乡、村三位一体的公共服务网络体系。让文山的三七等传统农产品走入网络销售平台,实现了文山市三七网络零售额突破1亿元大关的目标[②]。文山州通过这几年的发展,建立起州级的电子商务公共服务中心,8个县级服务中心以及超过600个村级电子商务服务站。2019年以来,文山州共计存在超过25 000家的网络电商,其中实物网络电商数量超过7 400家,服务型的网络电商数量超过17 000家。文山州利用电商模式,依托少数民族特色、产业发展基础、资源环境禀赋、少数民族文化等方面,开展区域公共品牌培养。由全州统一品牌发展规划路径。引入大型网络零售电商企业平台——拼多多,网络直播宣传文山州区域公共品牌。同时,文山州也积极完善物流基础配送服务设施,打通从田间到餐桌的物流通道。让农村物流配送与电商协同发展,目前已经建成9个县级的电子商务物流仓配中心。为了保障电子商务信息流的畅通,文山州还在各县建立物流大数据监管平台,对全产业链中的物流进行跟踪监测,保障了农户和消费者的权益。随着物流网络的不断完善,物流配送费用也在逐渐降低,县级配送站物流到乡镇配送站的费用由刚成立的10元/公斤下降到目前的2元/公斤,物流成本费用的降低,意味着将有更多的农产品通过物流网络体系流通到外部的大市场中。电商模式的普及,拓展了文山州农产品的销售渠道,能够在一定程度上减少市场波动带来的风险。目前,文山州销售的农产品,已经实现实物型网络零售总额突破35亿元,服务型的网络电商零售总额突破11亿元。

(五) 美丽乡村引领

美丽乡村引领型模式需要完善农村基础设施建设,改善并巩固农村的生态环境,依

[①] 文山壮族苗族自治州,简称文山州。
[②] 资料来源:文山州大力推进电子商务进农村打造经济增长新引擎,http://www.ynmg.gov.cn/info/1039/73753.htm,2021年5月。

靠政府帮扶与产业交叉等方式打造宜居美丽乡村。其重点在于瞄准前景好的生态产业，制定科学生态的乡村发展规划，在保护青山绿水的同时做大"金山银山"，构建经济发展与生态保护之间的互动机制。进而促进农业产业与资源禀赋环境协同发展，提升农业产业与加工业、旅游服务业的融合发展。

石门县秀坪园艺场位于湖南省常德市石门县南部，由5个建制村组成。园艺场目前有5 000多人，共计1 500多户，行政面积大约1万平方公里。石门县秀坪园艺场的主要农业产业是柑橘，年产量可达2万吨，种植面积接近1万亩，是我国最大的早熟蜜橘生产与出口基地之一。石门县秀坪园艺场将柑橘产业与旅游业相结合，全年累计接待游客超过1万人次。秀坪园艺场区位优势明显，产业特色突出，柑橘文化底蕴深厚，生态环境优越。本着产业提升，设施完善，生态保护，文化传承的规划理念，按照"中国柑橘技术研发、推广应用现代化生产示范区，中国美丽乡村建设与管理模式创新示范区，中国最具有吸引力的周末休闲度假乡村旅游目的地之一"的发展定位，当地大力发展柑橘文化建设和延伸产业。依托柑橘种植这一主导产业，当地一些农民纷纷自主创业，形成了柑橘农业观光相关产业延伸的产业链条，真正意义上达到产业振兴乡村的目标。在积极推进村风文明建设和生态环境治理的过程中，打造了别具一格的秀坪园艺场"橘"文化，形成了柑橘文化展览室，每个农家小院外都悬挂了跟柑橘有关的对联、牌匾，开展了具有秀坪园艺场特色的"穿衣戴帽"工程。

二、热区乡村产业振兴案例

（一）资源禀赋发展热区特色产业

广西壮族自治区田百色市东县是"中国杧果之乡"，是全国四大杧果产区之一，2017年入选首批中国特色农产品（杧果）优势区，2019年2月入选国家首批农村产业融合发展示范园。2017年以来，田东县以创建国家农村产业融合发展示范园为抓手，结合地方优越的自然条件和良好的杧果产业发展现状，推进杧果产业与加工业和旅游服务业的融合发展，促进杧果产业的提质增效与可持续发展，增加农民收入水平，实现田东县的乡村产业振兴。

田东县以创建示范园为总抓手，加大科技研发推广力度，着力提升杧果种植管理技术、杧果品质、杧果营销、产旅融合、农产品深加工，培育农业新型经营主体，创新园区融资投资模式，促进园区各个业态融合发展，努力实现乡村全面振兴，为"建设壮美广西、共圆复兴梦想"作出田东新贡献。

1. 主要特点

（1）产旅融合带动高质量发展

示范园以杧果产业发展为契机，积极探索农旅结合，着手打造一批休闲农旅结合产业集群。"十三五"期间着力推进"1+17"产旅融合示范点项目，打造了以平马文设杧果家庭农场、天成有机蔬菜量化生产基地、天成智慧育苗工厂等为代表的产旅融合优质产业项目，带动田东县农旅产业发展。2016年，田东县获批"国家农村产业融合发展试点示范县";2017年被农业部①评为"全国休闲农业和乡村旅游示范县";2019年全区休闲农业与乡村旅游示范点共50个单位获评,百色市6县8个旅游点获此殊荣,其中田东县占了3个。农业产业已初步形成多元复合、协同发展的经营格局。2017年以来,年旅游客量达15万人次,旅游收入超过1 000万元。

(2) 产业链延伸带动价值链提升

以农产品加工与物流产业园区为抓手,积极引进香港巨人园、深圳从玉集团等农产品加工企业,促进加工仓储与物流集散联动,推动杧果产品向精深加工和集群化发展,着力延伸产业链、提升价值链。目前,示范园内共有自治区级加工龙头企业2家,市级加工龙头企业2家,产品以预包装产品、杧果汁、有机肥等相关联产品为主。有机农产品交易中心建立了农产品质量检测、冷链物流、电子商务等完整交易体系。

(3) "杧果嘉年华"开拓国内外市场

通过承办杧果国际性展会、学术论坛、展品推介会等,将"百色·田东杧果文化活动月"提升为"杧果嘉年华",促进杧果产业国内外合作交流。目前,杧果营销体系不断健全,有专业交易市场两个,中国杧果产业交易中心一个,优质果蔬交易中心一个。园区内建立了有机农产品交易中心,引进本地电商农派三叔、南宁智农、深圳智农等生鲜电商企业入驻,自建小程序及利用小红书、抖音等新媒体,建立品牌营销中心,建立了线上线下结合销售圈,加大园区内部物流、电商、旅游、贸易等现代服务行业的发展力度,促进杧果产业与第三产业的全面融合。2019年专门从事杧果营销的企业近百家,从事杧果种植销售的合作社近20家,从事杧果线上营销的电商、微商达3 500多家,实现杧果线上年销售额2.53亿元,电商销售占杧果销售量的21%。

(4) 利益联结汇聚融合发展合力

坚持园区建设、企业发展、农民得利的原则,强化农民利益联结机制,引导入园企业通过实行"公司(合作社)+基地+农户""保底+分红""土地流转租金+返聘务工"、土地入股、经营权拍卖等模式,使农民实现土地流转金、薪金、股金、房屋租金、养老保险金"五金"收入。目前,示范园经营总收入2.7亿元,示范园内农村居民人均可支配收入比周边地区农村居民普遍高出5%以上,带动297户贫困户脱贫致富、1.2万户农户就业。

(5) 创新投融资模式撬动社会投资

充分发挥各类银行机构作用,通过田东农村商业银行等金融企业,创新向果农提供"融资+融智"多样化金融服务,解决果农融资难、种植技术不足的问题,推进全县杧果产业发展。近3年来,全县各类涉农财政资金共计超过17 570.83万元投入产业园建设,撬动社会资本投入28 113.33万元,依托农村金融改革,发展"香芒贷""桂惠贷",共1.65亿元。在全国首创杧果保险业务,每年投保面积超过2万亩。

---

① 中华人民共和国农业部,简称农业部。2018年国务院机构改革,将农业部职责整合,组建中华人民共和国农业农村部。

2. 政策措施

(1) 以产业融合思维推进田东杧果全产业链发展

一是加强一产基础设施建设。依托田东县"1+17"产旅融合规划,充分利用产业园内已有的标准化生产基地,整合涉农资金投入扶持杧果蔬菜双核产业项目发展。二是发挥一、二产业融合发展示范作用。加快农产品加工园区建设,积极引进中国东盟田东国际农产品批发电商物流园、香港巨人园生物科技集团有限公司果蔬深加工项目等大型农产品加工龙头企业,带动杧果产业发展。三是推动产旅结合。依托田东县获批的全国休闲农业和乡村旅游示范县有利机遇、天成国际大酒店的住宿资源,研究创造以优质果蔬为核心的采摘、文创、养生、休闲类旅游产品,全面延伸产业链条。

(2) 以科技创新思维提升田东杧果等产业发展质量

一是实施科技协同创新。结合百色杧果研究院资源,与多家农业科学院及大学建立合作关系,如中国热带农业科学院、日本岐阜大学、广西壮族自治区产品质量检验研究院等。在产业园内建立杧果蔬菜双核产业农产品加工研发中心,依托产业园龙头企业,针对果蔬加工技术薄弱环节进行技术攻关,充分发挥科技支撑作用。二是加快成果转化示范推广。对杧果产业的最新科技成果进行推广示范,如杧果双核产业品种选育、栽培技术,构建杧果产业科技成果的推广示范应用及转化的平台,让更多的杧果产业链中的主体享受到科技进步带来的农业生产效率提高的红利,延伸产业链条,促进杧果产业可持续发展。三是探索"政府+企业+科研机构"模式。抓住田东县被列为广西唯一全国基层农业技术推广体系改革与创新试点县的契机,选择产业园内从事果蔬生产经营的规模企业成果转化阵地,集聚中国农业科学院等科研机构,探索"政府+企业+研究机构"合资合股的新途径和有效模式。

(3) 以现代化营销思维拓展田东杧果消费市场

一是打响杧果文化品牌。支持和鼓励品牌培育与市场推广,引导企业申报自治区级龙头企业、驰名/著名商标、"三品一标"及其他市场需要的认证,对获得"三品一标"① 认证的企业、专业合作社给予一定的申报补贴,实现农产品加工从"做产品"向"做品牌"转变。二是做大杧果线上销售。深入实施"电子商务进农村"工程,积极发掘和培育品牌产品网络销售平台,以电子商务模式为基础,拓展品牌农产品营销渠道,实现线上线下结合开拓市场。三是加强对外合作交流。承办杧果文化节、杧果国际性展会、学术论坛、展品推介会等各类大型活动,制作杧果主题微电影进行宣传,稳步将"百色·田东杧果文化活动月"提升为"杧果嘉年华"。同时,组织企业参加在国内有影响力的农产品博览会和绿色食品交易会,提升田东优质农产品影响力。

(4) 以金融创新思维发挥田东特色创建模式示范作用

一是创新园区融投资模式。创新"融资+融智"多样化金融服务,全面推广"香芒贷",打造农村金融改革"升级版",实施"引金入村"工程,建成全国领先的数字普惠金融服务平台,在村屯设立普惠金融综合服务点"乡邻小站",推行"农金村办"模式,实现面向"三农"的普惠金融线上线下融合发展。二是加大对新型农业经营主体

---

① "三品一标"指绿色食品、有机农产品、无公害农产品和农产品地理标志。

的支持力度。积极培育家庭农场、农民合作社、农业产业化龙头企业等新型经营主体，发展多种形式的适度规模经营①，推动杧果规模化生产，提高发展质量效益和竞争力。

3. 经验启示

(1) 坚持"规划先行"原则，提高产业科学发展水平

坚持将杧果产业纳入《田东县产业布局规划（2017—2025年）》《田东县农村产业融合发展试点示范实施方案》等发展规划体系，纳入全县产业强县工作发展大局，不断提高杧果产业发展的规划性和科学性。同时，积极向上争取得到农业农村部以及自治区的专业性指导，走部区共建道路，不断提高园区的建设等级和发展水平，促进杧果产业的高质量发展。

(2) 实施产业扶贫政策，服务脱贫攻坚工作大局

坚持以脱贫攻坚工作统领全局，深入贯彻产业扶贫政策，引导、支持园区周边贫困村或贫困农户结合当地的产业条件，成立专业合作社，发展特色种养项目，同时探索发展订单合同、股份合作、流转聘用、带动就业创业等多种利益联结模式，发展村集体经济，实现贫困户增产增收，带领贫困人口走上创业致富的产业道路。

(3) 加快示范园区建设，加快现代农业发展步伐

活用巧用中央、自治区关于加强示范园区建设的各项优惠政策和扶持资金，打造体验式休闲观光农业综合体，大力推进杧果标准化建设、机械化生产、现代化管理、集团化经营，不断提升田东杧果的核心竞争力，促进全县一、二、三产业融合发展。同时，大力开展特色农产品的品牌建设工作，引导企业做好杧果"三品一标"和原生态产地产品保护认证工作，创建杧果果品质量安全追溯体系，向世界展示田东农产品形象，提高田东香杧的影响力，着力提高田东香杧的品牌示范效应。

(4) 推进加工园区建设，延展杧果产业产品链条

加大招商引资力度，积极引进大型农产品加工龙头企业，发展杧果深加工产业，提高农产品附加值，提升特色农产品精深加工能力，实现一产与二产深度融合。加快示范园杧果加工仓储与物流集散中心建设，重点服务于以田东县农村产业融合发展（杧果）示范园及田东县国家现代农业（杧果）产业园为中心的百色特色杧果优势产区，发挥杧果（及其他特色果品）加工、仓储、物流、配送等功能，探索产业信息发布、电商服务、创意设计等关联功能。

(5) 创新资金投入机制，增强杧果产业发展活力

创新涉农资金整合投入机制，整合各项涉农资金投入园区的产旅融合和特色种养项目，进一步丰富农村产业业态，大力推进一、二、三产业全面融合，推动农村经济稳步发展。同时，通过深入推广杧果产业发展贷款——"香芒贷"，加大面向果农的信贷支持，解决果农融资难，为杧果产业发展注入活力。

(二) 城乡融合优化热区农业产业布局

弥勒市太平湖国家农村产业融合发展示范园位于云南省红河哈尼族彝族自治州弥勒

---

① 杨佳雯. 政府工作报告中与合作社相关的要点整理 [J]. 中国农民合作社，2022 (4)：36-38。

市,距主城区9公里,核心区1.6万亩,辐射带动区29.1平方公里,涉及6个建制村,1.5万人,以高原特色现代农业、旅游业、生态康养业为主导产业。示范园以特色现代农业为基础,以生态保护为主线,以特色小镇建设为抓手,以农业增效、农民增收、农村繁荣为目标,依托自身资源禀赋,着力打造产城融合型农村产业融合发展示范园,目前已累计完成投资19.69亿元。示范园自2016年启动建设以来,积极探索形成适合自身发展的农业农村产城融合发展模式,坚持向生态要效益,向创新要动力,向绿色要发展,在打造平台载体、加速产城融合、强化要素保障等方面持续发力,全力推动农业生产、农产品加工和服务业有机结合,加快推进太平新城建设步伐,实现了环境生态优美、土地效益升值、农业产业链延伸、群众收入增加、新城有序开发的良好发展局面。2020年示范园实现总产值15.2亿元,比2019年增加1.47亿元,增长10.7%,三次产业结构比为10∶20∶70,农村居民人均可支配收入达1.9万元,高于全市平均水平18.3%,走出了以生态文明建设引领高质量发展的新模式、新路子,示范园成为推进产城融合发展的成功典范、打造世界一流健康生活目的地的新样板,争创绿水青山就是金山银山的实践创新基地。

1. 主要亮点

(1) *产城融合拓展城市空间*

坚持"人民城市人民建,人民城市为人民"的理念,围绕"现代田园城市、健康生活福地"的城市定位,统筹考虑太平湖示范园产业结构、城镇布局、人口居住、基础设施等因素,合理规划各类功能区,高标准打造宜居宜业宜游、生态康养智慧的弥勒副城——太平新城,丰富弥勒"一主"(主城)、"两副"(东风新城、太平新城)空间格局,延伸城市功能,彰显"世界花园、天下太平"形象定位。依托融创太平湖国际生态旅游度假区项目,实现产业发展、城市建设、人口集聚互促融合。统筹抓好太平湖周边村庄规划,深入实施美丽乡村建设,着力改善周边村庄排污、供水、道路、绿化美化、村民活动中心等基础设施,促进片区公共服务均等化,实现城乡一体化发展。加大对小太平村发展乡村旅游、种植绿色蔬菜的扶持力度,累计投入资金4 500万元,完成道路、给排水、景观、文化娱乐设施建设,力争在2021年内创建省级乡村振兴示范村,太平湖周边村庄人均纯收入高于其他地区1 000元左右。

(2) *产城融合打造发展平台*

按照"无中生有、有中出奇、奇中求优"的思路,以特色小镇创建为抓手,在生态修复的基础上打造特色景观,引进国际国内知名木屋企业合作开发木屋博览园及成立现代木结构建筑研发中心,建设集生态休闲旅游、森林木屋体验、木结构研发、康体养生于一体的太平湖森林小镇。打造出绚烂多彩的万亩森林花海、独具辨识度的大地艺术(太平公主)、湖光山色的滨水湿地,与周边田园风光、民居风貌有机融合,促进产城人文深度融合。目前,小镇已投资15.05亿元,完成国际会议中心、游客服务中心、森林花海休闲旅游区、木屋展示及房产露营区、生态木屋康养区、石漠化地质公园、生态艺术展示区、智慧指挥中心等建设。2019年小镇顺利通过4A级景区评定,获得"云南省特色小镇"命名授牌,2017年以来累计接待海内外游客213万人次,旅游总收入为2.5亿元。

（3）产城融合筑牢生态底色

示范园处于山坝接合部，具有典型的喀斯特地貌，90%以上为山地类型，坡度大、土层薄、土地生产效率低，经历了"人增—耕进—林草退—石漠化"的持续演变。示范园创建坚持生态优先、绿色发展的理念，按照"绿化—美化—彩化—香化"梯度发展[①]，做好土壤、水资源、面源污染防治、绿化、造林、景观栽培等方面的工作，开展资源环境的保护与修复工作。累计完成山地石漠化治理 12 000 余亩、花卉苗木草种植 6 680 亩，打造园林小品 200 余个，绿化覆盖率达到 80%。昔日的荒山荒坡，如今已是中国森林养生基地、中国人气文旅小镇、云南省文化创意与相关产业融合发展示范园，成功承办"中国天然氧吧"2020 年创建活动发布会暨第二届"中国天然氧吧"产业发展大会，生态颜值和经济发展质量明显提升。

（4）产城融合助推产业转型

深入推进农业供给侧结构性改革，着力延链补链强链，加快产业转型升级步伐，打造示范园、生态休闲农业、乡村旅游康养联合体。大力实施订单农业，做大绿色有机蔬菜、苗木种植等产业，产品定向供应示范园内企业。依托弥勒农产品交易市场、滇东南农产品交易中心，探索生产加工销售"一条龙"经营模式，高标准配套建成屠宰场、冷链物流设施，入驻商户 2 920 家，年交易额约 20 亿元，服务人口超过 15 万人。依托中国弥勒电子商务创业园建设，打造电商服务平台，促进电商与实体经济深度融合，2020 年举办各类活动 600 余场、培训 1.5 万人，实现电子商务年度销售额 4 200 万元。示范园建设带动太平湖周边群众通过土地流转收租金、就近务工挣薪金、返租投资经营赚现金，户均增收 5 万元以上，得到了中央电视台国防军事频道两会特别节目《聚焦三农》、中央电视台新闻频道《朝闻天下》、中央电视台财经频道《正点财经》的关注和报道。

2. 特色政策措施

（1）健全体系，整合资源

构建党政一把手亲自抓、分管领导具体抓、有关部门各司其职的组织体系，在干部配备、政策制定、财力投入、工作部署上切实体现重中之重的要求，高位推进示范园创建工作。整合石漠化综合治理、陡坡地治理、旅游交通环线、美丽乡村、土地整治、重点流域水环境综合治理、特色小镇创建等项目资金，合力破解发展难题，努力提高产城融合示范园工作水平。

（2）筑巢引凤，固巢留凤

示范园遵循"政府引导、企业为主"原则，建好"金窝子"、引来"金凤凰"。充分发挥市场配置资源的决定性作用，打破要素瓶颈制约和体制机制障碍，积极引进"大企业"、打造"大产业"、培育"新主体"、搭建"新平台"，引进云南太平湖投资开发有限责任公司、融创中国控股有限公司等企业进行投资开发，激发产业融合示范园发展活力。持续强化要素保障，多渠道保障示范园用地需求，累计解决土地指标近 700 亩，对进驻园区企业实行"一企一策"招商引资优惠政策。园区与中国农业大学、上

---

① 赵树龙. 小太平村　石头山蝶变美丽家园［J］. 致富天地，2022（3）：30-31。

海应用技术大学、西南林业大学等高校研发团队建立紧密合作关系，着力打造红河花卉研发中心，并成功申请19项发明专利。建成张志国院士专家基地、云南省首个高层次人才休假基地。

(3) 跨界融合，平台驱动

积极探索"农业+环保""农业+旅游""农业+特色小镇+美丽乡村""农业+山地赛车""农业+庄园经济""农业+文化""农业+大健康产业"和"农业+科技"八大模式，将资本、技术、资源要素进行跨界集约化配置，以农业为基本依托，以发展特色小镇为抓手，通过产城联动、产业集聚、技术渗透、体制创新"四位一体"打造优势平台载体，加快第一产业的种植生产活动，第二产业的加工运输活动，第三产业的销售、休闲服务等活动的融合发展，实现农业产业链延伸、农民收入增加和城乡扩面提质。

(4) 四众联结，共享发展

示范园建立"四众"分享利益联结新模式，将企业利益和村民利益良性"捆绑"，使企业生存有基础，村民致富有保障。一是众租，通过土地流转方式解决传统农业碎块化问题，确保村民土地流转收益，目前已流转土地1.6万余亩，村民每年获得土地租金1 100余万元，部分土地经企业整理后返租给有投资需求的农户建设家庭农场。二是众参，积极吸纳和引导周边村寨建档立卡贫困户、闲置劳动力参与基础设施和公共服务配套建设，企业与当地农民利益共享，确保农民资产保值增值。截至2021年5月底，示范园入驻企业29家，其中国家级龙头企业2家、省级龙头企业4家，带动就业5 000余人，助推200户建档立卡贫困户顺利脱贫。三是众创，利用示范园、特色小镇发展平台，鼓励当地农户进行创业，积极协调金融机构给予小太平村每户30万元乡村振兴贷款支持，大力发展民宿和农家乐、物流运输、农事体验，带动村民盘活土地或房屋资产，进一步增收致富，培育农业经营主体12个。四是众筹，以"双赢""多赢"为理念，充分利用好国内国外两种资源、两个市场。弥勒市设立产业基金，为示范园提供融资担保，累计投入示范园基础设施建设资金5.2亿元，发行地方政府专项债券2亿元，撬动社会资本15亿元。

3. 经验启示

(1) 以"绿"为底

坚持"生态产业化，产业生态化"发展路子，融山汇水、修复生态、开山种树、移木造屋，以花为介、以木为形，凸显"绿"底色，打造"园"景观，形成"特"优势，以绿水青山铸就金山银山。

(2) 以"产"为柱

坚持把协调作为产业融合发展的内在要求，以市场需求为导向，以特色小镇建设为载体，以农旅融合、文旅融合、商旅融合、医旅融合、教旅融合、康旅融合为主要切入点，注重资源整合，构建发展平台，打造产城融合发展的示范。

(3) 以"城"为核

坚持以人为核心的新型城镇化，大力发展县域经济，以示范园创建为契机，谋划构建城市发展副中心，充分发挥城市基础核心作用，推动人才、资金、信息等资源城乡"双向"流动，驱动完善乡村基础配套，提升农村土地价值，加快产业转型升级，形成产、城、人持续向上发展,共生共利。

(4) 以"人"为本

坚持以人民为中心的发展思想,始终把与农民建立紧密的利益联结机制作为项目建设的前提条件,把龙头企业、农民合作社、家庭农场、农户培养成产业链上的"合伙人",筑牢乡村产业的利益共同体、命运共同体,促进农业高质高效、乡村宜居宜业、农民富裕富足。

(三)要素聚集促进农旅融合

海南省琼海市博鳌国家农村产业融合发展示范园位于海南省琼海市博鳌镇博鳌亚洲论坛南部地块的沙美村与南强村。示范园区总人口3 587人,总面积395.53公顷,以热带高效农业、休闲渔业、民宿、农家餐饮、农村电商为主导产业,现已形成15处业态。示范园的产业定位是以热带特色自然资源和农业种植养殖为基础,以乡村旅游、乡村外事活动为抓手,以农旅融合为目标的功能拓展型的农村产业融合发展示范园。海南省琼海市博鳌国家农村产业融合发展示范园坚持整合土地、资金、人才等要素资源,通过开展生态保护和湿地修复行动,完善基础设施建设,吸引社会投资参与,打造"美丽乡村会客厅"品牌,推进美丽乡村建设,促进农旅融合发展,已经培育了15个农业经营主体,带动了126户村民就业。2019年接待游客20多万人次,旅游总收入达600多万元,居民人均可支配收入1.45万元。2020年1—11月,接待游客174 295人次,居民人均可支配收入预计达到1.8万元。示范园在海内外知名度不断提高,走出了一条兼具"田园风"与"国际范儿"的特色农旅融合之路。

1. 主要亮点

(1) 守好生态底线,打造绿水青山新名片①

示范园把"山水林田湖海"等生态元素作为整体单元,守住生态红线,对已破坏的生态资源环境进行修复及保护,沙美村的内海全部进行了退塘还林,修复被养鱼养虾等占领的红树林超过550亩,恢复了红树林湿地生态系统。对于生态破损地区进行修复,如龙潭岭修复面积超过1 000亩,完成博鳌绿化道路长度近50公里,栽培超过80万株的绿化植被植物。为了充分展示博鳌的美丽乡村特征,对夜景彩灯系统进行了优化升级。努力实现景美、人美、乡村美。

(2) 推进农旅融合,谱写乡村振兴新篇章

示范园积极推动乡村一、二、三产业融合发展,盘活乡村经济,整合投入资金1 100万元,盘活民房等农村闲置资源,鼓励青年人才返乡创业,依托优质农产品、乡村旅游等资源,引导发展特色民宿、农家餐饮、农村电商等村庄业态,已建立专门服务于休闲农民专业合作社的15个服务站。越来越多的外出务工村民回来创业就业,吃上"旅游饭",全村返乡创业17人,村民自主创业26人,吸纳村民在家门口就业126人。据统计,2017年沙美村居民人均可支配收入1.45万元,2018年达到1.6万元,2019年达到1.68万元,2020年达到1.8万元,真正把绿水青山转化成金山银山。

---

① 袁宇. 守住生态红线绘就大美琼海. 海南日报,2022-04-26. https://www.hainanlilun.com/zhongdiangaige/duoguiheyi/2022/04/26/18792.shtml.

（3）探索"合作社+农户+公司"模式，让村民共享美丽乡村建设红利

通过对沙美村美丽乡村建设，完善基础性设施和服务型设施与设备，除财政资金进行扶持外，对外鼓励吸引相关企业、团体等社会资金参与到美丽乡村的建设中去，盘活社会资本，有效利用各类资源，才能解决产业发展中最关键的资金问题。沙美村政府在前期投入大量的资金，用于各类设施的完善，有效地吸引各类社会资本参与乡村产业项目合作，实现了乡村产业的快速振兴。2019年，示范区吸引陕西袁家村裕华文旅有限公司投资3.3亿元，以农村集体土地流转的方法建设"沙美—博鳌印象"项目，总占地面积约65亩，总建筑面积为30 000平方米，以民俗文化商业街和精品民宿为主，建筑风格以海南当地的特色民居和骑楼为主，利用农业生产、农民生活、农村风貌以及人文遗迹、民俗风情等乡村旅游资源，打造以满足旅游者乡村观光、体验、休闲、度假等需求为主的旅游新业态。项目采用"水街"的设计构想，充分利用水面将新建区域和原老村庄进行隔离，既做到了闹区（商业区）与静区（村庄）的分离，又充分保护了原村落的生态环境。街区布局呈线性展开，以民居院落为主要形式，其间点缀以祠堂、戏楼、土地庙等，使其具有琼海民俗文化的特征，"水街"的概念使得游客在游览的同时还能体验到江南小镇的韵味。该项目已于2020年10月建成并开始试营业。沙美村通过挖掘自身特有的产业资源、服务基础、文化资源等，切实推进三产的有效融合，促进农旅深度融合，拓宽农民增收渠道。

（4）加快"五网"建设，完善城乡发展基础

示范园按照"一环（环村车行道）、一带（滨海观光带）、多节点（村落入口以及主要道路周边景观节点）"的思路①，扩建4米宽环村路3公里，对贯通农业产业园区、沙美乡村振兴示范村和沙美内海红树林湿地生态区的主要陆地通道——环湖旅游公路进行了绿化和景观改造提升，共完成沿途民居立面改造25幢，绿化彩化通道4.7公里。打造"滨海长廊""锦汇三江，鳌游沙美""金牛偎月"等优势特色美景，配套生态停车场、村民文体广场、公共厕所等基础设施建设，大幅提升和完善沙美村人居环境。农村电网"上改下"全面铺开，基本实现电缆全入地，高标准满足用电需求。通信网络进村入户，光网宽带服务到家，主要游览区域实现WiFi免费覆盖。投资199万元打造农村饮水安全工程，实现沙美全村301户1 075人自来水全覆盖。

（5）打造生态外交新名片，提升海内外知名度

2019年来，通过博鳌镇沙美村、南强村等农业外交公共基地进行升级，借助博鳌论坛年会，积极创新外事引资方式，开展"美丽乡村会客厅"系列外事引资活动，让沙美村、南强村作为中外知名的外事活动、招商引资场所，提高国际知名度。目前，已接待了老挝总理、圣多美和普林西比总理、印度工商会会长、微软全球资深副总裁、亚太15国媒体记者等外国嘉宾。

通过"旅游+农业"产业融合，沙美村先后被评为"中国美丽休闲乡村""海南省五椰级乡村旅游点""海南省美丽乡村"，2020年被评为"全国乡村旅游重点村"。

---

① 丁平，王秋玉. 琼海博鳌镇坚持生态优先、推动农旅融合 树乡村振兴样板. 海南新闻网，2018-12-20. http://www.hinews.cn/news/system/2018/12/20/031588516.shtml。

2020年，由海南省农业农村厅和琼海市政府组织的海南"美丽乡村健康跑"活动在沙美村举行，来自全省约300名群众及媒体记者参加。

2. 特色政策举措

（1）以"多规合一"为统领，勾勒"田园蓝图"

城市规划在城市发展中起着重要引领作用。城市的发展，一定要规划先行。高水平的规划能够更好地定位城市发展的方向和步伐。同样，乡村的发展也要以规划编制工作破解农村用地难题。示范园利用"多规合一"的规划纲领，立足于博鳌实际情况，突出博鳌的特色，融合国际化发展标准，将本体文化与世界文化相结合，精细规划，尽量细化到每一个细节，不搞大统一，突出区域性特色。

（2）引导多主体共同参与，破解资金难题

示范园按照"政府投资、社会参与、群众受益、市场运作"的原则，鼓励社会各界投身乡村建设，吸引各类人才创业就业，以"农户+合作社+公司"模式统一经营管理。对外积极引入多个知名经营主体加入博鳌农业公园的建设中，目前已有的知名企业涉及新发地、碧桂园、融创等，投资3亿元左右参与园区建设。对内引导农户提高组织化程度，成立农业专业合作社，让农户及附近农民都能以不同形式参与到经营中来，享受利益分配，形成利益联结机制，让企业、合作社、农户都能实现共享共赢，相互协作。

（3）有效吸引人才

针对博鳌在自贸港建设中的定位，积极吸引各类人才的加入是重中之重。如何在全国竞争日益激烈的人才抢夺战中，有效吸引并留住人才，是目前急需解决的问题。为此，琼海市专门出台了《琼海市引进人才住房保障实施细则》《琼海市高层次人才子女入学实施细则》等一系列政策措施，从源头上解决人才落户面临的实际问题，探索建立"1+2+N"人才服务网络，搭建候鸟人才与用人单位供需服务平台，积极推进专业技术人员职称申报工作。为了加强服务质量，园区通过简化办事流程、保障人才住房措施，在各个方面提高服务化水平，让人才进入琼海能有归属感、自豪感和创业的信心，有效吸引各类人才。

3. 经验启示

（1）把农民的利益放在首位

乡村振兴的目的是提高农民收入、增强农民的幸福感。因此要始终将农民的利益放在首位。让农民能积极、主动地参与到乡村振兴中来，增强其获得感与责任感，才能真正激发乡村活力。

（2）保护好生态环境

乡村发展的前提是保护好自然资源环境。农村的生态资源环境承载了乡村的多个功能，是其区别于城市发展的主要原因。因此在博鳌国家农村产业融合发展示范园建设中，不能破坏生态环境，要在保持生态环境的前提下，促进乡村产业发展。同时要维护好乡村生态中的各个系统，保护好生态红线，凸显出乡村生态环境的自然之美，让人类活动与自然环境协同发展。

(3) 吸引多主体参与

乡村振兴涉及许多方面，需要大量的资金投入与维护，只依靠财政扶持并不能达到可持续健康发展的目的，要让更多的社会资本参与到乡村振兴的过程中，发挥其作用的同时，也能分享乡村振兴的红利，让乡村在多元主体的参与中，发挥出更多的活力与潜力。乡村市场激活了，农民收入也能得到保障，从而对乡村更具有归属感和自豪感。

第五节 热区乡村产业振兴的途径与对策

党的十九大提出的乡村振兴战略，是新时代"三农"工作的总抓手。乡村振兴最终是要实现五个方面（产业、人才、文化、生态、组织）的全面振兴，而产业振兴是乡村振兴的物质基础和固本之策。其一，实现乡村产业振兴就需要不断地注重农村的基层人才建设，努力打造乡村"三农"人才的新高地，以人才堡垒推动乡村产业振兴；其二，需要不断地加大基础条件建设，深入完善产业发展硬件设施，在满足基础设施建设的基础上，以产业硬件设施建设为保障，助推乡村实现产业振兴；其三，进一步推进体制机制创新，推动乡村产业振兴要素汇聚涌动，并且强化顶层制度优化完善，不断补齐产业振兴政策短板，以通过体制机制的创新和顶层制度的完善，来保障乡村振兴的各项措施能够有效、有序地实施，多措并举实现乡村振兴。

一、加大基层人才培养

乡村实现振兴必须破除乡村人才短缺瓶颈，要使乡村人才引得进来、留得下来和成长起来。

首先，要加强农村基层党组织建设，选优配强村"两委"班子，切实发挥基层党组织在乡村振兴中的领导核心作用。第一，加大从村致富能手、外出务工经商人员、复员退伍军人等人员培养选拔农村带头人的力度，并注重吸引高校毕业生、机关企事业单位优秀党员干部等到乡村任职。第二，完善集中调整优化村党组织书记队伍机制，实行县级备案培养管理制度，健全从优秀村党组织书记中选拔乡镇领导干部、考录乡镇公务员、招聘乡镇事业编制人员等相关制度。第三，加强乡村领导班子的教育培训，严格监督管理，全面提高农村干部工作能力，激发农村干部的工作热情，造就一支懂农业、爱农村、亲农民的农村干部队伍。

其次，加大政策支持，扶好乡土人才。乡村振兴不能仅仅依靠目前现有的农民来开展，而是要培养新型的经营主体，通过培养一支高素质的农民队伍，在其他各类人才的努力下，带动乡村主体的参与度，培养领头型人才队伍。以龙头企业作为开展主体，带领新型经营主体，整合农村人财物资源，开展经营活动。在实践中进行各类培训，选拔高层次领导人才。政府作为牵头人，进行初步的资金支撑与引导，社会资金与社会各类主体作为实际参与主体，探索长效人才、资金保障机制，从整体上提高农民的技能水平与经营理念，激发农民的学习积极性与主观能动性，将被动听课转化为主动求课。坚持乡村本土化新型农业经营主体的培养，能够源源不断地为乡村产业发展和乡村振兴注入新鲜血液。

再次，深化乡村人才引进体制机制改革，实施更积极、有效、开放的人才引进政策，鼓励和引导社会各界人才投身乡村建设，实现乡村的产业兴旺。第一，要加大人才培养力度。让更多类型的人才队伍参与到乡村产业振兴中来，联合多个部门，建立农村人才培训示范基地，开展城乡、区域、校地之间人才培养合作与交流，鼓励高校大学生综合型人才和职业院校技术型人才等投身乡村振兴。推动城市医生、教师，科技、文化人员定期服务乡村建设；同时，政府应积极鼓励与引导高校部分大学教授、企业老板等自愿将自己的书斋、高层办公场所搬移至农村，同时充分地利用农村庄园、农村大院等农村用地，推动农村分流城市功能建立双创基地，积极地将智创、文创、农创等行业引入乡村。这些形式不仅可以丰富乡村产业新业态，也可以将智创、文创，农创等行业中的高级人才引进农村；不仅可以推进乡村振兴，还可以缓解部分城市问题。第二，加强乡村科技人才队伍建设，全面实施乡村科技人才特助计划。一方面，发挥高校和科研院所智力密集的优势，落实高校、科研院所等事业单位专业技术人员到乡村和企业挂职、兼职和推行离岗创新创业制度等，成立农业科技专家服务团队；另一方面，建立激励机制，鼓励各类企业选派经营管理人才到地方担任专家顾问、产业发展助理等，帮助乡村发展特色优势产业。同时，还可以为县级科技专家提供增值服务的合理报酬，统筹选派县级科技特派员等到乡村开展指导工作。通过这些方式，最终组建一批"乡村振兴专家智囊服务团"，为实现乡村振兴提供强有力的智慧力量。第三，鼓励农村企业采取众筹、共享等创新模式吸引更多的乡村振兴建设者共筹共享，开发共享农庄、果园、菜园、民宿等，集聚资金、信息、渠道、人脉、营销于一体推进乡村产业振兴。此外，在"大众创业，万众创新"的国家政策大背景下，乡村更要营造良好的创业创新环境，政府应加强宣传的力度与范围，通过不同渠道、不同方式、不同范围，来培养农民新观念的形成，提高其生产积极性与参与度。积极引导支持在外乡贤、原籍大学生以及优秀务工经商人员带着经验技术、资金资源回乡创业兴业，同时，多渠道整合政策资源和资金，应着力大项目的发展，充分发挥乡村宅基地、集体建设用地、森林湖泊、田园山水等资源禀赋优势，将资源变资本，吸引支持企业家、党政干部、专家学者、技能人才等通过企业家联谊、投资兴业捐物、专家走访、院校师生实习实训实践平台等方式参与到乡村振兴中来，发挥资源优势，借助人才帮扶，努力形成返乡创业、资本下乡，城镇居民和农村居民都更愿意带着资金和技术到农村发展的新局面，逐步实现乡村振兴。

最后，要使乡村人才永久性留下来，还应完善人口流动体制机制改革，通过立法形式赋予乡村人才拥有稳定的产权、居住权等类似的在乡村发展中所需的同等权利，以保障乡村人才在乡村可持续生活，通过乡村人才的培育与引进使乡村产业振兴得到保障。

二、健全基础设施建设

西部大开发、精准扶贫等政策的逐步实施推进，打通了乡村交通的"最后一公里"，乡村的基础设施条件也得到了很大的改善，但要实现乡村振兴还需要持续加强与农业新业态发展相适应的配套设施建设的力度。

首先，乡村的全面发展必须以农业为基本，通过政府拨款或公共资金投资等持续加大乡村交通、卫生、文化等传统基础设施建设。乡村基础设施支撑必须满足多种乡村产业新业态的要求，对乡村的公路、水利、供气、电网、物流、通信等基础设施进一步提档升级，在满足村民对乡村设施建设需求的基础上推进乡村产业发展配套设施的建设。第一，完善交通物流网络，实施农村路网建管工程，不断地提高农村公路发展质量、管养水平和服务水平，同时，强化区域及城乡间的公交联系，加大公交场站建设力度，加快消除制约农村经济发展交通瓶颈的步伐，为实现乡村振兴提供交通保障。第二，进一步健全防洪减灾和水资源配置体系，解决乡村饮水、防洪、灌溉、农村水电等民生水利问题，改善村民的生活生产条件和人居环境。第三，完善能源储备体系和输送通道，构建安全可靠、清洁高效的能源供给保障体系，增强能源基础保障能力。在乡村支持建设太阳能分布式光伏发电、太阳能阳光大棚项目，完成天然气管道建设，推进新能源利用示范和养殖大户沼气工程等，进一步优化乡村发展的设施装备。第四，完善农村的网络基础设施建设，逐步实现光纤宽带网络（4G）全覆盖，并推动5G网络布局和商用进程，为乡村发展电子商务，引进智创、文创、农创等新产业业态奠定了设施基础，也为推广远程医疗、远程教育、干部群众网络技能培训等提供技术支撑。乡村物联网和互联网等新型设施建设的不断完善，是实现乡村振兴的基础保障，这不仅能使村民享受便捷、实现增收，还能提高乡村服务水平、社会服务质量，同时也促进了乡村新业态的引进与培养，实现乡村产业振兴。

其次，加强环境治理。绿水青山就是金山银山，实现乡村振兴还需加大实施乡村环境革命工程，比如系统推进治水、治气、治违和"厕所革命"，垃圾"三化"处理，以及逐步实现乡村垃圾分类等，在这个过程中，增强村民环保意识的同时还要加大对垃圾收集处理设施和污水处理设施的建设力度以及科技投入的力度，最终形成发展美丽经济，建设美丽乡村的新乡村发展布局。

最后，政府应积极投资或引导投资建设乡村产业公共性服务及硬件设施，规划一批优先资助领域，打造一批乡村发展项目与资金。优先发展乡村电力、乡村通信和宽带、水资源和环境改善等领域，建立乡村旧改资项目，设立农场建设基金等，为乡村企业提供各类公共性支持服务，通过支持增建新型乡村基础设施来发展乡村产业。在强化乡村传统的基础设施建设和增建新型乡村基础设施建设过程中都应注重"乡村理念"，结合乡村资源，在保护乡村原有的田林农湖系统的前提下，对乡村发展模式进行主题定位。例如，现多数村落实现乡村振兴的路径集中在发展旅游产业上，而住宿设施、餐饮条件等旅游配套服务设施体系的滞后成为发展乡村旅游需要跨越的主要基础设施障碍之一。在实现乡村振兴的过程中，政府应更具有针对性和规划性地完善乡村基础设施建设，不能盲目地投资改建或扩建。在重新打造乡村空间格局，重点定位设计一批乡村酒店、乡村民宿家庭旅馆、乡村花园、休闲农业、观光农场等服务体系时，应聘请了解乡村的专家设计出适合乡村特点的建筑与景点，避免乡村"同质化"建设，这不仅能提升区别于城市的乡村现代化的宜居功能，为外来观光者提供舒适的旅游环境，还能形成独具一格的新乡村发展格局。

三、推进机制体制创新

首先,推进农村产业融合发展机制体制创新,积极探索新模式新业态[①]。第一,要全面贯彻国家的农产品加工提升行动计划,大力完善冷链物流体系的建设,缩短农产品的物流运输时间及损耗,扫除农产品外运的物理障碍。通过延伸农产品的产业链条,来提高农产品的加工产品价值,从而使农民能更多地享受到产业链延伸带来的红利。要加强农产品的产业加工力度,尽量把二产留在县域,留在产地区域。大力发展电子商务进村入户,健全农村的现代化电子商务网络设施,以及信息流通监控网络,让农产品、市场信息等在农村畅通流通。第二,要加大农业与休闲旅游业的深度融合,深入挖掘农村文化、农耕文化、健康旅游等特色产品,结合当地的资源禀赋条件,将热带作物产业发展与休闲农业旅游相结合。因地制宜、全面统筹,把休闲农业旅游项目做出特色,让农民深入参与其中,充分发挥农村远离城市污染,空气好、环境美、生态优的特点,适时打造康养胜地、特色小镇、休闲山庄等具有地方特色的高端乡村旅游项目,进一步延伸产业链条,提高产业附加值。要做好相关服务和监管工作,既要千方百计改善旅游基础设施和配套条件建设,营造让游客"来了就想玩、玩了就想住、住下不想走、走时还想买"的氛围,又要通过完善制度和加强执法监督来构造良好的农旅产业发展环境。第三,完善信息网络技术及平台的建设,让农村网络覆盖率进一步提高,从而促进"互联网+农业发展"模式的顺畅运行。将互联网技术充分融入热带作物产业发展全产业链的产前、产中、产后环节,提高各环节的运作效率,让信息化手段促进产业链条更高效发展,提高农业生产的精细化水平与价值含量[②]。

其次,构建农业产业发展长效机制体制,积极搭建乡村产业服务平台。在农村产业发展的过程中,需要资金的支持、社会化服务的支持、电商网络的完善,以及对农业企业的扶持政策等。要想促进农村产业振兴,必须在这几个方面搭建合适的服务平台体系,使其能够对农村产业发展提供可持续的、高效的、及时的支持服务。一是灵活利用各类金融手段,对农村产业的投融资进行全方位支持,尤其是在县级层面。很多的农业企业都是在县域一级建厂,完善县域农村金融的支持力度,强化农业农村的信用体系网络,对农村产业振兴能起到关键性的推动作用。在金融扶持方面,要健全热区的农村金融服务网络,鼓励大型的金融机构增加农业农村的金融贷款额度,在完善农村信用体制的前提下,降低农村信用贷款的标准,让农民可用于抵押的资产更加容易取得,如房屋及耕地使用权等。在加大金融机构扶持力度的同时,鼓励社会资本进入农村市场,鼓励企业、机构通过合资、独资的形式参与农业农村发展,让农民能有更多的渠道增加收入。建立健全省、市、县三级农业信贷担保体系,为农村经营户提供便捷、及时的资金服务,让经营户周转资金更加灵活。二是健全发展热区农业农村的社会化服务体系。依靠政府部门的农技推广组织虽然在一定程度上能够起到服务农业农村发展的需求,但存

---

① 蒋辉,刘兆阳. 乡村产业振兴的理论逻辑与现实困境——以湖南千村调研为例 [J]. 求索, 2020(2): 128-134.

② 李晓琳. 互联网+信息技术应用浅谈 [J]. 农村经济与科技, 2016, 27(24): 289.

在技术更新不及时，效率不高，人员队伍更新慢等缺点。因此，从社会化服务角度出发，加强农业社会化服务模式的创新，探索有偿式社会化服务体系等多种模式，能够充分发挥社会化服务的作用，让农技推广更具有针对性和高效性。三是在地方举办各类创新创业赛事，设立就业创业基金，支持鼓励外出务工经商人员、高校大学生等各类人才返乡、下乡积极参与乡村创业创新，同时推动农村企业加大技术投入，优化产业升级。在发展新型服务业行业时给予适当的金融政策倾斜，引导其向观光农业、养生旅游、养老服务等新兴服务产业发展。四是健全农村网络设施。积极引入各大运营商进村搭建网络信息平台设施，努力提高热区农村的网络覆盖程度，在县级电商网络覆盖的基础上，积极无缝对接村级电商网络平台的建设。加强农村电子商务线上线下的有效融合发展，引入各种销售平台，如抖音等，多方位拓展农村相关产品的销售范围和渠道。积极参加各类农产品展销活动，对接不同类型的媒介媒体，充分利用互联网平台对农产品进行全方位的展示。

再次，推广现代化的经营管理理念和水平，加大成果转化的力度。通过机制体制的不断创新，推进热带农业农村科技的创新改革，努力让科技成果转化率提高到新的水平。同时积极推进现代化的经营管理理念和技术，合理整合生产要素，提高各要素的使用效率，降低成本，增加效益。

最后，推动乡村特色产业品牌发展机制体制创新，积极打造农业农村的区域品牌。深入挖掘各地乡村产业中的品牌潜力，从各个方面提升品牌影响力，培养本土品牌意识，构建品牌奖励政策体系，推动热区品牌强农行动。一是要统一农产品标准，提高农产品质量，从自身提高农产品的产品价值水平。不仅仅局限在生产种植领域，在加工、流通、包装等各个环节都争取达到区域品牌的标准，不断完善品牌管理及保护机制，努力提高品牌农产品的科技含量和品牌价值。同时要制定和完善相关规则章程，加大各部门的服务力度，规范产业链中各个主体使用区域品牌的行为，促进农民、合作社、企业良性使用区域品牌影响力，形成共赢发展。二是农产品品牌的建设。根据本地的资源禀赋条件、产业发展基础以及市场占有程度，以县级、乡级、村级为单位，发挥本地优势特色，对有基础、价值水平较高的农产品进行品牌建设，重点进行扶持。及时申请商标，进行品牌的保护，让品牌效应确实发挥作用。三是打造重点企业知名度。通过项目扶持、出台相关政策等手段，为当地的龙头企业提供发展机会，在全国范围内协助其推广，举办推介会，将企业知名度推向全国，使其发挥更大的辐射带动能力。同时乡村产业发展要突出资源整合，促进资源优势转化为经济优势、发展优势，对同类型、同产品的雷同企业组织进行合并或重组，整合优势资源，推动品牌建设，壮大企业及产品的影响力，提高产品及企业的竞争力。通过组织新闻媒体精心策划，建立精品展销中心、专卖门店等，全力做好乡村特色产业品牌宣传推介会；通过不同机制体制创新、多要素汇聚推动乡村产业振兴。

四、完善政策支持体系

实现乡村产业振兴要注重法治引领，健全产业发展中各要素投入的保障制度，创新投资融资制度，加快形成财政优先保障、金融重点倾斜、社会积极参与的多元乡村产业发展支撑体系。第一，发挥好法律的促进和保障作用，制定与乡村振兴相关的法律法规，确保各项投入和措施落实到位。将公用事业、基础设施的投资、补贴和引导纳入法律法规之中，形成稳定可持续的财政支持。将产业配送网络、教育医疗网络、商业服务网络等新型基础设施的投资、建设或者引导由立法加以鼓励和规范。将农村地区教育、新型经营主体培训、产业发展以及公共教育设施建设和维护资金纳入法治化轨道。在法律上明确政府在财政投入、金融扶持、公共服务、产业发展等方面承担的主要职责。第二，巩固和完善农业基本经营制度。分别从农村基本公共服务制度、农村人才引进与培养制度等方面建立健全乡村产业发展多元要素投入保障机制，加快各类资源要素向农业农村倾斜。同时加强农村土地监管制度建设；另外，编制农村土地利用规划，统筹农业农村各项土地利用活动，制定、完善农民闲置宅基地和闲置房屋政策等来满足产业发展所需的土地供给。建立健全农村基本公共服务制度，优化财政和社会公共服务供给模式，加大农业农村优先发展的支持力度，加快推进医疗卫生、基本教育、就业服务和养老保险等公共服务资源向农村倾斜，推动公共服务向农村延伸和社会事业向农村覆盖，为乡村产业发展创建良好的氛围。继续实施出台如"三支一扶"[①] "西部计划"[②] 等一系列乡村产业发展所急需的人才引进政策，建立农村基层紧缺专业门类"定向培养、定向使用"的高级专业技术人才培养管理制度，并同时健全"三农"人才培养和使用制度，完善相应的专业技术人才的职称制度改革，逐步实现晋升高级职称须有1年以上基层一线工作经历的要求。进一步深化户籍制度改革，强化常住人口基本公共服务，维护进乡人才和进城农民的土地承包权、宅基地使用权、集体收益分配权等基本权利，确保城乡居民在居住地的住房、医疗、教育、就业、保险等方面享受同等待遇。第三，创新乡村产业投资融资制度体系，建立健全金融、财税、环境、资源、能源等方面不同效力层级的法律、法规、规章以及规范性文件。充分发挥市场运行机制的力量，撬动汇聚金融和社会资本更多地投向农村，激活更多的产业发展新动能；以规范的制度政策鼓励、引导农村新型经营主体参与农村产业的建设，推动普通农户以土地、知识、人力等方式参与乡村产业发展。

---

① "三支一扶"是毕业生基层落实政策，指大学生在毕业后到农村基层从事支农、支教、支医和扶贫工作。

② "西部计划"指大学生志愿服务西部计划。

第二章　热区乡村治理研究

乡村治理是国家治理的基石。要加强和创新乡村治理,健全自治、法治、德治相结合的乡村治理体系,让农村社会既充满活力又和谐有序[①]。乡村治理工作关系到乡村社会的全面振兴,关系到国家治理体系和治理能力的建设,关系到农村社会的安定团结,关系到农户的生活质量提升。党的十九大和十九届二中、三中、四中、五中全会都对此作出了重要部署。因此,加强乡村治理对于农村发展和社会进步意义重大,需要持之以恒地推进。

第一节　引　言

近些年来乡村治理的主体呈现出多元化发展的趋势,总体上可归纳为国家、社会和农民三个治理主体。从国家视角上来看,县政府、镇政府、村委会代表国家层面开展乡村治理;从社科角度梳理,各种社会组织如人居环境协会、红白理事农民代表大会、参与村庄公共事务、参与人居环境整治等成为乡村治理的主要依靠力量。从乡村治理的技术手段上来看,提出了清单制、积分制、小微权力清单等,为乡村治理工作的开展提供了一定的支撑;从治理效果上来看,农业农村部总结了乡村治理的典型案例,例如浙江宁海的小微权力清单36条,湖北武汉蔡甸区推行四项清单以乡村善治助力乡村振兴,贵州遵义湄潭县提出了寨管家的治理模式等,给热区乡村治理提供了典型的经验和案例。

关于如何加强和改进乡村治理不同学者持不同的观点,大体上可归纳为如下几类:一是党建引领乡村治理。有学者提出应以党建引领"三治结合"[②③],发挥党组织的政治统合功能,加强基层政府和建制村之间的制度性联结,能够较为有效地解决"乡政村治"的结构性矛盾[④⑤]。还有学者从"党建+"的发展模式上提出如何进行乡村治理,

---

① 唐仁健. 以务实管用的方法加强和改进乡村治理 [J]. 农村工作通讯, 2021 (24): 9-12.
② 熊万胜. 城乡社会:理解中国城乡关系的新概念 [J]. 文化纵横, 2019 (1): 46-53.
③ 曹海军, 曹志立. 新时代村级党建引领乡村治理的实践逻辑 [J]. 探索, 2020 (1): 109-120.
④ 张世勇. 乡村振兴中的党建与乡村治理结构重构——来自山东党建示范区试点的启示 [J]. 北方民族大学学报, 2020 (4): 16-24.
⑤ 霍军亮, 李嘉琪, 王永杰. 乡村治理视域下的农村基层党组织建设 [J]. 学习与实践, 2020 (2): 46-54.

如党建引领和项目制的结合①、党建组织"嵌入式"治理②、"党建+村民小组"③、"党建+互联网"④ 以及党建带头人⑤等模式,以突破基层党建的组织路径陷入"悬浮化"的困境,推动基层社会治理的制度基础。

二是"三治融合"推进乡村治理。关于"三治融合"推进乡村治理研究总体上指向如何操作层面,有学者提出多元主体合作共治的社会路径、多元法律良性互动的政治路径、多元文化融合共生的文化路径⑥,还有学者提出把"三治融合"制度供给势能转变为治理动能,要积极推动基层社会的组织化,加快基层治理的信息化建设⑦。

三是农户参与乡村治理。有研究者认为,调动农民参与基础设施建设要充分尊重农民主体地位,尊重农民意愿⑧。有研究者认为,重视和加强村庄文化建设,特别是村规民约的建设,是提升农民参与度的重要路径⑨。有研究者从将农民纳入人居环境治理体系的角度,提出了创新工作宣贯形式,完善工作责任与利益机制,结合乡村治理与加强乡村组织的中介联结作用来提高农民参与的主动性与积极性⑩。

第二节 热区乡村治理的现状

一、农户对乡村治理的整体评价向好

(一)农户对热区乡村治理的效果点赞

近年来,随着脱贫攻坚和乡村振兴工作的不断推进,热区乡村的公共基础设施、公共服务不断推进,农民群众的幸福感和获得感逐渐增强,农户的权利和责任意识不断增

---

① 杨威威,徐选国. 嵌入生活的项目制:党建引领基层社会治理的制度基础——基于海市塘村"美丽乡村"建设经验的个案研究[J]. 河南社会科学,2020,28(4):100-109。

② 郑永君,吴春来. 基层党建统合与乡村治理创新——都江堰市"党引民治"实践案例分析[J]. 南京农业大学学报(社会科学版),2020,20(5):72-82。

③ 王海侠,孟庆国. 乡村治理的分宜模式:"党建+"与村民自治的有机统一[J]. 探索,2016(1):127-133。

④ 宗成峰,朱启臻. "互联网+党建"引领乡村治理机制创新——基于新时代"枫桥经验"的探讨[J]. 西北农林科技大学学报(社会科学版),2020,20(5):1-8。

⑤ 张紧跟. 延揽乡贤:乡村振兴中基层党组织带头人建设的新思路[J]. 中共福建省委党校学报,2019(6):46-54。

⑥ 林星,吴春梅,黄祖辉. 新时代"三治结合"乡村治理体系的目标、原则与路径[J]. 南京农业大学学报(社会科学版),2021,21(2):96-103。

⑦ 钟海. "三治融合"乡村治理模式的审思与超越——以S省X县的实践为例[J]. 桂海论丛,2020,36(6):94-102。

⑧ 王维友. 充分调动农民参与基础设施建设积极性[J]. 农村经营管理,2017(5):1。

⑨ 王杰. 村庄社会关联视角下农民参与乡村治理行为研究[D]. 武汉:华中农业大学,2017。

⑩ 金丹. 国家治理视角下海南农村人居环境影响因素研究[R],2020。

强,对农村社区的发展也提出了新的要求。因此,乡村治理的任务和要求不断"加码",除了要完成镇政府纵向到底的日常管理与服务的两大任务之外,基层自治单元担负起越来越多的任务,例如:产业发展、美丽乡村建设、农村人居环境整治等,同时由于乡村振兴工作的不断深入,村级层面的调研、检查、评估等临时性的任务也逐渐增多。在此种情境下,乡村治理的任务、难度和压力都很大。在对贵州、海南、浙江随机访谈的142个农户中,普遍认为村庄较前5年发生了一定的变化,88.7%的农户对本村的乡村治理持"非常好"和"比较好"的态度,其中18.3%的农户表示"非常好",70.4%的农户表示"比较好"。认为"一般""比较差"的比例分别为9.9%和1.4%,二者合计占比为11.3%。综上,整体上受访农户对乡村治理效果点赞得多,已超过八成(表2-1)。

表2-1 农户对村庄治理整体成效的反馈

农户评价	样本数(户)	占比(%)
非常好	26	18.3
比较好	100	70.4
一般	14	9.9
比较差	2	1.4
合计	142	100

(二)农户对热区村干部的工作能力表示认可

实地调研时发现,在10个村委会书记中必定有8个及以上村委会书记有产业、在村中有号召力和影响力,能叫得动农户,能推得动政治、经济、文化、社会等农村工作。根据问卷调查结果,在"您村村干部的工作能力总体上怎样"这个问题上,24.6%的受访农户表示"非常好",60.6%的农户表示"比较好",二者合计占比为85.2%(表2-2)。由此可见,农户对村干部的工作能力整体上表示认可,已达到八成以上。

表2-2 农户对村干部工作能力的反馈

农户评价	样本数(户)	占比(%)
非常好	35	24.6
比较好	86	60.6
一般	19	13.4
比较差	2	1.4
合计	142	100

(三)农户参与村庄公共事务的积极性整体评价向好

实地调研时发现,村干部作为基层治理的主要推动者,在参与村庄公共事务中的积极性和主动性整体上向好。例如:海口市施茶村在村干部的带领下,动员 30 多个农户投工投劳修建了一条 20 公里的环村公路;福建厦门市长乐村在村委会书记的带领下集体清理废旧房屋,建成了村里的养老院和文化馆等。

调查数据显示,在 142 个样本中,22.5%的农户认为本村农户参与村庄公共事务的积极性非常高,62.0%的农户表示本村农户参与村庄公共事务的积极性比较高,二者合计 84.5%(表 2-3)。由此可见,农户参与村庄公共事务的积极性相对较高,评价向好,超过八成的农户愿意参与村庄的公共事务。

表 2-3 农户参与村庄公共事务的积极性反馈

农户评价	样本数(户)	占比(%)
非常积极	32	22.5
比较积极	88	62.0
一般	18	12.7
比较消极	4	2.8
合计	142	100

(四)农户对村干部是否按村民自治规则和程序办事的满意度较高

调查显示,在 142 个样本中,25.4%的农户对村干部按照自治规则和程序办事表示非常满意,62.6%的农户表示比较满意,10.6%的农户表示一般满意,1.4%的农户表示不太满意。由此看来,农户对村干部遵守村民自治规则和程序办事的满意度相对较高(表 2-4)。

表 2-4 农户对村干部遵守自治规则和程序办事的满意度评价

农户评价	样本数(户)	占比(%)
非常满意	36	25.4
比较满意	89	62.6
一般	15	10.6
不太满意	2	1.4
合计	142	100

二、农村基层党组织建设得到一定提升

近两年来,农村基层党组织在乡村建设和乡村发展中发挥了一定作用,在热区省份涌现出一些干实事、想着农户、带领农户致富奔小康的优秀基层党组织,例如:福建长

乐村支部、海南长岭村支部、海南施茶村支部等，整体上热区乡村基层党支部在农户评价、联系群众的能力及开展党支部活动等方面都有明显提升。

（一）热区乡村农户整体满意本村党支部领导工作

围绕村基层党组织建设，受访农户对"村党支部在村庄治理中的领导作用发挥如何"进行了评价，其中28.9%的农户表示"非常满意"，53.8%的农户表示"比较满意"（表2-5）。

表2-5 农户对村党支部在村庄治理中领导作用的评价

农户评价	样本数（户）	占比（%）
非常满意	41	28.9
比较满意	76	53.5
一般	25	17.6
比较差	0	0
非常差	0	0
合计	142	100

（二）浙江省农户对本村党支部的评价明显更高

调查显示，关于党支部在村庄治理中发挥作用如何，浙江省农户的评价最高，认为"非常好"和"比较好"的比例分别占到所属省份的52.2%和47.8%，二者合计的比例为100%。贵州省农户评价次之，"非常好"和"比较好"分别占到所属省份的18.9%和62.2%，二者合计达到81.1%。海南省农户评价排在第三，认为"非常好"和"比较好"的比例占到所属省份的26.8%和51.2%，二者合计的比例为78%。由此看来，浙江省农户对本村党支部的评价明显高于贵州省和海南省20个百分点左右（表2-6）。

表2-6 不同省份农户对村党支部在村庄治理中领导能力评价比较

省份	农户对党支部领导能力的评价占比（%）					样本数（户）
	非常好	比较好	一般	比较差	非常差	
贵州	18.9	62.2	18.9	0	0	37
海南	26.8	51.2	22.0	0	0	82
浙江	52.2	47.8	0	0	0	23
合计	28.9	53.5	17.6	0	0	142

注：有效样本数142，$P=0.022$。

（三）基层党组织联系群众能力较强

1. 村两委组织情况

围绕村级党组织建设情况，就受访农户对"村两委干部是否团结""村级党组织是否存在弱化"等问题进行了调研。从数据上来看,农户认为本村两委班子"比较团结"者最多,占比为53.9%;"非常团结"次之,占比为33.3%;"一般"评价只占10.7%(表2-7)。可见,农户普遍认为村干部的内部比较团结。

表2-7 农户对村两委班子团结程度的认知

农户认知	样本数(户)	占比(%)
非常团结	47	33.3
比较团结	76	53.9
一般	15	10.7
不太团结	3	2.1
很不团结	0	0
合计	141	100

从分析结果来看,村干部对村两委班子是否团结的评价更高,样本数为41人,其中53.7%认为村干部非常团结,41.5%认为村干部比较团结。非村干部样本数总计97人,其中25.8%的农户认为村干部非常团结,57.7%的农户认为村干部比较团结(表2-8)。由此可见,在村干部是否团结的问题上,村干部对自身的评价明显高于普通农户对村干部的评价。

表2-8 村干部和非村干部对村两委班子是否团结的评价比较

是否村干部	对村干部是否团结的评价占比(%)					样本数(户)
	非常团结	比较团结	一般	不太团结	很不团结	
是	53.7	41.5	4.8	0	0	41
否	25.8	57.7	13.4	3.1	0	97
合计	34.1	52.9	10.8	2.2	0	138

注:有效样本数138,$P=0.011$。

在村级党组织是否存在弱化的问题上,4.3%的农户反馈村级党组织弱化非常严重,4.3%的农户认为村级党组织弱化比较严重,68.6%的农户反馈基层党组织不存在弱化问题(表2-9)。

表2-9 农户对村级党组织是否存在弱化问题的认知

农户认知	样本数(户)	占比(%)
是,非常严重	6	4.3
是,比较严重	6	4.3
一般	32	22.8
没有弱化问题	96	68.6
合计	140	100

基层党组织是否存在弱化问题与所属省份及婚姻状况相关。从婚姻状况来看，未婚的农户中有 33.3%的农户认为基层党组织不存在弱化问题，已婚的农户中有 74.8%的农户认为基层党组织不存在弱化问题，丧偶的农户中有 66.7%的农户认为基层党组织不存在弱化问题（表 2-10）。由此看来，已婚农户和丧偶农户对基层党组织的评价明显高于未婚农户。

表 2-10 婚姻状况对村级党组织是否存在弱化问题评价比较

婚姻状况	对村级党组织是否存在弱化问题的评价占比（%）				样本数（户）
	是，非常严重	是，比较严重	一般	没有弱化问题	
未婚	14.3	4.8	47.6	33.3	21
已婚	2.6	4.3	18.3	74.8	115
丧偶	0	0	33.3	66.7	3
合计	4.3	4.3	23.0	68.4	139

注：有效样本数 139，$P=0.009$。

从所属省份来看，对基层党组织评价最高的省份为浙江省，浙江省农户中对村级党组织没有弱化问题的评价占比高达 87.0%，海南省的评价次之，占比为 67.5%，贵州省的评价排在第三，占比为 59.5%。由此看来，各省农户对基层党组织的评价均相对较高，六成左右认为没有弱化问题，浙江省评价最高，接近九成（表 2-11）。

表 2-11 不同省份农户对村级党组织是否存在弱化问题评价比较

省份	对村级党组织是否存在弱化问题的评价占比（%）				样本数（户）
	是，非常严重	是，比较严重	一般	没有弱化问题	
贵州	2.7	10.8	27.0	59.5	37
海南	3.8	1.3	27.4	67.5	80
浙江	8.7	4.3	0	87.0	23
合计	4.3	4.3	22.8	68.6	140

注：有效样本数 140，$P=0.024$。

2. 党建活动情况

从农户参加党建活动情况来看，有 46.5%的农户参加了村庄的党建活动，53.5%的农户没有参加村庄的党建活动（表 2-12）。关于近两年村内党建活动的变化情况，45.1%的农户反馈党建活动更加丰富了，12.7%的农户反馈党建活动没有什么变化，1.4%的农户反馈活动更少了，40.8%的农户对党建活动表示不清楚（表 2-13）。

表 2-12 农户参加党建活动的情况

是否参加	样本数（户）	占比（%）
是	66	46.5

(续表)

是否参加	样本数（户）	占比（%）
否	76	53.5
合计	142	100

表 2-13　农户反馈村内党建活动的变化情况

变化情况	样本数（户）	占比（%）
更加丰富了	64	45.1
没什么变化	18	12.7
活动更少了	2	1.4
不清楚	58	40.8
合计	142	100

从统计结果来看，是否为党员与近两年村内党建活动有何变化及是否参与了村庄的党建活动的数据相关，党员对党内活动的评价更高些，在50名党员中，有78.0%的农户反馈党建活动更丰富了，12.0%的农户反馈党建活动没什么变化。非党员中有28.1%的农户反馈近两年村内党建活动更加丰富了。综上，党员对村内党建活动的评价更高（表2-14）。

表 2-14　是否为党员对村内党建活动有何变化的评价比较

是否党员	村内党建活动有何变化的评价占比（%）				样本数（户）
	更加丰富了	没什么变化	活动更少了	不清楚	
是	78.0	12.0	0	10.0	50
否	28.1	13.5	2.2	56.2	89
合计	46.0	12.9	1.5	39.6	139

注：有效样本数139，$P=0.000$。

统计结果显示，党员参加村庄党建活动的比例相对较高，可达96.0%，非党员也有积极参加党员活动的情况，比例可占到非党员的20.2%。由此看来，村里的党员基本上能按时参加村里的党建活动，占比率相对较高，可达到95%以上（表2-15）。

表 2-15　是否为党员对是否参加村庄组织的党建活动的评价比较

是否党员	是否参加村庄组织的党建活动的评价占比（%）		样本数（户）
	是	否	
是	96.0	4.0	50

(续表)

是否党员	是否参加村庄组织的党建活动的评价占比（%）		样本数（户）
	是	否	
否	20.2	79.8	89
合计	47.5	52.5	139

注：有效样本数139，$P=0.000$。

调研显示，村干部中参加村庄党建活动的比例相对较高，可占到村干部整体比重的近八成，非村干部也有参加村庄党建活动的情况，占比可达33.0%。由此看来，村干部参与党建活动的比例更大些（表2-16）。

表2-16 是否为村干部与是否参加了村庄组织的党建活动的交叉分析

是否村干部	是否参加了村庄组织的党建活动的反馈占比（%）		样本数（户）
	是	否	
是	78.0	22.0	41
否	33.0	67.0	97
合计	46.4	53.6	138

注：有效样本数138，$P=0.000$。

从数据相关性上来看，是否为村干部对近两年村内党建活动有何变化的评价有明显的相关性，在村干部中，认为党建活动更加丰富了、没什么变化的比例分别为78.0%和9.8%，在非村干部中认为党建活动更加丰富了、没什么变化的比例分别为32.0%和13.4%。由此看来，无论是村干部还是非村干部对党建活动更加丰富了的评价占比都相对较高，可见村级党组织的党建丰富性有所提升，在村干部和非村干部中有了一定影响（表2-17）。

表2-17 是否为村干部对村内党建活动有何变化的评价比较

是否村干部	村内党建活动有何变化的评价占比（%）				样本数（户）
	更加丰富了	没什么变化	活动更少了	不清楚	
是	78.0	9.8	0	12.2	41
否	32.0	13.4	2.1	52.5	97
合计	45.7	12.3	1.4	40.6	138

注：有效样本数138，$P=0.000$。

从数据分析结果上来看，不同职业农户与参加党建活动有明显相关性，农村管理者参与党建活动的比例相对较高，为69.4%，务农、务工和其他职业中分别有37.5%、34.8%和52.9%的农户参与了党建活动。由此看来，党建活动参与的职业呈现出多元化的态势（表2-18）。

表2-18 不同职业农户参加村党建活动情况

职业	是否参加村庄组织党建活动占比（%）		样本数（户）
	是	否	
务工	34.8	65.2	69
务农	37.5	62.5	8
个体经营	33.3	66.7	6
农村管理者	69.4	30.6	36
其他	52.9	47.1	17
合计	46.3	53.7	136

注：有效样本数136，$P=0.015$。

从不同职业者角度来看，反映党建比以前更丰富了的职业为农村管理者第一，占到农村管理者总数的72.2%；其他职业者排在第二，占到其他职业的比重为41.2%；务农职业第三，占到务农职业的37.5%。由此看来，农村管理者、务农等职业者比较关注基层党建的进展及效果，对农村基层党建的评价也相对较高（表2-19）。

表2-19 不同职业农户对村内党建活动是否有变化的评价

职业	村内党建活动是否有变化评价占比（%）				样本数（户）
	更加丰富了	没什么变化	活动更少了	不清楚	
务工	36.2	11.6	2.9	49.3	69
务农	37.5	12.5	0	50.0	8
个体经营	16.7	50.0	0	33.3	6
农村管理者	72.2	8.3	0	19.5	36
其他	41.2	11.8	0	47.1	17
合计	45.6	12.5	1.5	40.4	136

注：有效样本数136，$P=0.026$。

统计结果显示，无论是哪个职业者对加强基层党建工作都表示非常赞同，如务工、务农、个体经营、农村管理者、其他职业中分别有82.6%、75.0%、66.7%、77.8%、100%的农户表示非常支持加强基层党建工作，务农职业中有25.0%的农户比较赞同加强党建工作，农村管理者中有19.4%的农户比较赞同加强党组织建设工作。综上，农村管理者和务农职业对加强基层党组织建设比较热情和积极（表2-20）。

表2-20 不同职业农户对村庄有效治理需要加强党组织建设的评价

职业	村庄有效治理需要加强党组织建设的评价占比（%）				样本数（户）
	非常赞同	比较赞同	一般	不太赞同	
务工	82.6	14.5	2.9	0	69

（续表）

职业	村庄有效治理需要加强党组织建设的评价占比（%）				样本数（户）
	非常赞同	比较赞同	一般	不太赞同	
务农	75.0	25.0	0	0	8
个体经营	66.7	16.7	0	16.7	6
农村管理者	77.8	19.4	2.8	0	36
其他	100	0	0	0	17
合计	82.4	14.7	2.2	0.7	136

注：有效样本数136，$P=0.007$。

三、"三治"体系建设取得一定成效

（一）村民自治取得一定成效

1. 村民自治排在第一位，村庄法治建设相对薄弱

统计显示，在142个样本中，认为村民自治最重要的占比为45.8%，认为村庄法治最重要的占比为28.2%，认为精神文明最重要的占比为26.1%。由此看来，村民自治的重要性已慢慢深入农户内心，越来越多的农户意识开始觉醒，开始关注和重视村庄自治建设。调研时发现，村民自治在基层党组织的带领下有条不紊地进行着，例如：贵州省遵义市湄潭县的寨管家充分发挥自治单元下沉服务百姓生活的功能，在乡村治理中取得了一定成效。

2. 多数农户支持村干部任期由3年改成5年

在142个样本中，79.3%的农户支持村干部的任期由3年改成5年，支持的理由主要包括有利于增强村干部工作的连续性，有利于稳定村干部思想，有助于村庄长远规划，有利于提升村干部的专业性，有利于村干部带领农户致富。

3. 农户对本村村民自治效果评价相对较高

统计结果表明，在142个样本中，17.6%的农户认为本村乡村治理开展得非常好，57.8%的农户反馈本村乡村治理开展得比较好，二者合计占比为75.4%。23.9%的农户认为本村的乡村治理开展得一般好，0.7%的农户认为本村的乡村治理开展得不太好。综上，农户对乡村治理的评价相对较高，接近八成农户对乡村治理的效果比较赞同。

（二）村民自治有序开展

1. 村民自治中成立了协商议事会等组织

据调查发现，为了更好地开展村民自治，很多村庄先后成立了各类自治组织，如村务监督组织、村民理事会、人居环境协会等协会组织，以自治组织为载体开展协商、监督和约束等职能，促进村民自治工作的有效开展。调研数据显示，在142户调研农户中，48.6%的农户反馈本村成立了村民理事会等协会组织，当继续问及村民理事会发挥作用如何时，69户农户对此做了回应，21.7%的农户回答作用很大，58.0%的农户回答作用较大，二者合计占比为79.7%。有86户农户反馈本村有财务监督小组，其中34.9%的农户反馈财务监督小组的作用很大，46.5%的农户反馈财务监督小组的作用比较大。由此看来，协商议事会组织在村民自治中发挥了一定作用。

2. 村规民约在乡村自治过程中发挥了一定作用

调研时发现，村规民约在乡村治理和兴村建设中应用的场景最多，尤其是人居环境整治中，很多村庄将环境卫生整治写进村规民约，将人居环境整治"后进者"在黑榜中进行公示，起到了警示和告诫的作用，以推进人居环境整治。调查数据显示，在142户受访农户中，69.0%的农户反映本村有村规民约，14.3%的农户反馈有人违反村规民约会受到一定惩罚，如当众向全体农户道歉，打扫村庄公共区域卫生等，此外，15.5%的农户认为村规民约的作用很大，61.2%的农户认为村规民约的作用较大，二者合计占比为76.7%。由此看来，村规民约在村民自治中相对受欢迎，并且发挥了一定作用。

（三）法治建设取得一定成效

1. 农户对乡镇政府依法执政的满意度较高

调研数据显示，总体上农户对乡政府依法执政的满意度较高，有21.1%的农户对乡政府依法执政表示非常满意，64.1%的农户对乡政府依法执政表示比较满意，二者合计占比为85.2%（图2-1）。

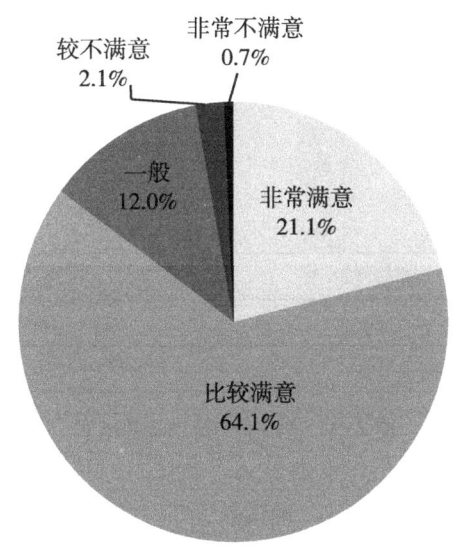

图2-1 农户对乡镇政府依法执政的满意度情况

农户在接受调研时反馈，在142户农户中有47.9%的农户反馈村干部任何时候都能依法办事，52.1%的农户反馈村干部大部分时候能依法办事。由此看来，村庄的法治情况相对较好，村干部知道按照法律流程办事（图2-2）。

2. 农户参与普法教育的积极性较高

调查统计数据显示，64.8%的农户接受过村内开展的普法教育，35.2%的农户没有

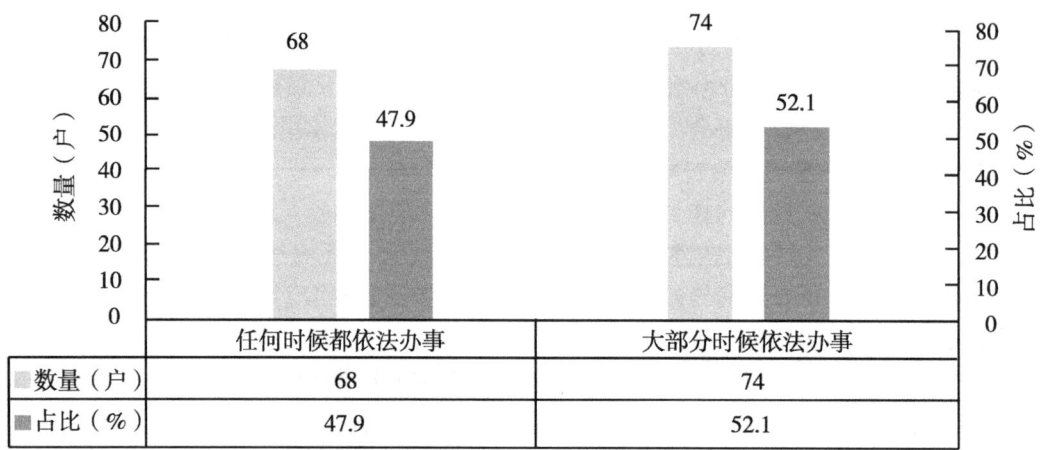

图 2-2　村干部依法办事的情况

接受过村内开展的普法教育活动（图2-3）。在接受过普法教育的92户农户中，32.6%和60.9%的农户认为村里的普法效果非常好和比较好（图2-4）。

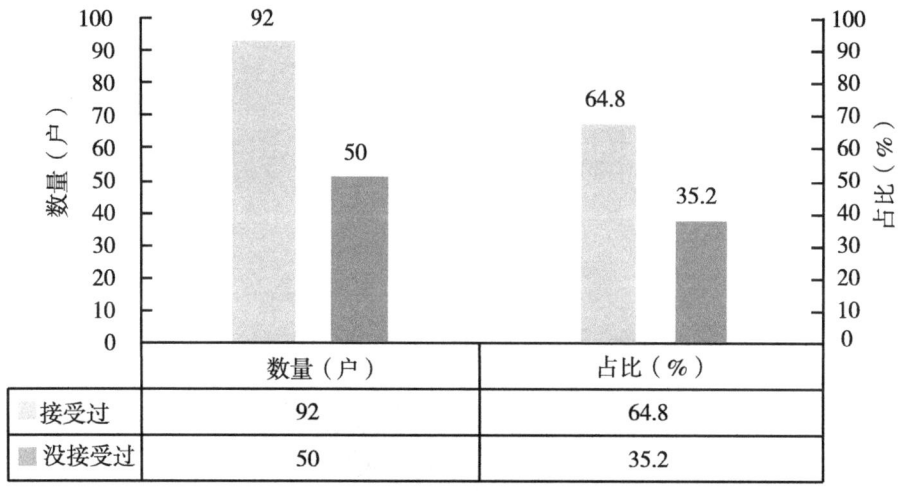

图 2-3　农户接受普法宣传情况

3. 农户的法律意识逐渐觉醒

调研时发现，当下农村很多农户开始学习法律知识，开始关注法律讲堂，但在村里真正愿意通过司法途径来解决纠纷和问题的不多。调研数据显示，只要合法权益受到侵害就会诉诸法律的农户占比为71.1%，不到万不得已不会诉诸法律的占比为28.9%（图2-5）。在不愿意诉诸法律的41户农户中，29.3%的农户表示不懂法律，12.2%的农户表示没钱打官司，39.0%的农户表示打官司太麻烦，19.5%的农户有其他原因表示不愿意打官司。由此看来，打官司在农村并不是很盛行，但农户的法律意识已经逐步培育起来了（图2-6）。

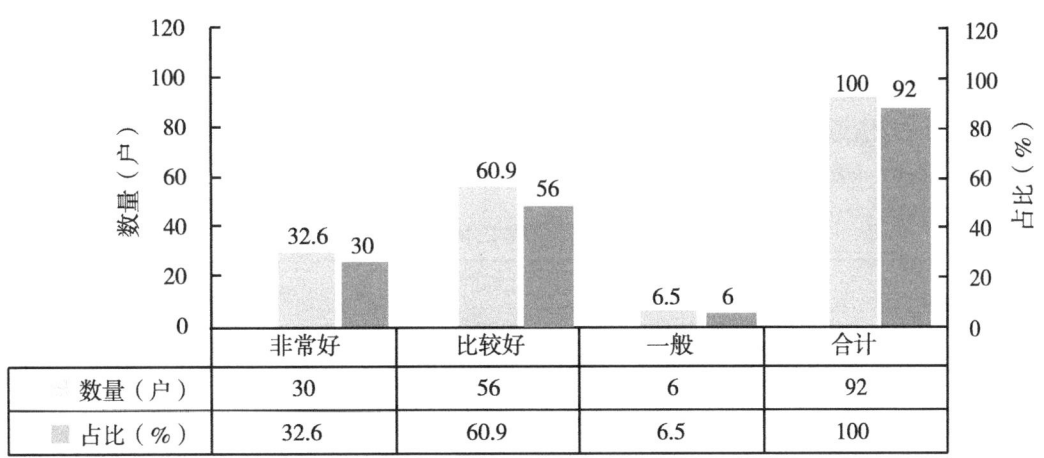

图 2-4 乡村普法宣传教育的效果情况

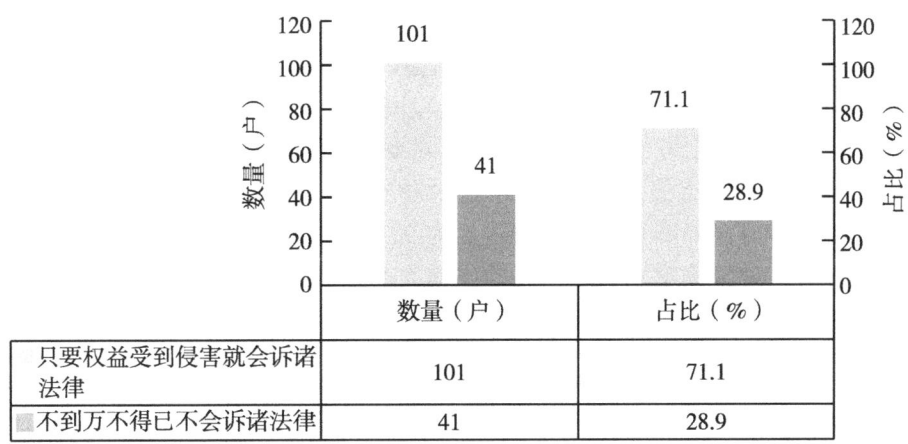

图 2-5 农户合法权益受到侵害时诉诸法律的情况

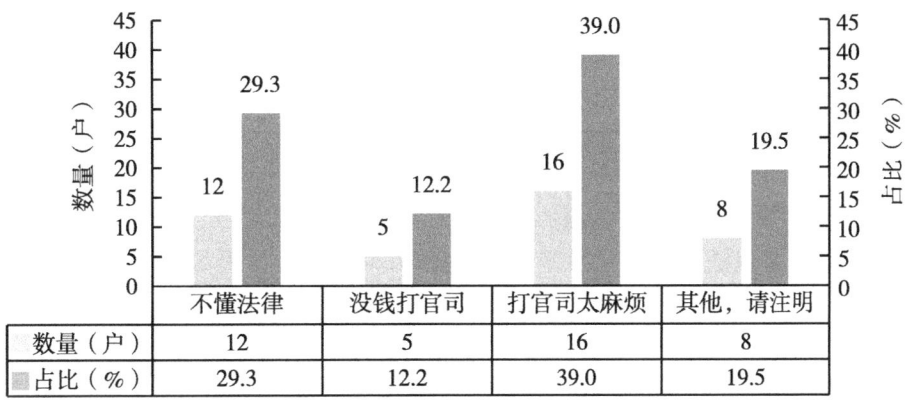

图 2-6 农户不愿意诉诸法律途径的原因

4. 村内党员对乡镇政府依法执政的满意度评价向好

从是否是党员来看,党员农户对乡镇政府依法执政的满意度评价相对较高,非常满意和比较满意的合计占比为90%,关于非党员农户对乡镇政府依法执政的评价中,非常满意和比较满意合计占比为82%,由此看来,党员对乡镇政府依法执政的满意度评价高于非党员(表2-21)。

表2-21 是否是党员与对乡镇政府依法执政的满意度评价的交叉分析

是否是党员	农户对乡镇政府依法执政的满意度评价占比(%)					样本数(户)
	非常满意	比较满意	一般	较不满意	非常不满意	
是	34.0	56.0	6.0	2.0	2.0	50
否	14.6	67.4	15.8	2.2	0	89
合计	21.6	63.3	12.2	2.2	0.7	139

注:有效样本数139,$P=0.033$。

5. 村干部对乡镇政府的执政满意度评价较高

从是否是村干部来看,村干部对乡镇政府依法执政的评价中非常满意的占比为41.5%,比较满意的占比为51.2%;非村干部对乡镇政府依法执政的评价中非常满意的占比为13.4%,比较满意的占比为13.4%。总体来看,村干部中对乡政府依法执政的满意度评价中,非常满意和比较满意的占比为92.7%,非村干部中对乡镇政府依法执政的满意度评价中,非常满意和比较满意的占比为82.5%(表2-22)。综上,村干部和非村干部对乡镇政府依法执政的满意度评价很高。

表2-22 是否是村干部与对乡镇政府依法执政的满意度评价的交叉分析

是否村干部	农户对乡镇政府依法执政的满意度评价占比(%)					样本数(户)
	非常满意	比较满意	一般	较不满意	非常不满意	
是	41.5	51.2	7.3	0	0	41
否	13.4	69.1	13.4	3.1	1.0	97
合计	21.7	63.8	11.6	2.2	0.7	138

注:有效样本数138,$P=0.033$。

6. 村干部对自己依法办事情况的评价相对较高

村干部对自己依法办事情况的评价相对较高,在41个村干部中,63.4%认为村干部任何时候都能依法办事,36.6%认为村干部大部分时候都能依法办事。在97个非村干部农户中,43.3%反馈村干部任何时候都能依法办事,56.7%反馈村干部大部分时间都能依法办事(表2-23)。

表 2-23 是否是村干部与村干部依法办事情况的交叉分析

是否村干部	农户对村干部依法办事的评价占比（%）				样本数（户）
	任何时候都依法办事	大部分时候依法办事	少部分时候依法办事	从来不依法办事	
是	63.4	36.6	0	0	41
否	43.3	56.7	0	0	97
合计	49.3	50.7	0	0	138

注：有效样本数 138，$P=0.033$。

7. 村干部和农户都愿意接受法律宣传

关于近两年村干部是否接受过普法教育宣传的调研结果显示，在 41 个村干部中，78.0%接受过普法宣传教育，22.0%没有接受过普法宣传教育，在 97 个非村干部（农户）中，58.8%接受过普法宣传教育。可见无论是村干部还是普通农户接受普法宣传教育的比例都相对较高，村干部接受普法宣传的比重接近八成，农户接受普法宣传的比重接近六成，可见，法治宣传在农村逐渐打开了工作面（表 2-24）。

表 2-24 是否是村干部与近两年是否接受过村里普法教育宣传的交叉分析

是否村干部	农户近两年接受村里普法教育宣传情况占比（%）		样本数（户）
	接受过	没接受过	
是	78.0	22.0	41
否	58.8	41.2	97
合计	64.5	35.5	138

注：有效样本数 138，$P=0.031$。

8. 各学历层次农户开始逐渐意识到用法律手段保护自己的重要性

从文化水平与合法权益受到侵害时诉诸法律的情况来看，高中学历共有 31 个样本，80.6%的农户反馈只要合法权益受到侵害就会诉诸法律；其次为初中学历，共有 65 户农户，75.4%的农户反馈只要合法权益受到侵害就会诉诸法律；接下来为大专及以上学历层次，在 24 个样本农户中，62.5%的农户回应合法权益受到侵害就会诉诸法律。由此看来，并不是学历越高诉诸法律程序解决问题的农户越多，高中和初中层次的农户法律意识开始慢慢觉醒（表 2-25）。

表 2-25 文化水平与当合法权益受到侵害时是否会诉诸法律的交叉分析

文化水平	合法权益受到侵害时诉诸法律的情况占比（%）			样本数（户）
	只要权益受到侵害就会诉诸法律	不到万不得已不会诉诸法律	无论如何都不会诉诸法律	
文盲	0	100	0	2
小学	57.9	42.1	0	19

（续表）

文化水平	合法权益受到侵害时诉诸法律的情况占比（%）			样本数（户）
	只要权益受到侵害就会诉诸法律	不到万不得已不会诉诸法律	无论如何都不会诉诸法律	
初中	75.4	24.6	0	65
高中	80.6	19.4	0	31
大专及以上	62.5	37.5	0	24
合计	70.9	29.1	0	141

注：有效样本数141，$P=0.054$。

（四）德治建设的现状

1. 村庄的道德宣传活动在农户中有一定的知晓度

调研数据显示，在142个有效样本中，有93户农户回答村里开展过道德宣传活动，占比达65.5%；有20户农户回答村里没有开展过道德宣传活动，占比为14.1%；有29户农户对此表示不清楚，占比为20.4%（图2-7）。由此看来，总体上知晓村里开展道德宣传活动的农户可达65%左右（图2-8），说明道德宣传活动在村庄已经展开了一定的工作面。

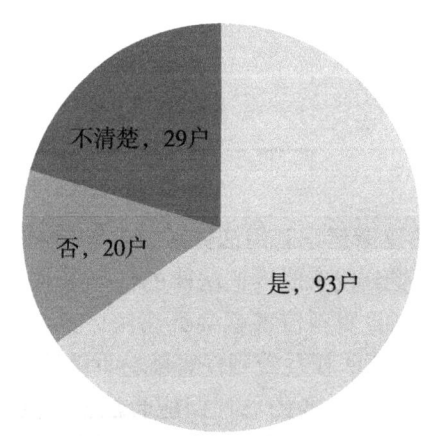

图2-7　2021年村庄开展道德宣传活动的知晓情况

2. 知晓村庄开展道德宣传的农户参与道德宣传教育活动的比重较高

在142个样本中，有93户农户回答村里开展了相关的道德宣传活动，那针对这93户农户，参与村庄道德宣传活动的情况怎样？对提升农户的道德素质作用如何呢？调查数据显示，93户农户中有86.0%的农户参与了村庄的道德宣传活动（图2-9）；关于开展活动对提升村民道德素质的作用如何，其中26.9%的农户反馈作用很大，60.2%的农户反馈作用较大，二者合计占比为87.1%（图2-10）。

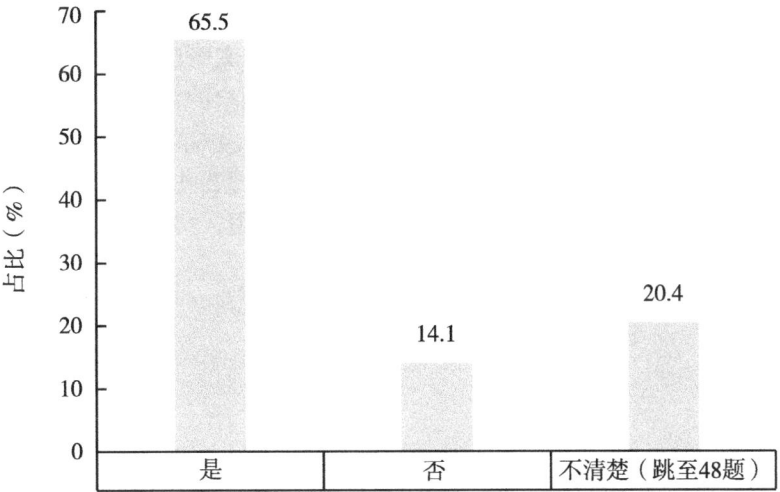

图2-8 2021年村庄开展道德宣传活动的知晓度占比情况

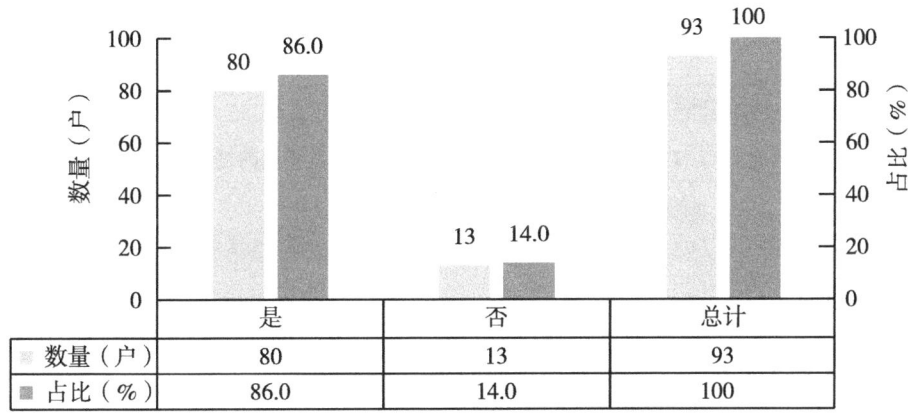

图2-9 农户是否参与村里的道德宣传教育活动情况

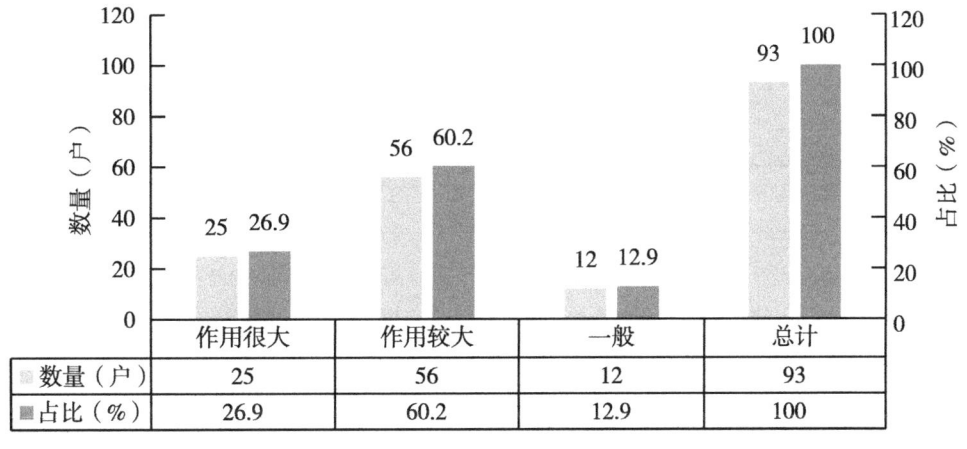

图2-10 村里的道德宣传活动对提升村民道德素质的作用情况

3. 文明家庭和文明户的评选活动对村民文明行为的规范有一定的促进作用

调研显示，有 77 户农户回答村里开展了文明家庭和文明户的评选活动（图 2-11），其中有 71.4% 的农户反馈，他们参与了文明家庭和文明户的评选活动（图 2-12）。当继续调查文明户评选对村民文明行为的作用时，有 23.4% 的农户反馈作用很大，有 66.2% 的农户反馈作用较大，二者合计占比为 89.6%（图 2-13）。综上，文明家庭、文明户的评选活动对村民文明行为的规范有一定的促进作用。

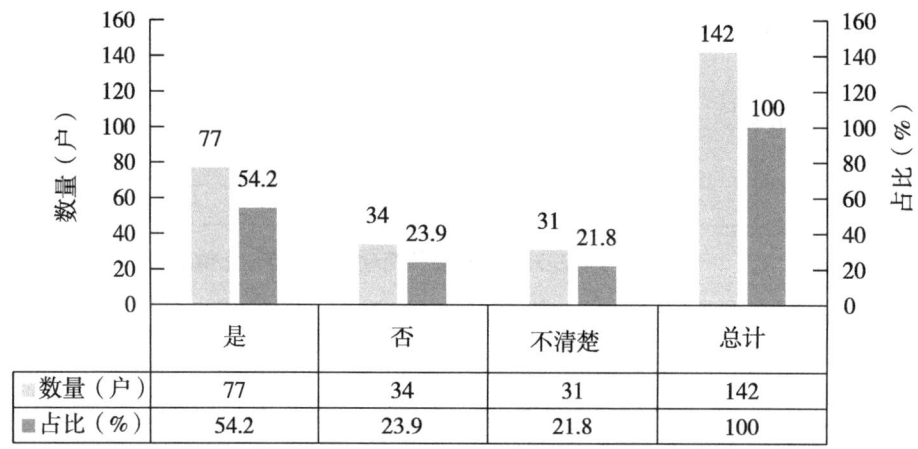

图 2-11　村庄开展文明家庭、文明户评选活动的情况

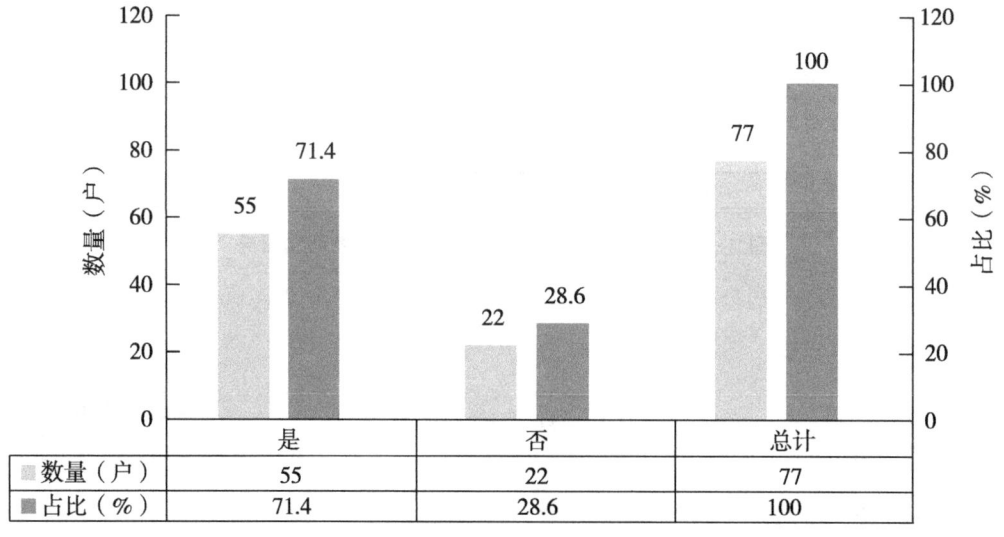

图 2-12　农户参与文明家庭、文明户评选活动的情况

4. 关注文明家庭文明户评选活动的农户参与比例更高

调查数据显示，74 户农户（52.1%）回答村里开展了优良家风家训的宣传教育活动（图 2-14），当进一步问及这 74 户农户是否参与村里的优良家风家训活动时，有

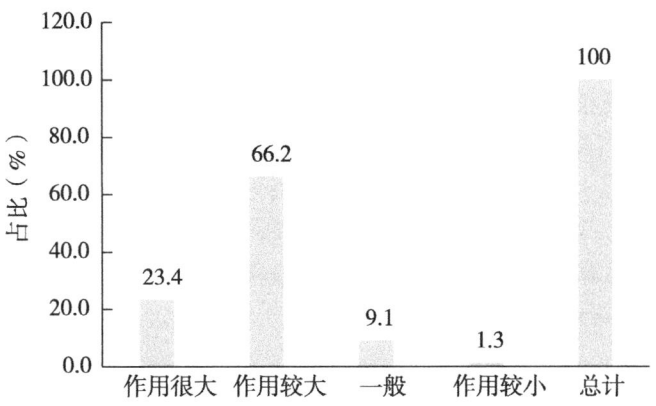

图 2-13 村文明户评选活动对促进村民文明行为的作用

89.2%的农户回答了参与（图2-15）。由此看来，关注家风家训活动的农户参与家风家训活动的比例相对较高，可达近九成。

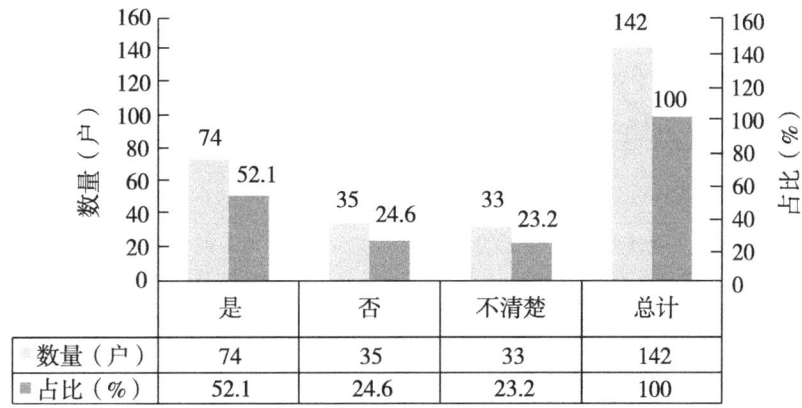

图 2-14 村里开展优良家风家训宣传教育活动的情况

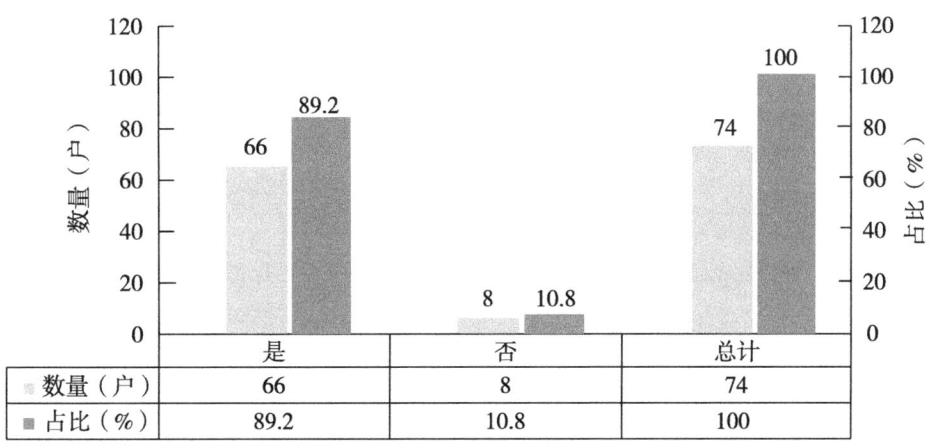

图 2-15 农户参与村里优良家风家训宣传教育活动的情况

5. "乡贤能人"在乡村治理中发挥一定作用

在调研的141个有效样本中，17.8%的农户反馈村庄重视发挥"乡贤能人"的作用，26.2%的农户反馈村庄比较重视发挥"乡贤能人"的作用，二者合计占比为44.0%（图2-16）。关于"乡贤能人"在村庄治理中（如治安纠纷调解、道德宣传等）发挥作用如何，141户农户做出如下评价，认为作用很大和较大的比例分别为12.1%和28.4%，二者合计占比达40.5%（图2-17）。关于"乡贤能人"管理村庄的满意度方面，非常满意和比较满意合计占比为41.8%（图2-18）。由此看来，"乡贤能人"在村庄发展中发挥了一定作用。

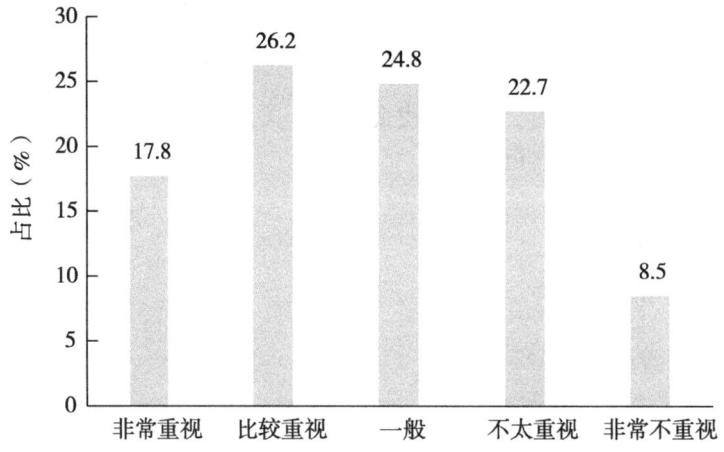

图2-16 村庄是否重视"乡贤能人"的情况

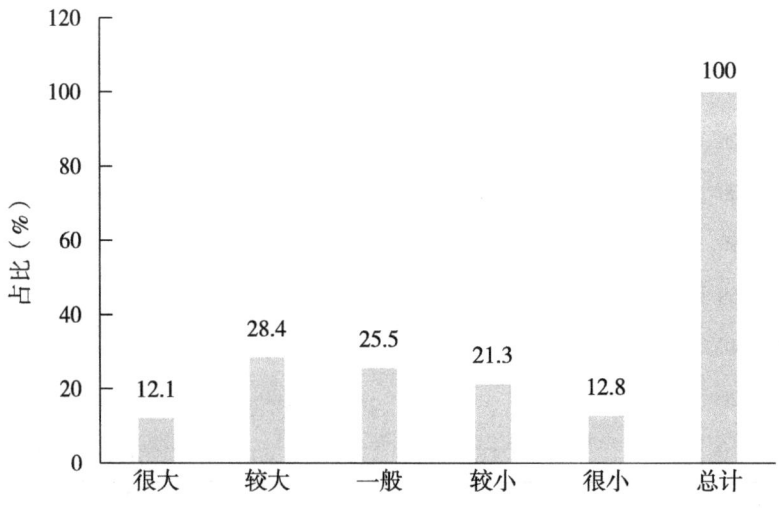

图2-17 "乡贤能人"在村庄治理中发挥的作用情况

6. 丘陵地区农户参与村里道德宣传活动比例较高

从地形类型与是否参与村里的道德宣传活动的交叉结果来看，丘陵地区参加村里的

第二章 热区乡村治理研究

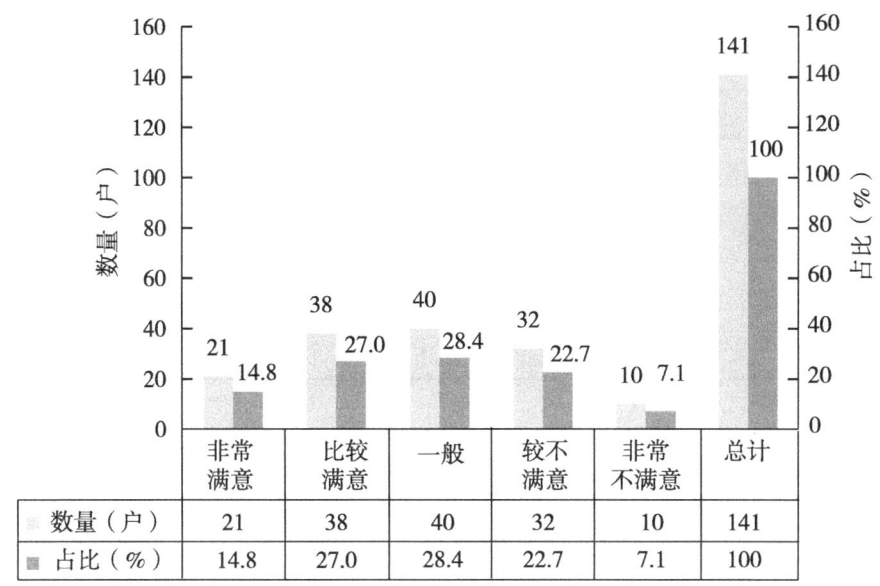

图 2-18 农户对"乡贤能人"管理村庄事务的满意度评价

道德宣传活动的比例高达 95.0%；平原地区次之，为 87.1%；山地地区排在最后，为 63.6%。由此看来，丘陵地区和平原地区农户参与道德宣传活动的积极性相对较高（表 2-26）。

表 2-26 山地、平原、丘陵等地农户参与村里道德宣传活动的情况

地形类型	参与村里道德宣传活动的情况占比（%）		样本数（户）
	参与	未参与	
平原	87.1	12.9	62
丘陵	95.0	5.0	20
山地	63.6	36.4	11
合计	86.0	14.0	93

注：有效样本数 93，$P=0.031$。

7. 平原地区农户对优良家风家训宣传活动认知度高，丘陵地区农户参与优良家风家训宣传活动比例高

从不同地区是否开展优良家风家训的情况来看，平原地区的认知度排在第一，占比为 59.5%；丘陵地区农户排在第二位，占比为 50.0%；山地地区农户排在第三，占比为 29.2%（表 2-27）。从不同地区农户参与优良家风家训宣传教育活动的情况来看，丘陵和平原地区的参与比例高达九成以上，占比分别为 94.1% 和 92.0%（表 2-28）。由此看来，对优良家风家训认知度高的平原和丘陵地区农户在参与优良家风家训的宣传

· 69 ·

活动中的比例也相对较高。

表 2-27　山地、平原、丘陵等地农户对开展优良家风家训活动的认知情况

地形类型	是否开展优良家风家训宣传教育活动占比（%）			样本数（户）
	是	否	不清楚	
平原	59.5	26.2	14.3	84
丘陵	50.0	20.6	29.4	34
山地	29.2	25.0	45.8	24
合计	52.1	24.6	23.3	142

注：有效样本数 142，$P=0.015$。

表 2-28　山地、平原、丘陵等地农户参与优良家风家训宣传活动的情况

地形类型	参与优良家风家训宣传的情况占比（%）		样本数（户）
	参与	未参与	
平原	92.0	8.0	50
丘陵	94.1	5.9	17
山地	57.1	42.9	7
合计	89.2	10.8	74

注：有效样本数 74，$P=0.016$。

8. 平原地区农户对村里重视"乡贤能人"的评价较高

在农户认知层面，山地、丘陵、平原地区农户认为村里非常重视"乡贤能人"的占比依次为 25.0%、17.6%、15.7%；比较重视"乡贤能人"的占比依次为 8.3%、11.8%、37.3%；在非常重视和比较重视的合计占比中，平原、丘陵、山地地区的占比依次为 53.0%、29.4%、33.3%（表 2-29）。

表 2-29　不同地区农户对村里发挥"乡贤能人"作用的认知情况

地形类型	农户对村里重视"乡贤能人"的评价占比（%）					样本数（户）
	非常重视	比较重视	一般	不太重视	非常不重视	
平原	15.7	37.3	21.7	19.3	6.0	83
丘陵	17.6	11.8	32.4	38.2	0.0	34
山地	25.0	8.3	25.0	12.5	29.2	24
合计	17.7	26.2	24.8	22.7	8.6	141

注：有效样本数 141，$P=0.000$。

9. 平原地区农户对"乡贤能人"在乡村治理中的评价略高一筹

平原地区认为"乡贤能人"在村庄治理中发挥作用很大和比较大的占比分别为

13.3%和37.3%,二者合计占比为50.6%;丘陵地区反馈"乡贤能人"在村庄治理中发挥作用很大和比较大的占比依次为8.8%和20.6%,二者合计占比为29.4%;山地地区评价"乡贤能人"在村庄治理中发挥作用很大和比较大的比例分别为12.5%和8.3%,二者合计占比为20.8%。由此可见,平原地区总体上对"乡贤能人"在村庄治理中发挥作用的评价高于丘陵和山地地区(表2-30)。

表2-30 不同地区农户对"乡贤能人"在村庄治理中发挥作用的评价

乡镇类型	农户对村里"乡贤能人"发挥作用的评价占比(%)					样本数(户)
	很大	较大	一般	较小	很小	
平原	13.3	37.3	25.3	14.5	9.6	83
丘陵	8.8	20.6	26.5	41.2	2.9	34
山地	12.5	8.3	25.0	16.7	37.5	24
合计	12.1	28.4	25.5	21.3	12.7	141

注:有效样本数141,$P=0.000$。

10. 平原地区对"乡贤能人"管理村庄事务的满意度评价相对较高

平原地区农户对"乡贤能人"管理村庄事务非常满意的评价占比为16.9%,山地地区的占比为16.7%,二者数值接近;在比较满意层面,平原地区和山地地区的占比分别为33.7%和16.7%。综上,平原地区对"乡贤能人"管理村庄事务的满意度评价相对较高(表2-31)。

表2-31 不同地区农户对"乡贤能人"管理村庄事务的满意度评价

乡镇类型	农户对村里"乡贤能人"管理村庄事务的满意度评价占比(%)					样本数(户)
	非常满意	比较满意	一般	较不满意	非常不满意	
平原	16.9	33.7	28.9	15.7	4.8	83
丘陵	8.8	17.6	35.3	35.3	2.9	34
山地	16.7	16.7	16.7	29.2	20.8	24
合计	14.9	27.0	28.4	22.6	7.1	141

注:有效样本数141,$P=0.016$。

11. 不同教育水平的农户对"乡贤能人"管理村庄事务的评价不同

通过对不同教育水平的农户与"乡贤能人"管理村庄的满意度评价进行交叉分析,结果显示,高中文化程度的在比较满意层面占比最高为48.4%;其次为文盲,占比为33.7%,接下来为大专及以上学历,占比为29.2%。在非常满意层面,文盲、高中、大专及以上的占比维持在16%~17%,可见,高中、文盲、大专及以上文化程度对"乡贤能人"管理村庄事务的满意度评价较高(表2-32)。

表2-32 不同文化水平的农户对"乡贤能人"管理村庄事务的满意度评价

文化水平	农户对村里"乡贤能人"管理村庄事务的满意度评价占比（%）					样本数（户）
	非常满意	比较满意	一般	较不满意	非常不满意	
文盲	16.9	33.7	28.9	15.7	4.8	2
小学	8.8	17.6	35.3	35.3	2.9	19
初中	15.6	17.2	40.6	18.8	7.8	64
高中	16.1	48.4	19.4	12.9	3.2	31
大专及以上	16.7	29.2	20.8	29.2	4.2	24
合计	15.0	27.1	28.6	22.1	7.2	140

注：有效样本数140，$P=0.052$。

12. 农村管理者对村庄开展文明家庭文明户评选活动最了解

通过对不同职业的农户与村庄开展文明家庭文明户的评选活动进行交叉分析，知晓程度相对较高的两份职业分别为农村管理者和其他职业者，占比分别为80.6%和70.6%（表2-33）。

表2-33 不同职业的农户对开展文明家庭文明户评选活动的认知

职业	农户对开展文明家庭文明户评选活动的认知占比（%）			样本数（户）
	是	否	不清楚	
务工	44.9	24.6	30.5	69
务农	25.0	37.5	37.5	8
个体经营	33.3	33.3	33.4	6
农村管理者	80.6	16.6	2.8	36
其他	70.6	17.6	11.8	17
合计	55.9	22.8	21.3	136

注：有效样本数136，$P=0.009$。

13. 参与文明家庭文明户的评选活动中，务工、农村管理者、务农职业的比例较高

从不同职业者与参与文明家庭文明户的评选活动的交叉分析来看，务工者的参与比例最高，达100%；农村管理者参与的比例次之，占比为75.9%；排在第三的为务农职业，占比为70.6%。可见，在参与文明家庭文明户的评选活动中，长期在村庄生活的农户参与度会高些（表2-34）。

表2-34 不同职业的农户参与文明家庭文明户评选活动的情况

职业	参与文明家庭文明户评选活动情况占比（%）		样本数（户）
	参与	未参与	
务农	70.6	19.4	31

(续表)

职业	参与文明家庭文明户评选活动情况占比（%）		样本数（户）
	参与	未参与	
务工	100	0	2
个体经营	50.0	50.0	2
农村管理者	75.9	24.1	29
其他	33.3	66.7	12
合计	71.1	28.9	76

注：有效样本数76，$P=0.024$。

14. 党员对开展文明家庭文明户评选和优良家风家训的认知度更高

统计分析结果显示，党员干部对村庄开展文明家庭文明户评选活动的知晓度高些，占比高达72.0%（表2-35）；同时，党员对村里开展优良家风家训评选活动的知晓度高些，占比为76.0%（表2-36）。由此看来，党员对村里的道德建设比较关注。

表2-35 是否是党员与是否知晓开展文明家庭文明户的评选活动交叉分析

是否是党员	知晓村里开展文明家庭文明户的评选活动情况占比（%）			样本数（户）
	知晓	不知晓	不清楚	
是	72.0	18.0	10.0	50
否	46.1	25.8	28.1	89
合计	55.4	23.0	21.6	139

注：有效样本数139，$P=0.008$。

表2-36 是否是党员与是否知晓开展优良家风家训的交叉分析

是否是党员	知晓村里开展优良家风家训活动的情况占比（%）			样本数（户）
	知晓	不知晓	不清楚	
是	76.0	12.0	12.0	50
否	40.4	30.3	19.2	89
合计	53.2	23.7	23.0	139

注：有效样本数139，$P=0.000$。

15. 村干部对开展文明家庭文明户评选和优良家风家训的知晓度更高

统计数据显示，村干部知晓文明家庭文明户的评选活动明显高于非村干部，二者的占比依次为78.0%和46.4%（表2-37）。同样，村干部与非村干部相比，知晓优良家风家训宣传教育活动的比例较高，二者的占比情况依次为78.0%和42.3%（表2-38）。

表 2-37　是否是村干部与是否知晓开展文明家庭文明户的评选活动的交叉分析

是否是村干部	知晓村里开展文明家庭文明户的评选活动情况占比（%）			样本数（户）
	知晓	不知晓	不清楚	
是	78.0	17.1	4.9	41
否	46.4	24.7	28.9	97
合计	55.8	22.5	21.7	138

注：有效样本数 138，$P=0.001$。

表 2-38　是否是村干部与是否知晓开展优良家风家训活动的交叉分析

是否是村干部	知晓村里开展优良家风家训活动的情况占比（%）			样本数（户）
	知晓	不知晓	不清楚	
是	78.0	17.1	4.9	41
否	42.3	26.8	30.9	97
合计	52.9	23.9	23.2	138

注：有效样本数 138，$P=0.000$。

第三节　热区乡村治理存在的问题

一、农业农村部门重视产业发展多，关注乡村治理少

调研发现，很多农业农村部门对乡村治理的理解不到位，甚至有些市县的乡村振兴局、农业农村局的局长对乡村治理完全没有概念，不了解相关的政策和文件，对乡村治理的理解仅限于村民自治，对如何开展乡村治理没有思路和见解，更谈不上关注乡村治理、指导乡村治理工作。调研发现，在云南、海南、贵州等市（县）的农业农村部门对产业如何发展非常关注，大多的时间和精力都用在产业发展方面，如产业规划、新品种培育、病虫害防治、销路拓展等，农业农村部门的产业发展资金基本都流向了产业发展上。乡村治理工作与产业发展或者其他农村工作相比排序永远是靠后的，因为不管是基层干部还是普通农户，在思想层面大多认为乡村治理不重要，所以对乡村治理的整体布局与发展及工作机制和治理体系建设没有进行深入的思考与探索，导致乡村治理工作在推动过程中的关注度、支持度、推动的力度等都存在一定问题，影响了乡村治理的一些基础工作。

二、乡村治理的专项经费投入少，开展工作举步维艰

调研发现，乡村治理在热区省份（云南、贵州、海南等）的农村投入的经费是

很有限的。一方面,乡村治理的运行经费一般是拨给村委会的转移支付中开支一些与乡村治理相关的经费,但经费很有限,如湖南省每年给村委会的转移支付金额为20万~30万元,具体包括支付给村委会干部的补贴及农村人居环境整治等一些公共服务的开展,专项乡村治理的经费占比不到2%;另一方面,想开展乡村治理的村庄申请不到专项经费支持。例如在海南昌江某村,比较重视乡村治理工作,提出了清单制+积分制的概念,形成了干部+农户+上级部门的任务清单,吸引农户参与乡村建设与乡村振兴,农户参与积极性比较高,村干部也愿意推进乡村治理工作,但截至目前,乡村治理积分制的积分费用没有政策出口,具体问题表现为,县财政没有拨付专项资金,村集体经济不发达,也拿不出专项经费来支持积分兑换,积分兑换一年的经费大概5万~6万元,村里没办法解决兑换积分的经费问题,乡村治理工作开展起来举步维艰。

三、乡村治理缺乏有效载体,治理效果很难显现

一方面,乡村治理主体单一,推动工作没有抓手。调研时发现,热区农村在推动乡村治理中缺少有效抓手和载体,主要依靠村两委干部、党员和村民小组组长来开展和推动工作。存在"党员干部在干,群众在路边看"的现象,农户参会、参加清理水利沟、人居环境整治等工作时不积极,或者参与乡村建设工作也是为了领取补贴等问题,存在被动式参与的事实,乡村治理效果不理想,乡村建设工作推动缓慢。另一方面,乡村治理过程中缺少有效的自治载体来有效推进乡村治理工作。调研数据显示,在142个有效样本中,17.7%的农户回答村里没有村民理事会或者议事会等协商议事组织,33.3%的农户回答不清楚村里有没有村民理事会或者议事会等协商议事组织,二者合计占比为51%;44.9%的农户回答没有加入村民理事会等协议组织。由此看来,在乡村自治层面缺乏有效的自治载体来推动乡村治理工作,致使乡村治理效果不明显。

四、乡村治理人才短缺,影响治理体系建设

热区乡村治理人才建设中存在人才短缺的困境,具体表现在乡村干部年龄结构偏大,知识结构陈旧、治理方法单一,治理能力有待提升等问题[①]。人才短缺还表现为乡村治理人才选拔难和培育难等问题。一方面,乡村治理人才在选拔中受限于村中的人员结构、能力和意愿等因素,导致选拔结果不理想,比如广西、海南的一些村庄中,稍微有一点能力的致富带头人、乡贤、返乡大学生等都愿意到外面闯荡谋生,不愿意留在村里担任村干部从事乡村治理工作,留在村里正在担任村干部的乡村治理人才也因繁重的日常管理和检查调研评估等任务想离开现有的岗位;另一方面,乡村治理人才在培育过程中应接能力不强,知识和技能难以转化为治理实践。具体表现在,参与管理类、信息

---

① 杨素稳,李白山. 海南农村基层党建存在的主要问题与对策分析 [J]. 海南大学学报(人文社会科学版),2013,31(3):40-45。

类培训不多，同时，乡村治理培训内容多以宏观政策和理论内容为主，缺少具体如何做，怎样实施等，致使乡村治理人才在培训中很难受益，影响后续工作的开展，也影响乡村治理体系的建设和完善。

五、农村基层党组织建设滞后，影响乡村治理能力提升

农村基层党组织建设过程中存在队伍建设不合理，带动辐射乡村治理的能力有待提升等问题。一方面，热区农村基层党员队伍不同程度地存在着党员队伍年龄结构老化、文化程度偏低等现象，包括来自省、市、县一级选派的乡村振兴驻村工作小队，年龄普遍在45岁以上。在乡村振兴工作中，年龄结构老化、文化程度偏低的党员队伍，必然会在一定程度上制约农村基层党建工作的深入开展。另外，"干活"的人少了，往往会造成这样一种现象：在乡村治理的主体结构上，形成权力"内卷"、职责"内卷"，即"一人身兼多职"。另一方面，基层党组织在乡村治理过程中发挥带动和辐射的作用有待提升，调研数据显示，在142个有效样本中，28.9%的农户认为村党支部在村庄治理中的领导作用发挥非常好，53.5%的农户认为村党支部在村庄治理中的领导作用发挥比较好；17.6%的农户反馈村党支部在村庄治理中领导作用发挥一般；对村庄有效治理需要加强党组织建设持非常赞同、比较赞同、一般和不太赞同的比例依次为83.0%、14.2%、2.1%、0.7%；关于村庄党员参与村庄事务的积极性方面，29.1%和50.4%的农户反馈党员参与村庄事务非常积极和比较积极，18.4%和2.1%的农户反馈一般和比较消极。由此看来，村庄治理中加强党组织建设有很大的提升空间，党员参与公共事务的积极性有待提升。

六、农户参与度低，乡村治理没有活力

从热区"三治"开展情况来看，农户参与乡村治理的积极性不高，其原因有三：一是市场经济时代农户以赚钱谋生为主；二是乡村治理中缺少有效的组织或者机构将农户有效地吸纳进治理体系；三是与农户的利益联结机制建立不够完善。从农户不愿意参与乡村治理的表现来看，农户参与乡村治理的实践不理想。在142个有效样本中，关于是否参与过村庄的村民代表大会情况如下：65.7%的农户参与过村民代表大会，33.6%的农户没有参与过村民代表大会，0.7%的农户反馈村里没有召开过村民代表大会。关于农户是否参与过文明家庭文明户的评选活动，71.4%的农户参与过评选活动；28.6%的农户未参与评选活动。关于是否愿意加入村民理事会的反馈如下：44.9%的农户反馈没有参与；55.1%的农户反馈有参与。在是否参与优良家风家训教育活动中，10.8%的农户反馈没有参与；89.2%的农户反馈有参与。由此看来，在"三治"体系建设中，农户不参与已是一个普遍问题，需要自治组织和政府部门加以高度重视。

第四节　热区乡村治理的典型案例

一、儋州市兰洋镇：完善公共服务　推动乡村治理能力提升[①]

兰洋镇位于海南省儋州市东南部，是 2002 年由原兰洋镇和番加乡合并而成，区域总面积 326.9 平方公里。全镇管辖 14 个村委会，1 个社区，1 个蓝洋居委会，2 个镇办农场，71 个自然村，81 个村民小组，总人口约为 3.1 万人，苗、黎等少数民族人口数占总人口的 32%，具有浓厚的黎苗民族风情。现有党（总）支部 32 个，共有党员 1 143 人。境内有温泉、松涛水库等丰富的旅游资源，是全省 22 个风情小镇之一、全国新型城镇化建设示范镇。先后被授予"海南省先进基层党组织""海南省文明乡镇""全国卫生镇"等荣誉称号。

（一）健全乡村治理责任机制

一是落实乡村治理主体责任。全镇统一成立乡村治理领导小组，实行定点包村责任制，在建制村设立乡村治理办公室，每个建制村派驻一名镇干部具体负责乡村治理工作，落实乡村治理的主体责任。二是实行网格化治理。在建制村实现乡村治理网格化管理机制，将村干部、农户、党员统一纳入乡村治理的网格体系，使乡村治理工作朝着精细化、规范化、标准化的方向迈进，形成了村干部主动为农户服务，农户积极参与乡村治理的良好局面。三是设立专项经费。把每年乡村治理工作经费纳入镇级财政预算，为各村委会提供财力保障。

（二）提供便捷高效的公共服务

一是制定权力清单，做到权责明确。制定《农村公共服务事项权责清单》，指导各村按照权责清单，主动认真推行权责清单制度工作，全面正确履行职责。按照满足村委会工作人员的工作生活、日常值班、服务群众等基本需要，配备必要的办公设备，设置综合办公室。二是日常公共服务下沉至村委会。将与群众密切相关的行政审批和服务项目下放到村委会办理，着力解决群众教育、医疗等问题，不断提升群众的满意度。三是着力开展便民服务站建设。全镇统筹推进便民服务站建设，通过调剂、改造、新建等多种方式，统筹推进村级综合服务平台建设。目前全镇 14 个建制村建有标准化村级便民服务站，能够为农民提供"一门式服务""一站式服务"。进一步完善村级综合服务平台功能布局，坚持办公空间最小化，服务活动空间最大化，保证有 50% 以上的面积用于村民服务活动。

（三）完善公共事务监督体系

一是明确权责边界。制定乡村小微权力责任清单，厘清村委干部权力边界，并按照

[①] 笔者根据调研时录音和儋州市农业农村局提供的材料整理完成。

"一事一流程"的形式详细制定流程图,规范农村基层党员干部行使权力。二是畅通监督渠道。在村务监督方面,村民可通过意见箱、匿名电话等方式进行反馈和监督,村务监督委员会与镇纪委通过加强对村级小微权力运行情况的监督和对违反村级小微权力清单行为进行责任追究,从严加强村干部日常监管,确保村级小微权力规范运行。推进村级事务及时真实公开,严格执行农村基层党务、村务、财务公开制度,细化明确公开内容,接受全体村民监督。三是落实村务重大事项公开制。严格落实村级重大工程项目招投标制度,推行村级工程项目全程公示机制,根据"三务公开"① 不同内容,实行定期公开、分期公开和及时公开,对农村常规性事项每季度至少公开一次。

(四)统筹推进"三治"体系建设

一是加强自治建设。拓展"四议两公开""一评两监督"制度,发挥自治章程、村规民约的积极作用,构建民事民议、民事民办、民事民管的矛盾纠纷联调、社会治安联动、服务群众联心的多层次基层协商格局。二是推进法治建设。加强法治乡村建设,将法律队伍和治安队伍下沉至乡村,并在每个村庄配备了法律顾问和辅警,实现了村村覆盖。成立镇专项斗争领导小组及办公室,党政主要领导担任双组长,确保党政齐抓共管。镇扫黑办整合镇综治办、消防中队、镇禁毒办、镇电诈办、镇河长办和村(居)委会人员35人,成立两支打击队伍,分别负责农村片区和城镇建成区的打击工作。三是加强乡村道德建设。从每个村的实际出发,制定出符合本村特色的村规民约,深入开展道德模范表彰和"儋州好人"的评选活动,开展移风易俗活动,倡导节约,红白喜事随礼适度,办酒的频率不要过高,以减少农户在这方面的支出负担,树立文明新风。深入开展文明家庭文明户和绿色家庭的评选活动,结合当前美丽乡村建设,进一步完善农村人居环境整治的长效机制,落实"门前三包"制度,垃圾日产日清制度。同时,对私搭乱建行为进行专项整治,例如,大力整治乱堆、乱倒、乱排、乱搭、乱建等"五乱"行为,拆除一批影响村容村貌的牛栏、厕所和猪圈,使村容村貌焕然一新。

二、儋州市光村镇光红村:"党建+产业"推动乡村治理

海南省儋州市光村镇光红村,X500省道(县道)穿境而过,距离G98高速南宝互通口14公里,辖区范围内有高铁站,交通便利。下辖白沙塘村、新坊地村、唐屋地村、银老村、榕妙水新村、榕妙水老村、榕妙水上村等8个自然村,共777户3 238人。村"三委"干部共12人,党员共82人。结合当地农业、森林和水库等自然资源优势,光红村发展雪茄烟叶种植基地、南瓜种植基地、辣椒基地等特色农业产业基地,完善农村基础设施并实现村民增收致富,农村环境得到进一步提升。

(一)坚持党建引领,发挥党员模范作用

一是注重学习与培训。每月开展"两学一做"学习教育,运用集中学习、专题研讨等形式开展学习活动,并积极组织村"两委"班子外出参观学习培训,增强党性修养,学习教育覆盖全村95%的党员。二是规范村党支部工作。党支部坚持以"三会一

---

① "三务公开"指定期对村级党务、村务、财务进行公开。

课"制度为导向,每月召开党员大会一次;每年召开民主生活会一次,不断完善党员生活和管理制度,促进党组织各项日常工作有序开展。三是发挥党员模范作用。积极组织全体党员参与"勇当先锋、做好表率"专题活动,发挥"领头雁""带头羊"的先锋模范作用,以实际行动带领村民参与雪茄烟草种植产业,更好地把村民群众团结和凝聚在村党支部周围,不断增强村党支部的凝聚力和战斗力。

(二)建立健全民主制度,实现村民依法自治

一是健全村民自治制度。依法选举产生村民代表及村民监督委员会,健全调解委员会等村民自治组织,建立红白理事会、文明劝导队、志愿服务队等工作小组,修改完善村规民约,并将村规民约粘贴上墙,提升广大村民的认知率和认同度。坚持村务党务公开制度,全面及时公开党的方针政策、村财务支出、村级重大事务、年度工作计划等重要事项。二是严格民主决策。按照"四议两公开"工作模式,认真落实党员群众提议、村"两委"会商议、党员大会审议、村民大会或村民代表会议决议的议事决策程序。凡是涉及村民切身利益的重大项目工程、资源对外承包、承租等重要事情和村民共同关心的热点问题,都严格按照程序组织实施。三是强化民主监督。突出村民代表大会的作用,农户在村民代表大会中表决通过的事项,要经过村务公示栏,镇政府审核通过后,由村委会负责落实和推行。在落实和推动相关工作的过程要加强监督,发挥村监委会的作用,确保落实工作有结果,农户权益得到保障,农户的幸福感和满意度逐步提升。

(三)打造雪茄烟叶品牌,实现党建引领乡村产业

2010年,海南雪茄在光红村落地,发展培养了一批雪茄产业工人,有效地落实精准扶贫政策,实现了农户收入翻倍增长。目前,雪茄烟草种植基地面积超过3 000亩,通过雪茄产业扶贫,每年解决就业农村人口达到1 000人左右。雪茄产业工人每户每年收入达到60 398元,种植雪茄烟草的贫困户全部在一年内实现脱贫,两年内实现增收。100多位农户通过雪茄产业盖起了一百多栋"雪茄楼"。光红村主要采用全新的雪茄产业扶贫模式:公司整体承包经营农户土地,规划和建设好基地的道路、排灌、大棚、滴灌、晾烟房等基础设施。公司再聘请农户回来进行承包种植烟叶管理,不收农户地租,给予农户种苗、肥料农药等农资,提供技术指导,最后按照每户生产出来的烟叶等级和产量进行定价回收,在种植中给农户购买农业保险和人身保险,确保农户利益。农户在雪茄产业中主要收入有三项:一是稳定的地租收入,每年每亩1 200元,逐年增加;二是自主承包烟叶收入,5个月时间(12月至翌年4月)每亩收入达到3 000元左右;三是自由务工收入,每年有7个月时间在公司做职业工人,进行烟叶分级、发酵、卷制等工作,每人每月收入2 500元。综合收入计算,每户每年纯收入可以达到10万元左右,实现农户增收致富。真正做到了党建引领乡村治理,党建带动乡村产业。

三、琼海市博鳌镇沙美村:智慧党建+治理单元下沉开创治理有效新格局

琼海市位于海南省东部沿海,现辖12个镇,5个居,204个村(居)委会,1个专属经济区(华侨农场),常住人口51.57万人。琼海市把治理体系和治理能力现代化的

要求下沉到农村基层,在博鳌镇沙美村探索利用"博鳌云管家"形成智慧党建+自治单元下沉的乡村治理新格局①。

(一)线下+线上联动,紧密联系农户

一是摸清村中党员的情况,同时将整个村庄划分为若干个网格,每个网格设立一个党小组,民主测评及格的党员担任中心户,明确中心户的使命和职责,如:宣传党的政策、方针及村庄发展方案、集体经济发展思路等;与网格内农户做好沟通和联系;了解网格内农户的思想动向、生活困难、发展诉求;随时随地准备为网格内农户解决困难和矛盾纠纷。二是联系农户时讲究工作技巧和方法。网格长经常与农户打成一片,通过房前屋后交谈、电话微信沟通、一起参与村庄的法律宣传等活动与农户拉近距离,成为农户的"贴心人",同时每个党员将联系党员的日常进展随时通过智慧党建系统报送至"党小组"。三是办事讲究效率。党小组长针对党员中心户和群众反映上报的问题,通过"智慧党建"信息系统第一时间受理,急事亲自处理或派一名党员到现场处理,缓事召开党小组"碰头会"研究解决,或者请出村中的"五老"乡贤进行协商共治,让问题在最短的时间内解决,做到不积压矛盾,不拖延时间,讲究效率。

(二)通过治理单元下沉至网格,使治理更精准、更有效

一是在明确治理单元时,改变以往的以村民小组为单元,将自治单元更精准地划定,将网格织密,按照"定格、定员、定责、定岗"原则,明确党小组和中心户的职责和使命,同时发出一个声音,协同开展乡村治理工作。二是与农户形成有效互动。在以往的乡村治理中,通常是由村小组组长传达村委会的任务和要求,更多是要求农户如何做,改变为"现在我能为农户做什么",通过党小组和中心户与农户之间架起了一座"连心桥"。三是自治权限下沉。镇党委对党小组和中心户的管理权和支配权进行了明确的界定,即对小事的协调处置权、对党员中心户的管理权、对保障经费的自主支配权,同时党小组职权范围之外无法解决的矛盾和问题第一时间上报村党支部。权责相匹配了,自治的效果自然就显现了。

(三)镇党委将乡村治理的第四级设在"云端"

把镇党委作为乡村治理体系的第四级,建立"博鳌云管家"终极"化事"平台,做到大事不出镇。一是建立乡村治理"云网格"。通过对公安、司法、人社、民政、计生、建设、规划、卫生、信访、交通、民情等现有相关基础数据和信息资源进行共享或整合构建"云管家中心",建立乡村治理"云网格"②。二是明确"云管家"服务职责分工。"云管家"平台就像一个智能中枢系统,将中心户和党小组反馈的问题以分类的形式交由相应的职能部门和中心,进行处理和解决,通过跟踪记录的方式随时了解进度,从而促进乡村治理中的各类问题能够解决。三是构建联动响应机制。"云管家"通

---

① 佚名."四级化事法"巧解治理难题——海南省琼海市探索"户联系、组协调、村处理、云化解"的乡村治理新模式[J].农村经营管理,2021(2):28-29。

② 同①。

过"12345678"服务热线、网上信息平台和"智慧党建"手机终端，将问题分类处理①，对常态化事务可授权至任何一级解决，对于难事、大事、棘手的事立即启动应急预案，联合市镇部门一同处理。

（四）成效

一是发挥了党组织的战斗堡垒和率先垂范作用，使党员干部、新乡贤、农户形成一个紧密的共同体，协同开展乡村治理工作。二是党员干部与农户之间形成了有效互动，通过网格化治理，找到各自的职责和位置，形成了党员带头，农户参与，共同缔造美好生活的格局。例如，沙美村村民原先垦湿毁林、挖塘养虾，生态湿地和珍贵红树林破坏严重，村务协商会通过集体协商，转变经济发展方式和村民增收渠道，清退鱼虾塘568亩，复植红树林300多亩，恢复了得天独厚的生态环境，2018年获评"中国美丽休闲乡村"。三是提升了农村基层治理效率。"智慧乡村治理"将信息技术应用在乡村治理场景中，与线下治理同时推进工作，实现了管理到底，不漏一人的良好局面。同时智慧乡村治理将上级部门纳入整个乡村治理体系，并建立了有效联动机制，打破了横向部门之间不联系不协同作战的局面，为乡村治理提供了新的思路和方法。

四、遵义市湄潭县：创新推行"寨管家"，有效打通乡村治理"最后一公里"

近年来，贵州省遵义市湄潭县紧盯脱贫攻坚与乡村振兴有效衔接，以推进乡村治理体系和治理能力现代化为目标，从网格化党组织管理入手，探索出"寨管家"农村基层治理模式，推动村寨治理精细化、规范化，实现党的领导和村民自治有机结合，夯实农村基层基础，形成"小网格、微治理、大成效"工作格局，切实提升了人民群众安全感和满意度②。

（一）主要做法

1. 自治下沉，划分治理单元

突破以往乡村网格化治理一般以建制村、组作为基本治理单元的模式，将自治单元下沉至村民小组即寨子，以村民组为基础，统一提供管理和服务，根据面积和管理难度将村民小组划分为一个或多个寨子，对区域面积过大的村民小组再细化为几个寨子，做到"人人在寨子里，人人都能接受服务"。在寨子名称确定上，遵循简单容易记忆的原则，如××一寨，××湾，或者××坝子等。寨子成为治理最小的单元，容纳100~500人。全县共有村民组1 020个，目前已划分寨子1 112个。

2. 创新模式，构建治理体系

创新采取"3+N"模式规范设置"寨管家"组织架构，"3"是指镇党委指派1名镇干部担任"指导员"，村"两委"选派1名村干部担任"包保员"，通过"两推一

---

① 佚名. "四级化事法"巧解治理难题——海南省琼海市探索"户联系、组协调、村处理、云化解"的乡村治理新模式[J]. 农村经营管理，2021（2）：28-29.

② 刘骏娇. 治理有效：乡村振兴的重要保障[J]. 当代贵州，2021（32）：36-37.

选"的方式从德高望重的长者中推荐出一名寨长担任"管理员"[①]。推选 N 名从保洁员、管水员、护路员、安全员、护林员等成员中产生的"管事员",协助寨长处理日常事务,提供公共服务。同时,寨长的角色可以随时转变。深入管事员中做一些具体的工作,例如:村内修路、农村人居环境整治、矛盾调解等。"3+N"模式的创新有效解决了管理员任务重、难以分身、工作推动慢等问题,形成了"纵向到底,横向到边"的服务体系,搭建了有效的乡村治理组织架构。目前湄潭县共有"寨管家"成员 4 561 名,其中寨长 1 112 名、管事员 3 449 名。

3. 赋予职责,明确治理内容

明确"寨管家"职责为"四管",将以往乡村网格化治理主要针对脱贫攻坚、社会治安等较为单一的内容,扩展到农村生产、生活、生态等方方面面,让农户有事知道找谁,能够得到最及时的服务与帮助。同时,分工明确,责任到人,寨长和工作人员的使命和职责非常清晰,不能不作为、也不能帮助百姓做事,而是在各自的位置上各司其职。

4. 完善奖惩,激发工作动能

一是强经费保障。县、镇财政共出资 450 万元,每年以 2:1 比例分担,按照每个户籍人口不少于 9 元预算安排"寨管家"服务群众专项经费,鼓励各村(居)引导、整合集体经济、群众自筹、社会捐助等相关经费投入,自行统筹分配经费用于"寨管家"务工补贴、考评奖励或活动经费等[②]。二是强人力整合。统筹整合各个部门在乡镇设置的生态护林员、水管员、护路员、安全员等公益性岗位人力资源加入"寨管家"队伍,并充分利用相应岗位的财政性补贴资金,解决"寨管家"成员劳务或务工补贴来源。通过设置"一人多岗"提高"寨管家"报酬,提升工作积极性[③],部分寨长(原村民组长)工作补贴由原来的每年 2 000 余元,提高至每年 5 000 余元甚至 7 000 元左右。三是强培训指导。建立"寨管家"与"群众会+"融合联动、"寨管家"主题活动、"寨管家"分级培训等机制,镇村党组织通过"三会一课"、主题党日、"幸福农民主题月"等活动载体,加强对"寨管家"的指导。四是强考核督查。设立"寨管家"专项考核办法,定期对"寨管家"的工作情况进行检查监督,对一些不履行职责的"寨管家"及时教育和谈话,工作效果差的另换人选,对工作突出者给予奖励和表扬。

(二) 主要成效

1. 治理体系逐渐完善

一是通过自治单元下沉,将寨子划分为更小的自治单元,使治理的服务半径更短,覆盖面更广,网格化服务体系越织越密,治理单元建设成效显著。二是通过"寨管家"

---

① 佚名. 贵州省湄潭县推进"寨管家"改革探索乡村治理新机制(乡村治理动态 2020 年第 25 期)[EB/OL], 农业农村部官网, http://www.hzjjs.moa.gov.cn/xczl/202012/t20201214_6358064.htm, 2020-12-14。

② 陶通艾. "寨管家":发挥"1+5>6"的聚变效应——贵州湄潭探索建立改善农村人居环境长效管护机制[J]. 农村工作通讯, 2020 (16):41-42。

③ 同②。

联系千万家。寨管家通过寨务会、群众会、入户走访等方式,持续将党的政策、产业发展思路、农业生产技术、生活常识等知识送到农户手里,与农户建立了良好的互动关系。三是通过激励机制将寨管家与管事员形成共同体,共同推动乡村治理工作的开展,促进乡村社会在政治、经济、文化等方面不断发展。四是通过监督机制确保寨管家工作事事有跟踪,件件有落实。

2. 治理效果逐渐显现

一是使寨管家与农户的关系更加密切。寨管家通过实实在在开展工作,为农户提供方便快捷的服务,得到了农户的信任,农户参与村庄公共事务的积极性提升了,例如:农户主动参与每月一次的卫生大扫除,积极农户主动帮助村里的"五保户"打扫卫生等。二是激发了自治活力。建立由"寨管家""两代表一委员"、退役军人、致富带头人等组成的"参事团",为村级事务决策提供民情反馈、参考意见,推动村级组织议事决策民主参与、公开透明。三是促进了村庄公共服务的开展。充分发挥护路员、管水员作用,有效解决农村公路、饮水设施管理养护问题,激发群众自我管理、自我服务潜能,推动脱贫攻坚与乡村振兴有效衔接。抄乐镇群丰村四寨人饮水工程覆盖190户694人,通过寨民会议成立管水委员会,建立管水制度,举荐2名管水员具体负责日常管道维护和收取水费,将水费用于支付管水员工资和设备维护,大大节约了行政成本,得到水务部门高度认可。

3. 产业发展动力十足

一是为农户绘出产业发展图。"寨管家"通过落实县级产业规划,协助县农业农村局做好全县范围内的产业结构调整,主动走村入户宣传产业发展的思路和途径,帮助农户算好"经济账"、画好"路线图",为农户发展产业指明了方向。二是协助政府做好土地流转工作。湄潭县500亩以上坝区产业结构调整中,"寨管家"配合发动6万余户农户主动流转土地14.07万亩支持坝区建设,有效整合并释放土地资源活力。三是选定产业促进农户增收。"寨管家"发挥带动示范效应,帮助村民打通创业思路、就业出路、销售财路、技术门路,促进群众相互学习、相互提升。西河镇下坝村"寨管家"成员陈守福种植何首乌100余亩,2019年收入达120万元以上,带动周边至少15名村民参与田间管理并实现在家就业,每人年收入增加7 000元以上。

4. 治理秩序井井有条

一是促进德治有序开展。通过村规民约来督促农户建立文明乡风。充分发挥"寨管家"等乡村能人好手在推动乡风文明中的教化感染作用,指导每个村修订村规民约,通过红黑榜等机制促使村规民约落地,让文明乡风盛行。通过"五好家庭""卫生流动红旗"评选表彰活动,推动农村人居环境整治工作落到实处。二是充分发挥自治载体的作用。建立由"寨管家"、司法人员、乡贤精英共同组成的法治调解队,实行镇、职能部门、村"三级联动"调解机制[①],开展排查、登记、受理、调解、结案"一条龙"服务,"民间纠纷由人民调解"成为纠纷调解的首选途径,形成了人民矛盾人民调解的良好局面。三是发挥监督机制的作用。以"寨管家"为中介渠道将所有农户纳入治理

---

① 杨海林. 小事不出寨 大事不出村 [N]. 中国组织人事报,2022-03-09 (5)。

体系当中，将国家的政策体系及期待传达给农户，同时，农户如果对村务公开或者其他管理服务有意见和建议可以通过"寨管家"反馈给村委会或者上一级政府，做到农户和政府之间形成良性互动，农户有倾听声音和表达声音的渠道。

5. 培育乡村实用人才

寨管家工作使治理人才得到成长提升。通过寨管家工程的顺利实施，寨管家在沟通、协调和服务中有了实质性的提升，例如：西河镇年轻干部王坤以前很害羞，不敢大声说话，没有底气处理矛盾纠纷，通过担任"寨管家"指导员后，逐渐成长为敢说、敢做、愿意进步且为群众办实事的"管家"，得到农户的一致赞赏。

寨管家工作培育了一批后备干部。同时，镇村党组织从"寨管家"成员中发现、培养和储备了更多优秀后备人才和农村实用人才。在2022年年初新冠肺炎疫情防控工作期间，西河镇114名"寨管家"在疫情防控、复工复产、春耕生产等方面为群众热心服务、解决困难，其中5名"寨管家"因表现突出被镇党委纳入村级优秀后备干部队伍。

五、海口市施茶村：加强农村治理与建议，乡村焕发新气象

施茶村位于海南省海口市秀英区石山镇北部，北接海秀镇，东邻永兴镇，距离镇政府所在地石山墟约3公里，地理位置十分优越。全村总户数834户，人口3 377人，现有党员102名，"两委"班子成员13人。施茶村下辖8个自然村，均是文明生态村，取得连片创建的良好效果。

随着改革的不断深入，农村工作任务日益繁重，工作环境日益复杂，特别是部分村党组织软弱涣散，出现了干部队伍活力缺乏、党员作用发挥不明显、村集体经济薄弱、基层组织无钱办事、无处议事、阵地功能缺失等问题。施茶村始终把农村治理建设工作摆在突出位置，通过不断地完善基础设施建设，美化村容村貌，加强村民思想道德宣传教育，先后荣获全国"平安家庭"创建活动先进示范村，全国"美德在农家示范点""中国幸福村"。

（一）主要做法

1. 强化班子建设，筑牢基层战斗堡垒

严格落实党组织评星定级、绩效考核、书记抓党建述职评议考核、党组织书记备案管理等制度，开展多种形式的集中培训、调训，培养造就素质优良、作风过硬、群众公认的党组织带头人；严格落实村"两委"成员候选人资格联审机制，坚决把那些受过刑事处罚、存在涉黑涉恶等问题的人员挡在门外；开展"双学历双轮训"教育工程，依托党员远程教育、电视夜校等平台，采取集中学、研讨学、观摩学等多种方式，增强党员"双带"[①] 能力。

2. 强化阵地建设，完善农村服务场所

以施茶村委会办公大楼为载体，内设综合服务大厅、党群活动中心、远程教育室、

---

① "双带"指村干部带头致富、带领群众致富，全书同。

党建活动室、大会议室、党支部和村委会办公室、文体活动室、图书阅览室、综治调解室、卫生健康服务室、居民议事室、社区戒毒社区康复室、社区警务室、档案室、妇女之家，并利用村委会后方空地，建设村民学校，进一步深挖施茶村以党建引领社会治理、引领产业发展、引领生态振兴的先进经验和做法，讲好施茶故事。

3. 强化服务保障，健全农村服务平台

不断简化优化群众办事流程，建立"一站式"服务大厅，设立城市管理、综合服务、社会保障等服务窗口，通过"菜单"的形式直接为村民办理就业服务、社会保障、社会救助、社会治安、医疗卫生、计划生育等政府公共管理和服务事宜，推行农村网格化服务管理，建立党员干部带头、农户主动参与的自我服务机制，坚持区域化、精细化、特色化标准，积极打造党建引领乡村治理样板。

4. 强化民主监督，推行"四议两公开"工作法

将精准扶贫、扫黑除恶、禁毒等内容融入村民公约修订当中，不断完善和更新村民公约内容，入选省"优秀村规民约"荣誉。建立健全村民会议、村民代表会议等自治制度，全面推行村党组织领导下的"四议两公开"工作法，凡涉及村民利益的村级重大事务，都要经过村党组织提议、村民提议或村民代表提议，村"两委"商议，党员大会审议，村民会议或者村民代表会议决议，做到决议公开、过程公开、结果公开，自觉接受村民监督①。

5. 强化志愿服务，推动乡村移风易俗

依托新时代文明实践站，充分盘点和发动各方资源，对标群众需求，用心给村民带来各类志愿服务，以文化人、成风化俗，推动施茶村新时代文明实践发展；组织开展家训家风建设专题活动，动员每个家庭把家训挂在门前，推行人民调解工作机制，配备两间专门办公场所，一支调解队伍，创新"党建+调解"的调解模式，创新"高歌调解民谣"的人民调解宣传方式。

6. 强化乡村振兴，构建现代产业体系

以石山"1+2+N"互联网农业小镇为平台，因地制宜提出"农业+文化+旅游"的融合创新模式，大力发展石斛种植、民宿等特色产业，侧重文化层面的挖掘，以家风家训馆和新时代文明实践站为依托，挖掘红色文化、传承优良家风，突出文化软实力。积极推进三产融合，将特色种养业与红色文化、民宿和农家乐结合起来，形成火山石斛产业带，带动农户致富增收。

（二）主要成效

1. 村党组织战斗堡垒更加筑牢

深入开展"不忘初心、牢记使命"主题教育，开展革命传统教育活动，重温革命历史，组织党员干部学习"王海萍精神"，认真落实"三会一课"制度，开展党员"亮身份、亮作为、亮承诺"和挂牌"共产党员户"等活动，培养出18名"双带"能力强的党员②；严格落实"四议两公开"制度，定期公开党务村务，接受村民监督，建立乡

---

① 计思佳. 系统治理"微腐败" 推动从严治党向基层延伸. 海南日报，2017-07-22.
② 资料来源：海口日报，2021年1月11日。

贤议事会，邀请有道德威望的老干部、老党员、老战士、热心公益的企业家、社会组织负责人等优秀乡贤人士为村庄发展提供思路建议。

2. 产业发展更加多样化

整合村民闲置农房，新建玉露山庄、留声机等精品民宿，新增客房138间，"石山老粉"网红店、阔林农家乐等6家特色美食农家乐开张，新增餐位850个，带动76名村民本地就业。美化串联8个自然村的20公里旅游慢道，发展火山根雕、石屋遗墟观光等产业，举办67场"农夫集市"，推动村民致富增收。在现有200多亩火山石斛园基础上，扩大产业规模，扩建种植面积至500亩，特别是海南胜嵘生物科技石斛产业园的建成落地，打造出火山石斛组培、育苗、种植、收割、深加工、销售、科研的全产业链，逐步实现石斛种植达到1 000亩的目标。

3. 乡土人才发挥作用更加突出

石山镇创建互联网农业小镇青创中心、火山口众创咖啡厅等创业交流平台，目前返乡"创客"已达116人，其中大学生30名。海南胜嵘生物科技石斛产业园与皖西学院共同组建"海南胜嵘（石斛）中药资源研究院"，组建校企合作的（石斛）中药资源产业化开发技术团队，柔性引进24名高层次人才，其中教授9名，副教授9名，博士6名[①]。

4. 村容村貌更加美化

组织开展最美庭院、最美村庄、最美家庭评比活动，将全村划分为八大火山石保护区，每个区域由村民小组长和5名自发参与群众组成监督小队，在全村范围内编织出一张火山石保护网。组织村民小组、村党小组对各下辖自然村灯光球场、文化室、老年日间照料中心等公共服务设施进行维护修缮，对村口、广场等进行绿化种植，全村新种黄花梨2 000株，打造风景优美、环境整洁村庄风貌。

5. 乡风文明焕发新气象

充分掌握和调动各方资源，开展"群众点单、站点派单、志愿者接单"的服务模式，对标群众需求，用心为村民提供各类志愿服务。组建志愿者队伍9支85人，开展各类志愿服务活动337场，惠及百姓16 722人。广泛开展"道德模范""最美家庭"等评选活动，利用文化墙、公共场所等载体广泛宣传社会公德、家庭美德，积极引导各自然村制定村规民约，遏制大操大办、厚葬薄养、人情攀比等陈规陋习，涵养守望相助、崇德向善的文明乡风。

第五节　热区乡村治理的对策与建议

一、高位推动乡村治理工作

乡村治理是国家治理的基石。要加强和创新乡村治理，健全自治、法治、德治相结

---

① 资料来源：海口日报，2021年1月11日。

合的乡村治理体系，让农村社会既充满活力又和谐有序①。因此，建议各级农业农村部门高度重视乡村治理工作，高位推动乡村治理工作，成立专项乡村治理指导委员会，配备责任领导（建议由各市县分管农业农村工作的副书记担任），配备行业指导专家和专业的工作人员，配套相应的经费，定期对乡村治理工作进行指导，年底对乡村治理工作进行评估，确保乡村治理工作有序开展。

（一）专项乡村治理委员会要切实发挥作用

市县分管领导在开展乡村治理工作时要坚持持续高位推动，工作领导小组的职能和分工要明确，确保工作能有效可持续运转，指导专家在推进乡村治理过程中要定期指导和跟踪，具体负责实施乡村治理工作的基层工作人员要多途径学习相关的政策文件、案例等，以保证乡村治理工作的有序开展。

（二）专项经费要持续支持和保障

为确保乡村治理工作的持续推进，建议县政府要做出足额的预算，在经费上予以日常开支的需求，此外，建议政府在乡村治理中设立项目库，通过项目制形势稳定支持乡村治理工作的持续开展。

（三）工作指导与绩效评估工作要双向发力

为确保乡村治理工作的有效开展，建议定期由主管部门、责任领导、专家指导组对乡村治理的思路、进度、做法、成效等进行跟踪指导和评价，以确保乡村治理工作能够可持续推进。

二、升级"大党建"，融党建与治理为"一盘棋"

为准确把握新时代"党领导一切"的社会特征，治理有效与党建发展互为需求，相互促进。乡村基层党组织需改变"局部党建""小党建"思维和作风，在党建的内容、载体和范围上全面向综合性的"大党建"升级。

（一）内容"高大上"升级，将治理内容融入党建载体

介于党组织建设效应与国家建设效应的高度相关，应在乡村治理过程中明确融合。在党建活动开展中，不仅注重政治性内容的输入，也应把国家基层治理方针如乡村的自治、法治、德治等建设内容结合进来，让党支部和党员培养治理的意识，学习治理的知识，成为治理的专家，在群众中做自治的组织者，法治的推广者，德治的示范者。

（二）载体"多又新"升级，以多元渠道落实党建内容

在党建任务落实过程中，要把握城乡融合背景下的乡村流动性、多元性、信息化等特点，不止于"开会+执行"的单一党建模式，而是以多渠道的输送形式，灵活运用红色电影、"学习强国"等软件、地方公众号阵地建设等新媒介渠道，或党建文化景观建设、主题活动等手段以党员和群众更易接受的方式落实建设工作。同时，还要建立多渠

---

① 王琦琪. 农业农村部发布乡村治理创新典型"三张图"提升乡村治理效能[J]. 农村工作通讯，2021（21）：22-24。

道的反馈机制，以调查问卷、评价表等了解落实的情况、弱点，以便继续推进。

（三）范围"广而深"升级，把群众路线贯穿党建安排

做"大党建"需在党建设计安排上坚持群众路线。一方面，要群众参与进来，扩大参与范围和党建活动范围。党建从党支部内部变为党支部与群众"融合抓"，如主题教育的视频课、讲座会等引导村民代表甚至更多农户的积极参与，农户通过参与学习，既能促进党组织发展工作，更能促进治理的附加效应。另一方面，要到群众中去，要将党建活动与关心和改善群众生活结合起来，组织党员开展服务群众、关心群众的治理实践，让党员入户，让关怀下田，让治理走心。

三、加强组织化，视组织为治理"胜负手"

治理是众人之事，要将众人组织起来，搭建参与平台。根据调查，建议从建设协会、丰富活动、调动乡贤、引导既有组织等方面促进组织化建设。

（一）加强自治协会建设，以常态式组织化促治理

要发挥能动性改良"上面千条线，下面一根针"局面，让村委"一根针"变成群众"一股绳"。通过协会等常态运行的自治组织建设，分摊治理压力，加强治理动员，提升治理效率。协会建设中要增强自治性而去行政性、形式性，以制度引导"民评、民议、民定、民行"的自治活动，才能确保成果落实的内生动力，变"挂牌子"为"晒成绩"。如湖南的乡村环境协会，由各小组分会长组织每月评选村内人居环境"十佳、十差"农户，组织打扫帮扶队改善较差户环境，形成相互竞争、监督的活力气氛。

（二）丰富主题活动设计，以灵活式组织化促治理

要改善"上面搞运动，下面一阵风"局面，带领农户"自主办活动，自觉树新风"，在治理中避免将集中资源精力的运动式任务压力直接压向农民，可转换为丰富的活动形式灵活传导给农户，激活农民动力。如将德治、法治宣传任务转换为法治文明户、道德文明户评选活动，将党建活动变为组织化的知识竞赛活动，可在活动中设置奖励。使治理目标以更灵活方式在村委会与农户的合力中实现。

（三）调动"乡贤能人"参与，以牵引式组织化促治理

避免村庄内部的社交分化或资源差距加大应引导"乡贤能人"积极参与治理，让"先行者"化身"领头羊"。具体而言，一是要发挥乡贤的关系优势促进组织化，让"乡贤能人"充分利用他们的人脉、资金和名望，根据国家需要配合村委会动员广大农户参与村庄组织和村庄活动。二是要发挥乡贤的资源优势促进组织化。"乡贤能人"作为乡村精英掌握较多社会资源要素，要通过乡贤担任组织要职或关键角色等方式引导资源要素以赞助等注入组织，促进组织运行或壮大其发展。三是要建立引导乡贤长期参与的奖励机制，根据乡贤的付出程度和影响大小给予一定物质或精神奖励，如将贡献事迹编入地方志等。

（四）引导既有组织方向，以内生式组织化促治理

调查村内既有自治组织或自发成立的亲地缘组织、兴趣组织或行业等组织，并逐步

领导它们参与治理，让"小团体"融入"大事业"。自发形成的基层组织有着极强的凝聚力和内生动力，要开发这一优势，一是引领组织方向，通过加强党的领导，对其进行人事或建制上的党建工作，引导其组织活动倾斜于促进村庄治理有效的方向，例如建议文艺组织举行红歌比赛。二是加强规范建设，在不破坏内生动力的前提下规范组织的结构和活动形式，必要时为其提供活动订立规则，固定场地。例如防止一些宗族式违规活动组织的出现。三是赋予治理功能，让内生组织或团体参加党建教育和服务群众、关怀群众的治理活动，可予以一定的物质或精神奖励为动力，使组织打破功能壁垒，促进农村组织化的全面盘活和多措并举实现治理有效。

四、多种途径多种渠道，吸引农户参与乡村治理

有农户参与的乡村治理才是有生命的乡村治理，没有农户参与的乡村治理工作就会陷入一潭死水。探索多元途径和渠道，吸纳农户参与乡村治理不仅必要而且十分紧迫。

（一）畅通农户参与乡村治理的平台和渠道

一方面，建议通过建立农户表达意见、建议的渠道和平台，让农户真正成为乡村治理的主体，充分激发农户参与乡村治理的积极性。例如，通过微信平台对农村人居环境整治、公共基础服务存在的问题及时表达，提出"村庄怎么建、怎么绿化、怎么修路"等个人见解；同时，各市县政府对于乡村建设过程中一些简单的工程如修路、立面改造及一些简单的农田水利设施建设可交给农户来承包，以就近解决农民增收问题。另一方面，村自治组织和镇政府要对农户提出的问题及时反馈和予以回应，是否能够解决，如果不能解决有什么困难，什么时候能解决等，要做到"事事"有回应。

（二）建立与农户相关的利益联结机制

农民参与乡村治理的利益联结机制建立既要与农户高度相关，又要让农户受益。一是可以通过项目制或者补贴的形式吸引农户参与乡村治理，比如一些乡村治理类的项目落地村庄，有资金支持，有联动机制，农户在参与项目的过程中有一定的利益，能获得相关的实物、荣誉或者补贴。二是通过"积分制""清单制"等形式明确农户在乡村治理中的使命和职责，将农户行为清单界定得一清二楚，农户通过规范个人的行为参与乡村治理工作来赚取积分，积分能够兑换生活用品，以此来激发和触动农户参与乡村治理的积极性。三是通过整治吸纳等形式将一些积极的农户吸纳到党员或者村"两委"干部队伍中，积极参加乡村治理的农户通过参与德治、自治、法治及村里的日常管理与服务，可以掌握与农户打交道的技能和方法，能够提升个人的综合能力与素质，最终能胜任村"两委"干部的职务，可获得农户的认可及一些补贴收入。

（三）通过协会等第三方组织吸纳农户参与乡村治理

通过协会等第三方组织吸纳农户参与乡村治理，灵活、方便且容易取得一定成效。一方面，依托协会等第三方组织开展乡村治理工作。建议从村庄的实际出发，根据各自村庄的特点，通过建立乡贤议事会、农村人居环境协会、红白理事会、供水灌溉协会、乡村振兴协会等组织，由村庄"乡贤能人"担任协会会长，村民代表（积极农户）参与，就乡村治理过程中存在的各类问题进行发现、讨论、解决，以保证乡村治理工作的

持续推进。另一方面,协会会长及成员要起到率先垂范的作用。协会会长等第三方组织成员要与农户打成一片,经常走进农户、关心农户、帮助农户反映问题和解决问题,同时在乡村治理各项工作中要做到率先垂范,以农村人居环境整治为例,要经常帮助村里的老弱病残等群体打扫房前屋后卫生,主动参与公共区域卫生清洁活动,带动文明乡风、优良家风的形成,开创人人关心乡村治理、人人参与乡村治理的良好局面。

第三章 数字乡村建设与发展研究

第一节 引 言

民族要复兴,乡村必振兴。乡村振兴战略作为新时代"三农"工作的总抓手,是关系全面建设社会主义现代化国家的全局性、历史性任务。当前,新一代信息技术不断革新,现代信息技术与农业农村各领域各环节融合愈发深入,全面融入并深刻影响了全球经济关系、农业农村发展格局和乡村产业形态,不断催生新产业、新模式、新业态。在全面推进乡村振兴的进程中,数字乡村建设是其中的战略方向,在建设数字中国的新征程上,数字乡村是其中的重要内容。发展数字乡村是顺应进入信息化发展新阶段的必然要求,是抢占农业农村现代化制高点的迫切需要,有助于整体带动和提升农业农村现代化发展,激发乡村产业发展的内生动能,支撑乡村发挥"压舱石"作用,促进社会经济持续稳定发展,阶段性地开展数字乡村建设与发展的相关研究具有重要意义。

"十四五"时期,是全国上下开启现代化新征程、进军奋斗新目标的第一个五年,也是全面推进乡村振兴、建设数字中国关键发力的五年,更是进入数字乡村建设的关键时期。本章围绕数字乡村建设与发展相关研究领域,重点从战略背景与现实意义、基本内涵与发展历程、建设成效与发展态势、建设试点与典型案例、发展展望等方面展开研讨。

第二节 战略背景与现实意义

一、建设数字乡村的战略背景

(一) 乡村振兴战略指明了数字乡村的发展方向

乡村振兴战略是新时代"三农"工作总抓手,是全局性和历史性任务。随着科学技术的飞速发展,新一代数字技术深度应用在我国农业农村社会经济发展、农业农村现代化发展进程中,农民现代信息化生产经营技能水平不断提高。近年来,我国数字乡村发展得到各级各部门的高度重视和大力推进,从国家层面明确定位了在全面推进乡村振兴的进程中,数字乡村建设是其中的战略方向。全国上下各层面都深刻意识到,数字乡村建设为乡村振兴和农业农村现代化发展注入全新动能，其带来的广大乡村地区普惠性信息水平提升，深刻影响着乡村地区振兴和农业农村现代化的关键发展路径，为全面促进农业升级、农村进步和农民发展产生积极的作用。

2018年1月，《中共中央 国务院关于实施乡村振兴战略的意见》发布，首次从国家层面提出"实施数字乡村战略"，明确提出数字乡村在起步谋划阶段，重点要做好整体规划设计，弥合城乡之间的"数字鸿沟"。

2018年9月，《乡村振兴战略规划（2018—2022年）》由中共中央、国务院印发，其中明确提出要实施数字乡村战略；要深化现代信息技术与农业农村融合，要在基础设施中同步规划、建设和实施，要加强对农业生产进行数字化改造，要发展"互联网+教育"。

2019年5月，《数字乡村发展战略纲要》对乡村振兴战略与数字乡村建设的关系作出了明确的阐释，提出"数字乡村是乡村振兴的战略方向"。《数字乡村发展战略纲要》充分体现了数字乡村与乡村振兴战略的有机融合，一是体现在贯彻新发展理念上，把"五大新发展理念"①作为数字乡村的基本遵循；二是体现在落实重大部署上，围绕乡村振兴的产业、人才、文化、生态、组织"五个振兴"战略部署，从产业数字化、农民数字技能提升、智慧社会等方面找到切入点和落脚点，发挥信息化的先导力量作用；三是体现在农业农村优先发展上，要求加强统筹谋划，完善政策支持，优先资源要素配置，明确提出要在项目资金投入上优先保障，在公共服务上优先安排，着力补齐短板②。

自2018年起，连续多年围绕乡村振兴战略的中央一号文件都对"数字乡村"给予了高度关注。其中，2018年首次在中央一号文件中提出实施数字乡村战略，2019年在重点工作单列一节部署实施数字乡村战略，2020年明确提出要开展国家数字乡村试点，2021年单列了一节核心内容"大力实施乡村建设行动"作为年度重点工作，2022年进一步对数字乡村进行了统筹部署，将"扎实稳妥推进乡村建设"作为重点工作。

由此可见，我国已将数字乡村作为战略重点和优先发展方向，尤其是作为全面推进乡村振兴的战略方向。在"十四五"时期，我国"三农"工作重心历史性转向全面推进乡村振兴，加快推进数字乡村建设，将充分发挥信息化对乡村振兴的驱动效能和引领作用，为推动乡村振兴取得新进步、农业农村现代化迈出新步伐、数字中国建设取得新成效提供有力支撑。主要体现在以下五个方面：一是促进产业数字化转型升级，紧抓信息技术的快速迭代发展机遇，加强乡村特色农业的数字化生产，在传统产业上创新培育形成新的产业、新的业态及新的模式，大力发展农村数字经济，增强乡村振兴发展动力。二是繁荣乡村数字文化，推进乡村优秀文化资源数字化，以数字化手段促进乡村文化传播，加强农村优秀传统文化的保护与传承，增厚乡村振兴内在底蕴，依靠数字平台开发乡村文化创意产品，打造乡村文化品牌。三是培养数字化人才，打造数字化农民队

---

① "五大新发展理念"是创新、协调、绿色、开放、共享的新发展理念。
② 佚名. 中央网信办有关负责人就《数字乡村发展战略纲要》答记者问[J]. 网信军民融合, 2019（5）：37-39。

伍，通过提升全民数字素养与技能，加大对新型职业农民、农村信息员、基层农技人员培养力度，培养既懂理论又懂实践的复合型人才，激发乡村振兴发展活力。四是促进管理服务数字化转型，推动"互联网+社区"等现代服务模式向广大农村地区延伸，提高细化到村一级的信息化综合服务，提升乡村规划的"机器管规划"水平，提高农村社会综合治理精细化、现代化水平，实现乡村的数字化治理。五是加快建设智慧绿色乡村，提升数字化生态条件，建立农村人居环境智能监测体系，综合运用新一代信息技术和智能设备，统筹山水林田湖草等数字化治理，加大对农村生态系统脆弱区和敏感区重点监测，促进农民积极参与农村人居环境工作，全面提升美丽乡村建设水平。

（二）数字中国战略奠定了数字乡村的发展基调

"数字中国"的理论与实践源于新一代信息技术革命的大背景，21世纪伊始，数字化转型在全球大规模激荡，数字化对传统产业的改造不断深入。以习近平同志为核心的党中央，立足中国特色社会主义进入新时代，主动顺应和引领全球新一轮大数据和信息技术革命，超前布局并适时提出了全面推进"数字中国"建设的国家战略[①]。从"数字中国"的发展历程来看，主要经历了早期探索、正式启动、推动发展、全面加速四个阶段性时期，在每个时期数字乡村都是其中的重要内容。

早在2000年，时任福建省省长的习近平就极具前瞻性和创造性地作出了建设"数字福建"的战略部署，提出了建设"数字化、网络化、可视化、智能化"的数字福建奋斗目标，并指出建设"数字福建"意义重大，是最重要的科技制高点之一，"数字福建"被写入福建省的"十五"规划中。同年12月，"数字福建"建设领导小组正式成立，习近平同志担任组长，亲自谋划部署、协调推进"数字福建"建设[②]。2003年，时任浙江省委书记的习近平指出，要坚持以信息化带动工业化，以工业化促进信息化，加快建设"数字浙江"，制定并实施"八八战略"，打造了"百亿信息化建设"工程，在此指引下，浙江省信息化工作全盘铺开，取得了显著成效。"数字福建"和"数字浙江"的提出，为"数字中国"建设做了早期的探索和先行实践，成为推进全国数字化建设的思想起源。

我国首次面向全球正式提出推进"数字中国"建设的倡议，是习近平总书记2015年12月在第二届世界互联网大会开幕式上提出的。2016年3月，《国民经济和社会发展第十三个五年规划纲要》中明确提出，要牢牢把握信息技术变革趋势，加快建设"数字中国"，发展壮大信息经济。这标志着"数字中国"建设进入正式启动期。

2017年10月，在党的十九大报告中，习近平总书记对建设数字中国进一步提出了宏伟构想，不仅标定了前进路径，更擘画了清晰未来。2017年12月，中共中央政治局针对"实施国家大数据战略"进行集体学习，习近平总书记再次强调"要实施国家大数据战略，加快建设数字中国"。这标志着"数字中国"建设进入推动发展期。

2020年10月，《中共中央关于制定国民经济和社会发展第十四个五年规划和二〇

---

① 习近平. 审时度势精心谋划超前布局力争主动实施国家大数据战略加快建设数字中国[N]. 人民日报，2017-12-10（1）。

② 佚名. "数字福建"的提出[J]. 中国新通信，2012，14（13）：5-6。

三五年远景目标的建议》作出了"十四五"期间要"坚定不移建设数字中国"的重要部署。2021年3月，《中华人民共和国国民经济和社会发展第十四个五年规划和2035年远景目标纲要》对"加快数字化发展　建设数字中国"进行了单篇专门部署，强调以数字化转型整体驱动生产方式、生活方式和治理方式变革。这标志着"数字中国"建设进入全面加速期。

由此可见，"数字中国"建设已经成为重要的国家战略，数字乡村是在新一轮信息技术革命背景下，围绕我国农业农村领域作出的重要部署，是数字中国建设的重要内容，数字中国战略也为数字乡村建设奠定了发展基调。主要体现在以下四个方面：一是打造数字经济新优势。数字经济是经济发展新的形态，是构建现代化经济体系的重要支撑，将从"数字产业化"和"产业数字化"来实现。数字产业化是通过现代信息技术的市场化应用，在乡村热土上衍生出各种新兴产业类型，推动形成数字产业；产业数字化是通过新一代现代信息技术和数字化服务对乡村传统农业产业的数字化改造提升，促进传统产业的重大产业变革。二是加快数字社会建设步伐。社会建设关乎民生、关乎国家长治久安，是中国特色社会主义"五位一体"总体布局①的重要组成部分，在"四个全面"②战略布局中具有举足轻重的地位和作用。"数字中国"包含智慧城市和数字乡村两个主要方向，创新城乡协调发展和数字治理模式，构建完善的综合信息服务体系，扩大智慧便捷的公共服务资源对农村基层、边远及欠发达地区的辐射覆盖，缩小城乡间的"数字鸿沟"。三是打造数字化政府。打通多部门公共数据开放共享"堵点"，加强包括农业农村基础信息资源共享利用以及高价值数据集向社会开放，加快构建数字技术辅助政府决策机制，强化数字技术在农业农村发展的科学决策支撑，以及农产品安全等社会舆论热点事件的预警及应急处置能力。四是营造数字生态环境。构建开放、健康、安全的数字生态规则，使广袤的农业农村能享受到数字开放与共享带来的红利。

（三）国家信息化发展战略提供了数字乡村的发展遵循

以"数字化""网络化""智能化"为主要特征标志的新一轮信息革命浪潮催生全球范围的产业变革，科技创新进入空前密集活跃时期，信息化领域成为国家竞争的战略高地。"十四五"时期，全国上下进入乡村的数字化发展、建设数字中国的历史性新阶段，抢抓信息革命机遇，是贯彻新发展理念、构建新发展格局、建设现代化经济体系的必由之路。

2006年5月，《2006—2020年国家信息化发展战略》由中共中央办公厅、国务院办公厅印发，分析了全球信息化发展的基本趋势和我国信息化发展的基本形势，提出了我国信息化发展的指导思想和战略目标，明确了推进国民经济信息化，推行电子政务，建设先进网络文化，推进社会信息化，完善综合信息基础设施，加强信息资源的开发利用，提高信息产业竞争力，建设国家信息安全保障体系，提高国民信息技术应用能力、

---

① "五位一体"总体布局指经济建设、政治建设、文化建设、社会建设和生态文明建设五位一体，全面推进。

② "四个全面"即全面建设社会主义现代化国家、全面深化改革、全面依法治国、全面从严治党。

造就信息化人才队伍共 9 项我国信息化发展的战略重点，提出了国民信息技能教育培训计划、电子商务行动计划、电子政务行动计划、网络媒体信息资源开发利用计划、缩小数字鸿沟计划、关键信息技术自主创新计划 6 项我国信息化发展的战略行动。

经过 10 年的发展，在 2016 年 7 月，中共中央办公厅、国务院办公厅根据新形势和新发展要求对信息化纲领性文件进行调整和提升，审时度势印发了新一轮的《国家信息化发展战略纲要》（以下简称《纲要》），进一步规范和指导了未来 10 年全国信息化发展前景，推进将信息化发展战略作为国家战略体系的重要组成，也为数字乡村建设提供了技术引导和规律遵循。通过分析国家信息化发展的基本形势，加快信息化发展、建设数字国家已经成为全球共识，在信息化占据制高点才能赢得发展先机。《纲要》在发展重点上进行了凝练，形成 3 个方面工作，一是增强信息化发展能力。要夯实基础设施，推进区域和城乡协调发展，支持农村和中西部地区发展，提高普遍服务水平，开发信息资源，释放数字红利，优化人才队伍，提升信息技能。二是提升整体信息化水平。以信息化促进农业现代化，加快现代信息技术和智能设施装备的应用，促进转型发展；以信息化协调区域发展，破解城乡发展的信息障碍，促进新型城镇化和新农村建设；以信息化服务生态文明建设，创新资源管理和利用方式，助力美丽中国。三是优化信息化发展环境。推进信息化法治、加强网络生态治理、维护网络空间安全，为农业农村地区推动数字化发展奠定坚实的基础。

2021 年 12 月，《"十四五"国家信息化规划》（以下简称《规划》）由中央网络安全和信息化委员会印发，是国家在面向"十三五"发展基础和"十四五"发展新要求的背景下，对"十四五"时期我国信息化发展作出的总体规划和重点部署安排。《规划》指出，"十四五"时期是数字化发展、建设数字中国的新阶段，明确提出信息化的主题是推动高质量发展，总目标是建设数字中国，要发挥信息化的驱动引领作用，推动"四化"同步发展，完善建设现代化经济体系。《规划》中将"数字乡村发展行动"作为十项优先行动之一，明确提出了到 2023 年和 2025 年的行动目标。

由此可见，"十四五"时期，抢抓信息革命机遇，是构筑国家新型竞争优势、加快现代化强国建设的必然要求，国家将信息化作为贯彻新发展理念、推动高质量发展的重要发展战略举措。加快广大乡村地区的信息化步伐，加强数字乡村建设和数字化发展，在乡村振兴的大背景下具有重要的意义。国家信息化发展战略提供了数字乡村的发展遵循，主要体现在以下五个方面：一是完善升级乡村基础设施，推动城乡信息化协调发展，加强农村地区新一代信息基础设施建设，以数字化、智能化管理技术对水、电、路等农村公共基础设施和农业生产设施进行改造提升，加快推进数字化农田改造及建设，促进乡村智慧物流发展。二是发展农村数字经济，加快发展智慧农业，推动新一代信息技术和先进适用智能农机装备广泛应用于农业生产经营各环节各领域；完善农业基础数据资源体系，建立农业农村大数据"一张图"；促进"互联网+"农产品出村进城和"数商兴农"。三是加强乡村智慧治理，探索数字治理新模式，提升村级综合服务水平，加强信息化、智慧化的乡村建设和规划管理。四是信息支农惠农服务，线上与线下有机结合，构建完善的乡村信息服务体系，积极推进乡村教育信息化建设、"互联网+医疗健康"发展、乡村优秀文化资源数字化等工作。五是提升脱贫地区可持续发展能力，推动网络扶贫行动与数字乡村战略无缝衔接,健全防止返贫大数据监测平台,支持脱贫地区纳入国家数字乡村试点。

(四)数字经济发展战略释放了数字乡村的发展潜力

数字经济是"互联网+"时代经济社会发展的新引擎和新常态,是建设数字中国的重要支撑。数字经济概念由来已久,最早由唐·泰普史考特(Don Tapscott)于1996年在《数字经济:智力互联时代的希望与风险》提出。1994年,我国正式接入国际互联网,进入了互联网的新时代,中国以此为开端逐步成为世界公认的数字化大国,数字经济也随之蓬勃发展起来。20多年来,中国数字经济发展先后经过信息数字化萌芽期(1994—2002年)、业务数字化快速发展期(2003—2012年)、业态数字化逐步成熟期(2013—2017年)、数字经济转型升级期(2017年至今)等几个发展阶段①。尤其是"数字经济"被首次写进2017年政府工作报告后,数字经济进入新的发展阶段,被提升至国家战略高度。

2005年1月,国务院办公厅印发《国务院办公厅关于加快电子商务发展的若干意见》,标志着数字经济发展被提升为国家战略的重要组成部分。指出电子商务是国民经济和社会信息化的重要组成部分,要发展电子商务,转变经济增长方式,提高国民经济运行质量和效率。

2015年7月,《关于积极推进"互联网+"行动的指导意见》由国务院印发,这是面向互联网时代发展趋势,推动互联网形态由消费领域拓展到生产领域的重要标志,以互联网技术加速产业提升,促进了各行业数字化的改造和创新,形成激发经济发展新优势和新动能的重要举措。此后,各部委密集出台了鼓励数字经济发展的利好政策和指导意见。

"数字经济"也被作为国家层面"十四五"顶层设计的重要内容,2020年10月,《中共中央关于制定国民经济和社会发展第十四个五年规划和二〇三五年远景目标的建议》,提出要发展数字经济,打造具有国际竞争力的数字产业集群。2021年3月,《中华人民共和国国民经济和社会发展第十四个五年规划和2035年远景目标纲要》将"打造数字经济新优势"单列成章,强调要促进数字技术与实体经济深度融合,壮大经济发展新引擎。

2021年12月,国务院印发《"十四五"数字经济发展规划》,对数字经济发展作出了总体谋划布局,强调数字经济是继农业经济、工业经济之后的主要经济形态。对"十四五"时期面临科技革命和产业变革的形势作出了四点判断,认为发展数字经济是新一轮的战略选择,数据要素是数字经济深化发展的核心引擎,数字化服务是满足人民美好生活需要的重要途径,规范健康可持续是数字经济高质量发展的迫切要求。在发展重点上,做出了优化升级数字基础设施、充分发挥数据要素作用、大力推进产业数字化转型、加快推动数字产业化、持续提升公共服务数字化水平、健全完善数字经济治理体系、着力强化数字经济安全体系、有效拓展数字经济国际合作八个方面重点工作。

---

① 胡雯. 中国数字经济发展回顾与展望[J]. 网信军民融合,2018(6):18-22。

综上所述，在全球各经济体中，数字经济以前所未有的速度快速发展，"十四五"时期，更是要积极面向新机遇和新阶段，充分释放数字经济在发展数字乡村的潜力，增强乡村的发展活力，激发要素资源、经济结构和竞争格局的重构。主要体现在以下三个方面：一是在数字乡村建设方面，加快城市智能设施向乡村延伸覆盖，形成以城带乡、共建共享的数字城乡融合发展格局。二是在推进产业数字化转型和推动数字产业化方面，要全面深化乡村重点产业的数字化转型提升，以数字化提升农业现代化水平，提高全要素生产率，增强关键技术创新能力，加快培育新业态新模式，发展基于数字技术的智能经济。三是在优化升级数字基础设施和公共服务数字化方面，要加快建设信息网络基础设施，有序推进基础设施智能升级，要提升社会服务数字化普惠水平，提升教育、医疗、社保、对口帮扶等服务内容在农村及偏远地区的覆盖水平，助力基本公共服务均等化。

二、建设数字乡村的现实意义

（一）筑牢新发展格局的基础

党的十九届五中全会提出要开启现代化国家新征程，标志着我国进入新发展阶段，建设数字乡村对筑牢新发展格局具有重要意义。一是应用数字技术可以加快提供与城市地区无差别的网络信息服务，使城乡间的网络普及率差距显著缩小，利用数字技术能够为乡村提供更低的价格、更高的便利性和更多的产品种类，实现乡村消费持续升级。二是数字技术全面促进农村生产生活、文旅资源挖掘和生态环境保护的转型。三是数字乡村能够广泛调动社会资本投资农村重点工程的积极性，激活农村集体资产，促进乡村数字经济快速发展。

（二）加快产业升级的引擎

一是数字技术能够解决农业发展中的现实痛点及堵点问题，构建现代农业产业体系、生产体系、经营体系，全面提升农业竞争力。二是数字技术全面融入农业生产，加强信息技术和智能装备的普及应用，提高种植、养殖、渔业等农业产业的信息化、智慧化、数字化发展能力。三是数字技术提升全产业链信息化，促进农业从传统单一产业向一、二、三产业的多元化深度融合发展，使乡村产业形成全产业链发展，乡村智慧物流设施更加完善，促进农产品出村进城，实现优质优价。

（三）促进城乡融合的抓手

一是加速城乡公共服务一体化，将数字技术融入公共服务、医疗、教育等民生领域，加快城市公共服务体系向农村延伸与共享，促进城乡之间资金、人才、技术、信息数据等要素的双向流动。二是提升乡村治理数字化水平，"互联网+政务"加快向农村延伸，全面促进对农村"三资"进行科学和高效的管理与配置，充分发挥"互联网+基层党建"重要堡垒作用，形成以智慧党建引领强村善治，也为当前乡村地区新冠肺炎疫情防控提供重要的信息化支撑。三是改善农民现代生活水平，通过采用新型职业农民培训、农产品电子商务培训等途径，开展面向农民群体的数字素养与技能提升培训，以数字技术助力现代生产技能提升、乡村产业发展和农民增收致富，助力农民高效对接市场，实现当地就业，稳定增加收入，提高农民基本生活水平。

第三节 基本内涵与发展历程

一、数字乡村的基本内涵

《数字乡村发展战略纲要》中明确了"数字乡村"的基本定义，即"数字乡村是伴随网络化、信息化和数字化在农业农村经济社会发展中的应用，以及农民现代信息技能的提高而内生的农业农村现代化发展和转型进程"，并指出"数字乡村是乡村振兴的战略方向，也是建设数字中国的重要内容"。

此外，《数字乡村发展行动计划（2022—2025年）》对"十四五"时期数字乡村的内涵进行了时代性的补充丰富和完善，要求坚持稳中求进工作总基调，并对数字乡村的主攻方向明确为解放和发展数字生产力、激发乡村振兴内生动力，对主要抓手和切入点提出了"四个着力"，也就是乡村数字经济、农民数字素养与技能、乡村网络文化、乡村数字化治理效能，从支撑和推动乡村振兴、农业农村现代化、数字中国建设三个方面定位了数字乡村发展的总体目标成效。

二、数字乡村的发展历程

（一）数字乡村发展历程脉络

数字乡村发展的相关政策是有着清晰紧密的发展历程脉络和点线面政策体系结构的，重要时间节点清晰，政策轴线连贯深化，体系覆盖面融合紧密。追溯数字乡村发展历程，应紧密结合乡村振兴战略来分析，2017年10月，习近平总书记在党的十九大报告中首次提出"实施乡村振兴战略"。在全面推进乡村振兴的进程中，数字乡村建设成为其中重要的战略方向，在2018年中央一号文件《关于实施乡村振兴战略的意见》中，首次提出"实施数字乡村战略"，标志着数字乡村建设在全国各层面全面铺开。

2019年5月，中共中央办公厅、国务院办公厅印发了《数字乡村发展战略纲要》，对数字乡村作出一系列战略决策部署。《数字乡村发展战略纲要》提出了基础设施建设、数字经济、科技创新供给、智慧绿色乡村、乡村网络文化、治理能力、信息惠民服务、内生动力、网络扶贫、城乡信息化融合发展十个方面的重点任务（图3-1）。

2020年7月，中央网信办[①]、农业农村部、国家发展改革委[②]等七部门联合印发了《关于开展国家数字乡村试点工作的通知》，提出的试点工作主要包括：开展整体规划设计、新一代信息基础设施建设、数字经济新业态、数字治理新模式、"三农"信息服务体系完善构建、设施资源整合共享机制不断完善、积极探索数字乡村可持续发展机制七方面内容。

---

① 中共中央网络安全和信息化委员会办公室，全书简称中央网信办。
② 中华人民共和国国家发展和改革委员会，全书简称国家发展改革委。

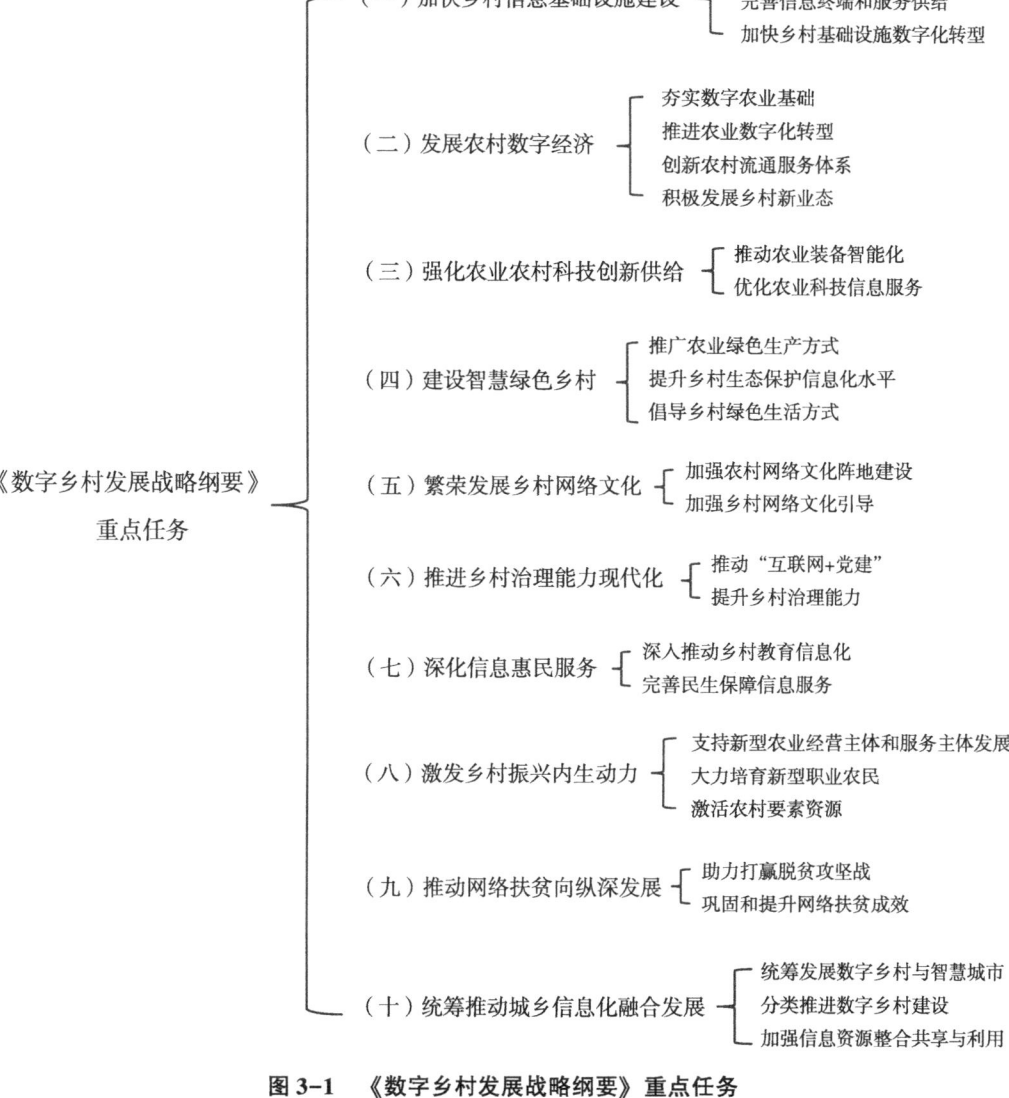

图 3-1 《数字乡村发展战略纲要》重点任务

2021 年 7 月，中央网信办、农业农村部、国家发展改革委等七部门相关司局组织编制了《数字乡村建设指南 1.0》，以建设指南指导性文件的形式，对以县域为基本单元的数字乡村建设进行指导。《数字乡村建设指南 1.0》首次以架构图的形式，系统地提出了数字乡村建设的总体参考架构，具体包括信息基础设施和公共支撑平台的搭建，提出各具特色的数字应用场景、建设运营管理的发展与应用，强化保障体系建设等内容。各地区可结合自身发展实际，选择合适的应用场景参考使用（图 3-2）。

2022 年 1 月，中央网信办、农业农村部、国家发展改革委等 10 部门印发《数字乡村发展行动计划（2022—2025 年）》（简称《行动计划》），从规划背景上是面向我国"三农"工作重心历史性转向全面推进乡村振兴的新发展环境和新发展要求，对"十四

```
┌─────────────────────────────────────────────────────────────────┐
│                         建设运营管理                              │
├──┬──────────────────────────────────────────────────────────┬──┤
│  │  乡村数字经济                      智慧绿色乡村            │  │
│  │  ■ 智慧农业      ■ 农村电子商务   ■ 农业科技创新供给     │  │
│  │  农业数据资源建设  农村商务公共服务体系 农机数字化服务     │  │
│数│  乡村特色产业数字化检测 农村电商培训 农业科技信息服务      │保│
│字│  农业生产数字化    ……                                    │障│
│应│  农产品市场数字化检测 ■ 农村新业态  ■ 农村数字惠普金融   │体│
│用│  农产品加工智能化   智慧乡村旅游    便捷金融服务          │系│
│场│  农产品质量安全追溯管理 智慧认养农业 涉农信息服务         │建│
│景│                    ……              新型农业保险          │设│
│  │                                                          │  │
│  │  乡村网络文化                      信息惠民服务           │  │
│  │  ■ 农村网络文化阵地建设  ■ "互联网+教育"  ■ "互联网+医疗健康" ■ 智慧养老
│  │  主流思想网上传播   乡村学校信息化  农村医疗机构信息化  ■ 乡村数字素质提升
│  │  县级融媒体中心建设 乡村远程教育    乡村远程医疗          │  │
│  │  乡村特色文化宣传农村基层 乡村教师信息技能提升            │  │
│  │  文化服务机构信息化                                      │  │
│  │  ■ 乡村文化资源数字化              乡村数字治理          │  │
│  │  农村数字博物馆建设  ■ 网上村务管理  ■ 智慧党建  ■ "互联网+政务服务"
│  │  农村文物资源数字化   村务财务网上公开 党建管理信息化 乡村政务服务"一网办证"
│  │  农村非物质文化遗产数字化 "互联网+村民自治" 新媒体党建宣传 乡村政务服务"最后一公里"
│  │  ……                                党员网络教育           │  │
│  │  ■ "三农"网络文化创作 ■ 乡村智慧应急管理                 │  │
│  │  ■ 乡村网络文化引导   乡村自然灾害应急管理               │  │
│  │  整治农村互联网非法传教活动 乡村公共卫生安全防控          │  │
│  │  清理网络空间违法和不良信息                              │  │
├──┼──────────────────────────────────────────────────────────┤  │
│公│                         应用支撑平台                      │  │
│共│  公共数据平台   用户身份认证模块  业务流程模块  投诉建议模块│  │
│支│                行政区划模块      信用信息模块   ……        │  │
│撑│                                                          │  │
│平│                                                          │  │
│台│                                                          │  │
├──┼──────────────────────────────────────────────────────────┤  │
│信│                                                          │  │
│息│   网络基础设施      信息服务基础设施   传统基础设施数字化升级│
│基│                                                          │  │
│础│                                                          │  │
│设│                                                          │  │
│施│                                                          │  │
└──┴──────────────────────────────────────────────────────────┴──┘
```

图 3-2 《数字乡村建设指南 1.0》数字乡村建设总体参考架构

五"时期全国数字乡村发展作出了总体的部署,指引各地区、各部门数字乡村工作的开展。对"十四五"时期数字乡村提出了两个阶段性发展目标,到 2023 年,从网络帮扶成效、农村互联网普及率和网络质量、"互联网+政务服务"、农业生产信息化、乡村公共服务、乡村治理效能 6 个角度提出发展目标;到 2025 年,从乡村地区的 4G 普及和 5G 应用、生产经营数字化转型、智慧农业、农村电商品牌、乡村网络文化、乡村数字化治理体系 6 个角度提出发展目标,不难看出 2023 年和 2025 年数字乡村建设发展从宽度、广度和深度都将得到强化。《行动计划》从八个方面部署了 26 项重点任务,包括数字基础设施升级、智慧农业创新发展、新业态新模式发展、数字治理能力提升、乡村网络文化振兴、智慧绿色乡村打造、公共服务效能提升、网络帮扶拓展深化 8 个方面的重点任务和行动计划（图3-3）。《行动计划》聚焦现阶段薄弱环节和下一阶段发展重点，强化部署了基础设施数字化改造提升、智慧农业建设、农村电商优化升级、乡村数字治理体系打造、乡村文化设施和内容数字化改造、乡村生态和人居环境数字化管理提升、乡村惠民便民服务提升7项重点工程。

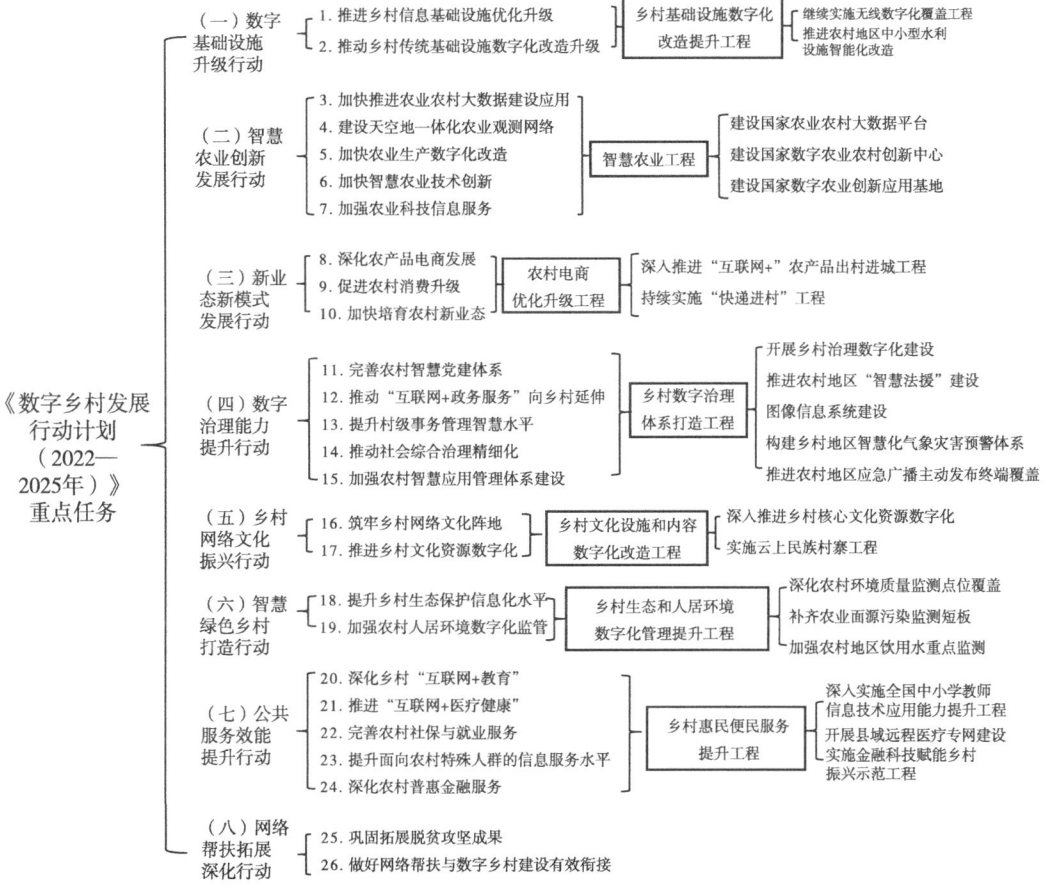

图3-3　《数字乡村发展行动计划（2022—2025年）》重点任务

（二）数字乡村连续多年被写入中央一号文件

随着我国数字乡村的蓬勃发展，自2018年"数字乡村"被首次写入中央一号文件起，后续连续多年中央一号文件都给予了高度关注，并作出了重要的统筹部署，每年的相关内容都各有侧重，充分突出了当年数字乡村发展的重点。

2018年1月，《中共中央　国务院关于实施乡村振兴战略的意见》（2018年中央一号文件），首次提出数字乡村战略，在"提高农村民生保障水平，塑造美丽乡村新风貌"重点工作的"推动农村基础设施提档升级"一节中提出。要求实施数字乡村战略，做好整体规划设计，加快通信网络覆盖，加强适应"三农"的应用普及，弥合城乡数字鸿沟。

2019年1月，《中共中央　国务院关于坚持农业农村优先发展做好"三农"工作的若干意见》（2019年中央一号文件），在"发展壮大乡村产业，拓宽农民增收渠道"重点工作单列一节部署实施数字乡村战略。明确提出将乡村的数字化发展与乡村产业的发展壮大紧密联系起来，并作为拓宽农民增收渠道的重要途径和抓手。部署了"互联网+农业"、农业物联网、重要农产品全产业链大数据、电子商务进农村、农产品出村进城、信息进村入户等方面的重点工作。

2020年1月，《中共中央 国务院关于抓好"三农"领域重点工作确保如期实现全面小康的意见》（2020年中央一号文件），在"保障重要农产品有效供给和促进农民持续增收"重点工作的"加强现代农业设施建设"一节中，明确提出要开展国家数字乡村试点。以此为基，国家数字乡村试点在全国层面铺开。

2021年2月，《中共中央 国务院关于全面推进乡村振兴加快农业农村现代化的意见》（2021年中央一号文件），单列"大力实施乡村建设行动"作为重点工作，作出了加快推进村庄规划工作、加强乡村公共基础设施建设、实施农村人居环境整治提升五年行动、提升农村基本公共服务水平、全面促进农村消费、加快县域内城乡融合发展、强化农业农村优先发展投入保障、深入推进农村改革八项具体工作。其中，在"加强乡村公共基础设施建设"一节中，明确提出要实施数字乡村建设发展工程，具体提出了要加强乡村公共服务、社会治理等数字化智能化建设以及发展农村数字普惠金融等重点工作内容。

2022年2月，《中共中央 国务院关于做好2022年全面推进乡村振兴重点工作的意见》（2022年中央一号文件），进一步对数字乡村建设进行了统筹部署，将"扎实稳妥推进乡村建设"作为重点工作，并单列了"大力推进数字乡村建设"一节内容。提出要进一步发展智慧农业，通过加强培训提升农民数字素养与技能，促进数字技术赋能，推动"互联网+政务服务"等新模式向乡村延伸覆盖，加快推动数字乡村标准化建设，持续开展数字乡村试点，大力推进数字乡村建设。

（三）数字乡村作为"十四五"期间"三农"工作重要抓手

2020年11月，《中共中央关于制定国民经济和社会发展第十四个五年规划和二〇三五年远景目标的建议》中将"坚定不移建设数字中国""加快数字化发展"写入其中，布局了数字经济、数字产业化和产业数字化、数字社会和数字政府、全民数字技能、公共文化数字化等重点内容。

2021年3月，《中华人民共和国国民经济和社会发展第十四个五年规划和2035年远景目标纲要》中重点将"加快数字化发展、建设数字中国"单列成篇进行部署，明确提出要加快推进数字乡村建设，促进乡村管理服务的数字化。

2022年4月，《2022年数字乡村发展工作要点》要求，充分发挥信息化特点，形成对乡村振兴的驱动赋能作用，加快数字经济体系构建，构建适应城乡融合发展的数字化治理体系，推动乡村振兴和数字中国建设取得重要进展。部署了构筑粮食安全数字化屏障、持续巩固提升网络帮扶成效、加快补齐数字基础设施短板、大力推进智慧农业建设、培育乡村数字经济新模式新业态、巩固和繁荣发展乡村数字文化、优化和提升乡村数字化治理效能、拓展数字惠民服务空间、加快建设智慧绿色乡村、统筹推进数字乡村建设10个方面30项重点任务（图3-4）。《2022年数字乡村发展工作要点》由国家5

个部委联合印发，阐明了工作的主要责任部门。

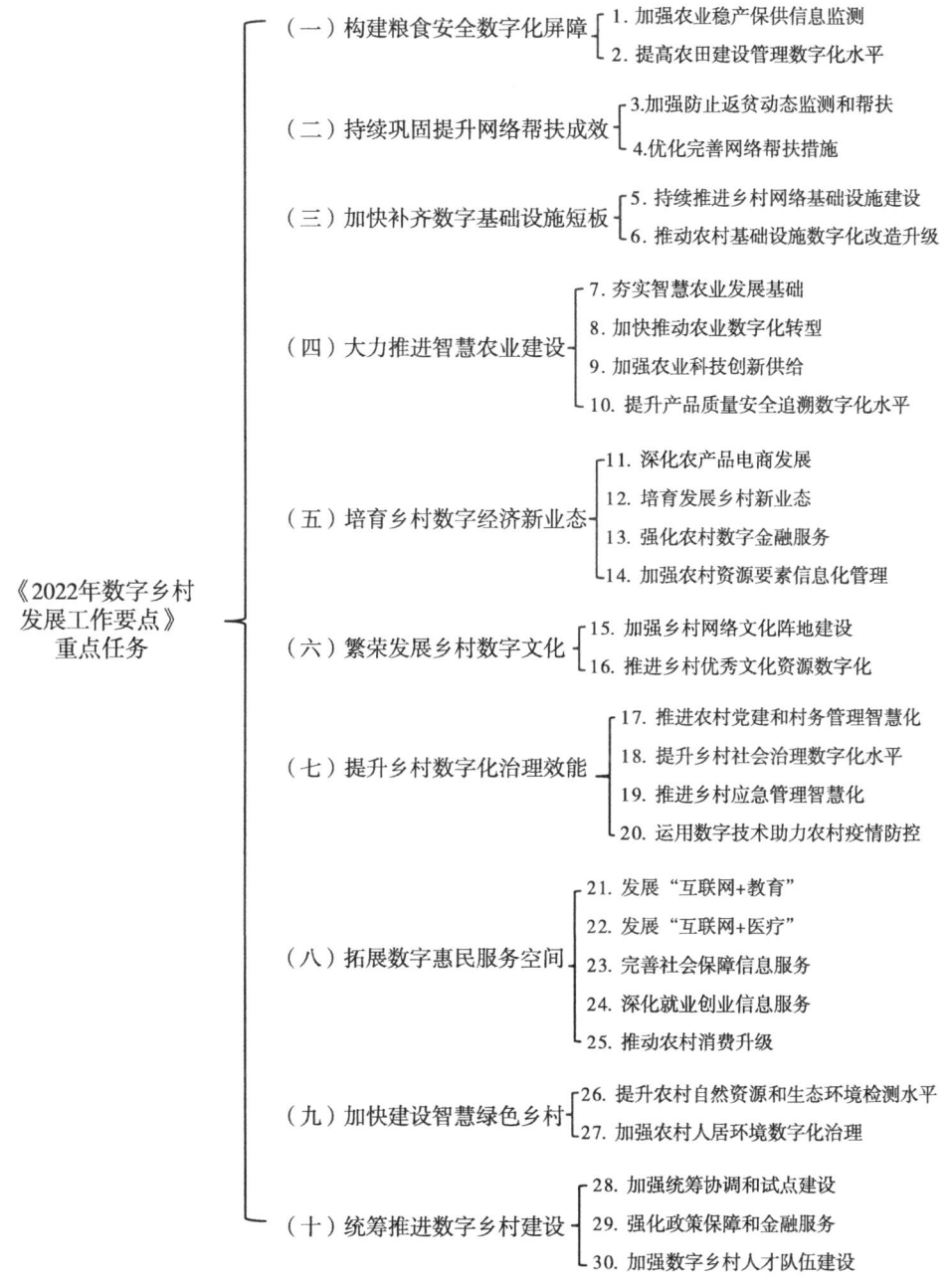

图 3-4 《2022 年数字乡村发展工作要点》重点任务

（四）各省（区）积极部署数字乡村工作

根据国家层面对推进乡村振兴战略、数字中国战略和数字乡村战略的统一部署和要求，各省（区）结合地方实际，认真部署落实数字乡村工作，相继出台数字乡村发展政策文件，共同构建更加完善政策体系。

1. 江苏：以发展数字服务业为主攻方向

2020年11月，江苏省印发《关于高质量推进数字乡村建设的实施意见》，提出江苏的数字乡村建设要走在全国前列；在主要抓手上提出了"五大行动"，即实施乡村数字基建提档跨越、智慧农业升级赋能、智慧绿色乡村建设、信息技术惠农便民、乡村数字治理提升；在数字乡村的整体体系构建上提出了政策、经济和治理"三大体系"，也就是构建以"知识更新、技术创新、数据驱动"融合为一体的数字乡村建设与发展政策体系，建立"层级更高、结构更优、可持续性更好"的农业农村现代化经济体系，以及"灵敏、高效、智能"的乡村现代化治理体系。2021年8月，江苏省委网信办、省农业农村厅联合印发了《江苏省数字乡村建设指南（试行）》，这是全国首个在省级层面提出的数字乡村建设指南，为全省以县域为基本单位的数字乡村建设、运营和管理提供支撑，提出了乡村基础设施的建设实施路径，数字乡村支撑中枢的模式匹配建议，以及包含数字经济、绿色乡村、数字生活、数字治理等不同类型的数字应用场景及建设运营模式，并明确了保障体系和参考评估指标等内容（图3-5）。此外，江苏省有关部门还印发了《江苏省数字乡村发展统筹协调机制方案》《江苏省"十四五"深入推进农业数字化建设实施方案》《江苏省数字乡村建设行动计划》《江苏省数字乡村服务资源池首次入池单位名单》，同时，还积极筹建了江苏数字乡村发展联盟，积极开展国家级和省级数字乡村试点，召开江苏省数字乡村建设现场会，打造"苏农云"省级农业农村大数据云平台，实施"e起致富""苏货直播新农人"培育行动、"E路同行 智慧江苏"数字乡村网络主题活动，数字乡村系列政策体系不断完善。

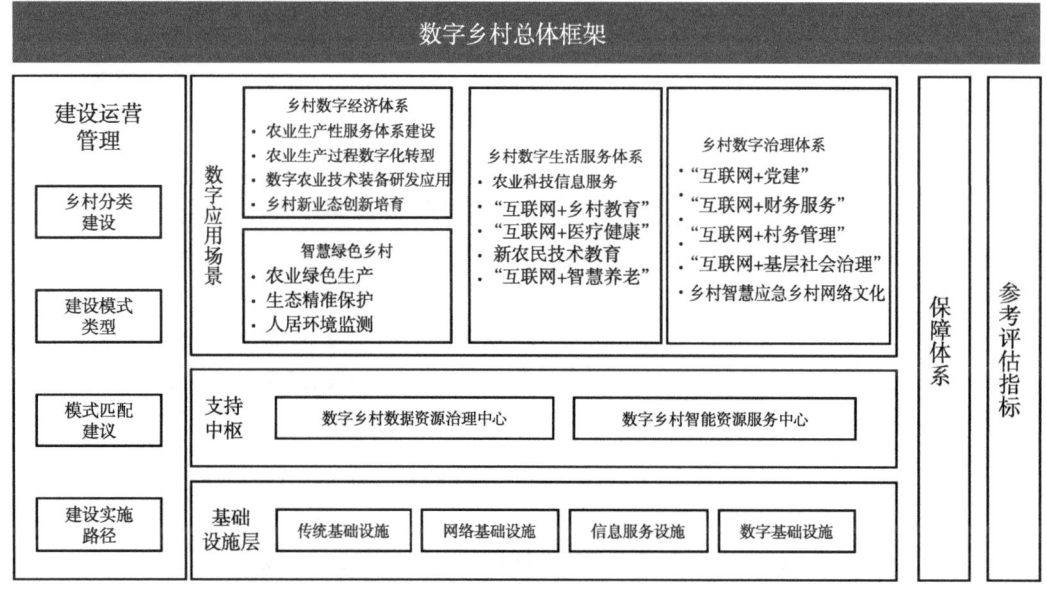

图3-5 《江苏省数字乡村建设指南（试行）》数字乡村总体架构

2. 浙江：以数字化改革撬动"三农"数字化转型发展

2021年1月，浙江省公布《浙江省数字乡村建设实施方案》，明确提出了7项重点任务，包括提升乡村信息基础设施、数字"三农"协同应用平台等基础性建设和平台搭建，提出了生产管理数字化应用、流通营销数字化应用、行业监管数字化应用、公共服务数字化应用、乡村治理数字化应用等数字化生产生活的应用场景。此外，在2021年6月，浙江省农业农村厅印发了《浙江省数字乡村建设"十四五"规划》，提出以数字化改革撬动浙江"三农"数字化转型发展，统筹推进"数字三农协同应用平台"建设，扩大数字技术在农业生产、流通营销、行业监管、公共服务和乡村治理五大领域的融合应用，到2025年，打造国家数字乡村建设的展示窗口、乡村数字生活的服务标杆、乡村整体智治的先行样板，提出了聚焦乡村数字新基建夯实数字乡村发展底座、聚焦乡村产业数字化推进乡村经济全面振兴、聚焦乡村服务数字化激发服务新业态活力、聚焦乡村治理数字化构筑基层整体智治体系4项重点任务。建设数字乡村建设核心引擎"浙江乡村大脑"，促进浙江省"三农"数据的共建共享和互联互通，设有"浙农粮""浙农牧""浙渔安""浙农田"等场景。

3. 广东：推进国家级和省级数字乡村试点

2020年5月，广东省印发《广东省贯彻落实〈数字乡村发展战略纲要〉的实施意见》，重点是提出了基础设施、数字经济、治理能力现代化、信息惠民服务、乡村网络文化5项重点任务。选择10个县和20个乡镇（街道）探索开展省级试点，要求数字乡村发展取得积极成效，信息化对乡村振兴的支撑作用日益凸显，乡村产业数字信息化得到应用普及，城乡之间的"数字鸿沟"明显缩小。此外，在2020年8月，广东省委网信办、省农业农村厅、省发展改革委、省工业和信息化厅联合印发了《广东省数字乡村发展试点实施方案》，重点部署省级试点工作，确定珠海市斗门区、韶关市南雄市、梅州市兴宁市、江门市新会区、阳江市阳西县、湛江市徐闻县、茂名市高州市、清远市英德市、潮州市潮安区、云浮市新兴县10个县（市、区）为数字乡村发展试点县，确定广州市黄埔区新龙镇等20个镇（街道）为数字乡村发展试点镇，在试点工作协调机制、试点任务、阶段安排、相关措施等方面作出了具体安排，提出了升级基础设施、强化智力支持、加速科技推广、强化产业支撑、加强资金扶持、加大宣传力度等方面措施。

4. 广西：建设与新时代相适应的数字乡村新生态

2019年10月，广西壮族自治区数字广西建设领导小组印发《广西加快数字乡村发展行动计划（2019—2022年）》，以信息技术与农业农村现代化深度融合为主线，因地制宜、分类推进，强化网络、平台和信息服务，发展数字经济、民生和文化，培育数字化时代新农人，走绿色、智能、高效、共享的城乡融合之路，建成与新时代相适应的数字乡村新生态。提出了加快乡村信息基础设施建设、推动乡村信息服务与普惠应用全覆盖、发展农村数字经济、建设绿色智慧美丽新乡村、建设文明包容的现代数字乡村5项重点任务。此外，广西还将数字乡村建设纳入《广西网信发展"十四五"规划》和《广西乡村振兴产业发展基础设施公共服务能力提升三年攻坚行动方案》。

5. 四川：谋转型、抓融合、促发展

2020年1月，由四川省委网信办、省经济和信息化厅、省发展改革委、省农业农村厅、省通信管理局联合印发《四川省落实〈数字乡村发展战略纲要〉重点任务分工方案》(以下简称《方案》),《方案》明确了 11 个大项 77 个小项的重点任务,涉及宣传、网信、发改、教育、文化和旅游等 50 多个部门。《方案》提出,要加快乡村信息基础设施建设,促进城乡信息融合,强化科技创新供给,部署了农村数字经济、信息惠民服务、乡村治理能力等重要内容,激发乡村振兴内生动力。《方案》强调,要在四川的信息化规划和乡村振兴重点工程中,将数字乡村建设全面融入,加强产业、财政等领域配套政策措施,为全面实施乡村振兴形成合力。

6. 云南:助推"数字云南"建设

2020 年 4 月,中共云南省委办公厅、云南省人民政府办公厅印发了《关于加快推进数字乡村建设的实施意见》,围绕"数字云南"的要求建设数字乡村,助力乡村全面振兴,具体提出了乡村信息基础设施建设、农村数字经济、智慧绿色乡村、乡村网络文化、乡村治理能力现代化、信息惠民服务、乡村振兴内生动力、纵深发展网络扶贫、城乡信息化融合发展 9 项重点任务。此外,在 2022 年 5 月,云南省人民政府印发了《"十四五"数字云南规划》,将推进数字乡村建设作为重点工作之一,提出要运用数字化手段全面巩固拓展脱贫攻坚成果,完善信息惠农服务体系。

第四节 建设成效与发展态势

一、建设成效

随着我国数字乡村战略不断深化,全国"三农"领域各条战线紧抓机遇、迎接挑战,相关政策和试点加快落地实施,在数字乡村各相关领域将现代的数字化技术不断深化应用,取得了初步成效。中央网信办信息化发展局、农业农村部市场与信息化司分别于 2019 年 11 月发布了《中国数字乡村发展报告(2019 年)》以及 2020 年 11 月发布了《中国数字乡村发展报告(2020 年)》,全面总结了我国数字乡村建设工作的重要进展和经验探索。其中,《中国数字乡村发展报告(2020 年)》总结了全国各地区数字乡村建设发展在以下 11 个方面取得的积极成效[①]。

(一)数字乡村制度体系

从两个层面总结了年度内数字乡村相关政策制度的印发情况。在国家层面,全国数字乡村发展顶层设计和制度体系不断完善;在各省市进一步细化落实层面,有 22 个省份出台相关政策文件,数字乡村发展的政策体系构建更加完善,初步形成围绕数字乡村相关的统筹协调的机制、整体推进的工作格局。

(二)国家数字乡村试点工作

2020 年 7 月 10 日,国家七部门联合印发了《关于开展国家数字乡村试点工作的通知》,经过申报及评审,确定 117 个县(市、区)作为首批国家数字乡村试点地区,为

---

① 佚名.《中国数字乡村发展报告(2020 年)》发布[J]. 农业工程技术,2020,40(33):12-13.

全面推进数字乡村建设进行先行探索,形成一批可复制、可推广的做法经验。

(三) 乡村信息基础设施建设

农村地区的信息化基础设施建设和数字化改造取得新进展,农村电网供电可靠率均超过 99.8%,全国建制村通光纤率、4G 覆盖率、通宽带比例等标志性工作均达到 98%。"互联网+"应用快速发展,新一代互联网技术创新应用更加普及,农村地区电商服务支撑能力进一步提升,乡镇快递网点覆盖率超过 97%。

(四) 农业农村大数据建设

数据资源采集体系逐步完善,实现农村数据采集"空天地"一体化应用,重点开展了油料、天然橡胶、糖料蔗、棉花、苹果、大豆、生猪等重点农产品单品种全产业链数据应用体系建设,在农业农村部网站上线数据频道,形成了新型农业经营主体信息直报系统、农产品市场信息平台、农药基础数据平台、兽药基础数据平台、国家农产品质量安全追溯管理信息平台、农田建设"一张图"等数字乡村相关平台和系统。

(五) 农业生产数字化水平

在农业的各行业和各环节,信息化技术全面赋能,其中,种植业在增加种植基地数字化设施装备的同时,加强了开放共享数据;养殖业加强了信息的省部纵向及各系统横向的互通,全面开展畜牧兽医技术线上指导服务;渔业加强了产销平台对接;此外,育种产业大数据蓬勃发展,数字化农机装备加快普及应用[①]。

(六) 乡村数字经济新业态

在 110 个县(市)实施"互联网+"农产品出村进城工程试点,针对试点的 200 余个优质特色农产品进行"互联网+"提升。面对疫情,电子商务的发展速度和普及度进一步提升,兴起了直播卖货、移动菜篮子、"无接触配送"等一批电商新模式,在缓解农产品滞销难卖、保障市场供给等方面发挥了重要作用;抖音、快手等一批短视频平台的快速发展提升了乡村旅游传播度,探索"云端体验""数字文旅""智慧旅游"等乡村特色产业的新型模式不断成熟。

(七) 数字化乡村治理

在农村地区积极推进"三资"[②] 数字化管理平台的普及应用,实现对农村"三资"高效、科学地管理,围绕农业农村的"放管服"电子审批、"互联网+政务"进一步完善;农村宅基地信息化管理服务高效便捷,土地承包经营权信息应用平台基本建成。截至 2019 年年底,各地农村土地承包信息数据库已经基本建成,信息应用平台主要功能已经初步具备并开始发挥作用。"互联网+基层党建"建设全面展开,全国党员干部现代远程教育终端点 68.5 万个,其中乡镇(街道)3.8 万个、建制村 50.1 万个,以智慧党建引领强村善治。

---

① 赵京鹤,吴传强,徐可. 数字乡村:深化乡村振兴战略 助力农业农村现代化 [J]. 中国自动识别技术,2021 (3):54-57。

② "三资"指农村集体资金、农村集体资产和农村集体资源。

（八）乡村信息服务

进一步推进信息进村入户工程，不断健全基层信息服务体系，全国共建成运营益农信息社42.4万个；供销合作系统的惠农服务网点更加密集，全国供销系统共发展各类综合服务社41.98万个。全国农业科教云平台线上用户数523.6万人，其中36.5万名基层农技人员、100万名职业农民；依托重点农产品市场信息平台，农产品线上产销对接服务持续发力，平台已接入各类数据约20亿条，每天新增数据10万余条。乡村就业、社保、医保服务信息化水平大幅提升，乡村公共服务的数字化水平与城镇的差距不断缩小。

（九）智慧绿色乡村建设

数字化的现代技术和设施装备不断发展，农田生态数字化监测工作不断推进，完成了近4 000个土壤环境风险监控点的监测工作，农产品质量安全追溯平台全面推广应用，全面质量管理种植业规模达到3 261万亩，养殖规模达到8 211万头（只），水产质量安全追溯规模232万亩，农业绿色生产示范区成效显著，在全国范围先后评估认定了两批80个国家农业绿色发展先行区。倡导乡村绿色生活方式，农村人居环境整治整县推进项目实施取得了明显成效，乡村水利数字化监管持续加强，农村环境网络监督不断拓展。提升乡村生态保护信息化水平，水土流失动态监测、河湖信息化管理不断加强，全面促进乡村地区生态绿色健康永续发展。

（十）乡村科技创新

根据数字乡村发展的重大需求和重大、核心、关键科技问题，在国家重点研发计划中布局数字乡村研发项目，组织产学研优势力量协同攻关，重点研发计划项目设立。加强学科群重点实验室建设，"十三五"以来，已形成"1+10+3+2"的总体布局，即1个综合性实验室、10个专业性实验室、3个企业实验室、2个科学观测实验站。围绕突破数字农业农村的核心技术问题，在数字化生产领域，已建成或在建6个国家创新中心，2个创新分中心。此外，相关标准制定等工作有序推进，制定发布农业国家标准和行业标准14 077项，现行有效的农业行业标准超过6 000项，推动了产学研用合作。

（十一）网络扶贫

中央网信办会同农业农村部、国务院扶贫办[①]等部门支持27个已摘帽并稳定脱贫的国家级贫困县，开展国家数字乡村试点。网络扶贫取得实质性进展，贫困村通宽带比例超过98%，提前超额完成2020年的目标，贫困地区固定宽带网络资费近2年下降幅度达到50%，已惠及超过1 200万户贫困群众。电子商务进农村综合示范工程不断增强贫困地区"造血功能"，已实现对832个国家级贫困县全覆盖，快递网点已覆盖全国3万多个乡镇，覆盖率达97.6%，"网络扶智"模式持续激发贫困群众自我发展的内生动力。

---

① 国务院扶贫开发领导小组办公室，简称国务院扶贫办，2021年2月起不再保留国务院扶贫办，组建国家乡村振兴局。

二、发展态势

(一) 数字经济驱动全球经济逆势增长

新兴技术加速与经济社会各领域深度融合,日益成为引领经济社会发展的先导力量,在全球经济增长乏力背景下,数字经济正成为全球经济增长的新动能,成为撬动全球经济的新杠杆。据埃森哲(中国)有限公司分析,数字化程度每提高10%,人均GDP增长0.50%~0.62%。据中国信息通信研究院发布的《2020年全球数字经济新图景》显示,数字经济总规模超过31.8万亿美元,占GDP的41.5%,平均名义增速5.4%,高于同期GDP增速3.1个百分点,展现出逆势上扬的势头。排名前五的国家数字经济规模占全球总规模的78.1%,发达国家是发展中国家的2.8倍。其中,美国以13.1万亿美元继续蝉联第一,中国保持第二大数字经济体地位,达到5.2万亿美元,中国数字经济增速领跑全球,同比增长达15.6%[①]。

(二) 数字技术加快农业现代化发展

数字技术不断提高农业生产经营体系的组织化、规模化、标准化水平,加速推进了农业现代化进程,数字化不断加速农业绿色发展。全球以信息技术为代表的智慧农业呈现较快发展态势,英国、日本、挪威、美国、澳大利亚、韩国相继在大田、设施、渔业等领域构建了无人农场,实现了农场的高效运转,大大提高了农业生产率和资源利用率。欧盟推出实现农业数字化的AIOTI计划,开展智能农业领域的试点。美国采用大数据和互联网方法提升农业生产的效率和效益,应用移动互联网在投入产出预算、盈利预估和库存管理等方面,科学化管理水平得到提高。德国的高机械化水平结合工业4.0理念助力传统农业数字化转型,农业生产率和科学技术水平不断提高,一个德国农民可以养活144个人。许多发达国家的数字化农业是以绿色可持续发展为理念,澳大利亚通过农业信息监测和农业决策支持系统,保障了农业的高效与绿色生产,生态农业种植面积达到600万公顷,占世界总面积的19%。德国配备"3S"技术的大型农业机械,能够实现在同一地块的不同地方进行矢量施肥与喷药,确保药、肥的高效利用,避免环境污染。

(三) 数字化促进城乡缩小鸿沟

数字化技术有效缩小城乡区域之间信息数据的差距,形成促进乡村高质量发展和共同富裕的重要增长点。数字化通过设施协同、资源共享和技术扩散等方式推动人才、资金、科技等要素在城乡经济—社会—生态系统中加速流动与转化。发达国家对乡村数字化转型建设实践表明,数字化技术的应用对促进城镇化转变和融合发挥了重要作用。欧美等工业化国家以数字化寻求解决"城市病""乡村空心化"等问题,推进城乡融合;而日韩等工业化后发国家则以数字化推进乡村产业重构和新村建设,实现城乡统筹。美国的乡村社区一直在努力获得教育、远程医疗服务、远程工作机会等,这些挑战对乡村社区产生了深远影响。2000年,美国联邦农业部乡村发展办公室公布了乡村建设的一

---

① 刘多.《全球数字经济新图景(2020年)——大变局下的可持续发展新动能》解读[J].互联网天地,2020(10):8-15。

系列政策，并许诺通过财政资助来帮助美国乡村社区改善经济和生活质量。2017 年，欧盟委员会启动了"欧盟智慧乡村行动"，旨在通过智慧乡村建设，释放乡村发展活力、促进乡村繁荣。智慧乡村行动共包含 16 项行动计划，得到了英、法、德等国家的积极响应。

（四）乡村数字化作为农业科技发展支撑

世界各国普遍将基础设施建设作为数字经济持续发展的基础，国外数字乡村建设重点聚焦在宽带基础设施、数字公共服务和数字创新技能三大基础性工作任务上。美国在发达的农业计算机网络体系基础上，逐渐形成了以互联网、卫星网、遥感网、物联网等有力的信息服务，全美有 73% 的农场接入互联网，有 23% 的农业投入通过互联网购买，有 18% 的农场进行农业营销活动。西班牙农村地区的数字化被认为是解决严重影响该国内陆农村地区人口减少问题的关键优先事项，并确立了宽带基础设施、公共服务和农村数字创新和技能三大工作任务。此外，发达国家将农业数据库建设作为农业信息化的重要基础项目，为政府决策、科学研究、生产经营等提供基础支撑。美国的作物品种资源信息管理系统，为育种提供了 60 万份植物资源样品信息的服务；英联邦农业数据库系统，迄今已为 690 万名农业科研人员提供了数据查询和科研服务，科学数据资源已成为发达国家农业科技发展的基础支撑。

第五节　建设试点与典型案例

一、国家数字乡村试点情况

2020 年 7 月，中央网信办、农业农村部、国家发展改革委等七部门联合印发了《关于开展数字乡村试点工作的通知》（以下简称《通知》），经过申报及评审，当年 10 月七部门公布了试点名单，确定了 117 个县（市、区）成为首批试点地区（表 3-1）[1]。《通知》指出，各省级相关部门要深入贯彻落实《数字乡村发展战略纲要》，切实加强试点工作的组织领导，强化统筹协调和上下联动，把准试点方向，完善政策支持，抓好督促落实，务求取得实效；《通知》强调，试点地区要落实试点工作主体责任，健全领导工作机制和跨部门推进机制，统筹用好相关政策和资源；《通知》要求，各试点地区要重点在开展数字乡村的 3 个维度 7 个方面工作的先行先试。一是整体基础层面，要求积极进行整体规划设计和有针对性的新一代信息基础设施完善建设；二是新业态新模式层面，要求积极探索面向乡村的数字经济新业态和数字治理新模式；三是体制机制层面，要求积极完善面向"三农"领域的信息服务、资源整合共享、可持续发展等方面工作。《通知》要求，试点地区要把试点工作进一步细化和实化，坚持目标导向、问题导向、结果导向，结合实际，因地制宜，具体举措要可操作、可落地。

---

[1] 佚名. 国家数字乡村试点地区公示名单 [J]. 电子政务，2020（10）：95。

表 3-1　首批国家数字乡村试点地区名单

省（区、市）	县（市、区）	个数
北京市	房山区、平谷区	2
天津市	西青区、津南区	2
河北省	廊坊市永清县、沧州市肃宁县、邢台市南和区、辛集市	4
山西省	临汾市隰县、临汾市洪洞县、大同市云州区、晋城市高平市	4
内蒙古自治区	呼和浩特市托克托县、鄂尔多斯市鄂托克前旗、兴安盟扎赉特旗	3
辽宁省	沈阳市辽中区、朝阳市凌源市、本溪市桓仁满族自治县、营口市老边区	4
吉林省	四平市梨树县、吉林市龙潭区、延边朝鲜族自治州和龙市、辽源市东辽县	4
黑龙江省	佳木斯市桦南县、绥化市望奎县、齐齐哈尔市依安县、牡丹江市西安区	4
上海市	浦东新区、奉贤区	2
江苏省	徐州市丰县、苏州市张家港市、南京市浦口区、连云港市东海县	4
浙江省	湖州市德清县、嘉兴市平湖市、宁波市慈溪市、杭州市临安区	4
安徽省	合肥市长丰县、宿州市砀山县、黄山市歙县、六安市金寨县	4
福建省	宁德市寿宁县、南平市武夷山市、三明市大田县、龙岩市上杭县	4
江西省	赣州市安远县、南昌市进贤县、吉安市井冈山市、上饶市玉山县	4
山东省	淄博市高青县、泰安市肥城市、滨州市惠民县、烟台市海阳市	4
河南省	三门峡市灵宝市、鹤壁市淇滨区、南阳市西峡县、源河市临颍县	4
湖北省	宜昌市秭归县、武汉市江夏区、鄂州市华容区、襄阳市宜城市	4
湖南省	湘西土家族苗族自治州花垣县、邵阳市大祥区、永州市双牌县、湘潭市韶山市	4
广东省	韶关市南雄市、阳江市阳西县、茂名市高州市	3
广西壮族自治区	南宁市横县、桂林市恭城瑶族自治县、贺州市富川瑶族自治县、百色市平果市	4
海南省	琼海市、澄迈县、昌江黎族自治县、三亚市海棠区	4
重庆市	垫江县、大足区、渝北区、荣昌区、巴南区	5

(续表)

省（区、市）	县（市、区）	个数
四川省	内江市隆昌市、成都市大邑县、宜宾市兴文县、泸州市纳溪区	4
贵州省	贵阳市息烽县、毕节市黔西县、毕节市金沙县、遵义市余庆县	4
云南省	昆明市石林彝族自治县、楚雄彝族自治州楚雄市、红河哈尼族彝族自治州开远市	3
西藏自治区	林芝市米林县、拉萨市曲水县、山南市乃东区、日喀则市白朗县	4
陕西省	渭南市大荔县、杨凌农业高新技术产业示范区、商洛市柞水县、汉中市佛坪县	4
甘肃省	酒泉市玉门市、张掖市高台县、兰州市皋兰县	3
青海省	海南藏族自治州贵南县、海东市互助土族自治县、果洛藏族自治州玛多县、西宁市湟源县	4
宁夏回族自治区	吴忠市盐池县、石嘴山市平罗县、吴忠市利通区、银川市西夏区	4
新疆维吾尔自治区	巴音郭楞蒙古自治州库尔勒市、阿勒泰地区吉木乃县	2
新疆生产建设兵团	第一师阿拉尔市十一团、第八师石河子市一五〇团、第十师北屯市一八八团、第三师图木舒克市四十一团	4
合计		117

二、数字乡村建设典型案例地区

2020 年 11 月，在重庆召开了以"数字赋能：助力乡村全面振兴"为主题的数字乡村发展论坛。会上，农业农村部和中央网信办共同发布了数字乡村建设典型案例，全国有 20 个县（区）入选全国数字乡村建设典型案例地区，分别是浙江省湖州市德清县、重庆市荣昌区、江苏省徐州市丰县、广西壮族自治区南宁市横县、陕西省商洛市柞水县、吉林省吉林市、四川省宜宾市兴文县、湖北省武汉市江夏区、河北省沧州市肃宁县、广东省阳江市阳西县、上海市浦东新区、浙江省嘉兴市平湖市、山西省临汾市隰县、辽宁省朝阳市凌源市、江西省吉安市井冈山市、重庆市石柱县、江苏省苏州市张家港市、陕西省杨凌农业高新技术产业示范区、吉林省辽源市东辽县、海南省昌江黎族自治县。以下选择其中的浙江省湖州市德清县、广东省阳江市阳西县、江苏省徐州市丰县、广西壮族自治区南宁市横县、四川省宜宾市兴文县 5 个县作为数字乡村建设典型案例进行分析。

（一）浙江省湖州市德清县"全域数字治理"

德清县围绕数字乡村工作，发挥地理信息技术的特点，围绕农村全域和农业生产全产业链，开展"数字革命"，推进全域数字治理试验区建设，不断创新和探索了一条

"以数字赋能撬动乡村振兴"的新路子。德清县深入开展"一中心、四平台、一张图、三应用、六工程"的"数字乡村14136模式"。"一中心"即德清县数字乡村大数据中心,打造一个统一的乡村数据底座,建设农业农村数据标准规范。"四平台"即四大数字乡村云服务平台,打造乡村智治、智慧农业、智慧服务、综合决策四大云服务平台,形成覆盖全县、上下联动、业务协同、信息共享的"数字三农"协同应用平台。"一张图"即数字乡村全景图,深入打造一张动态交互的数字乡村全景图,实现了实时动态呈现、分析乡村规划及治理状况,为数字乡村提供辅助决策。"三应用"即数字治理、数字兴业、数字惠民三大应用领域。"六工程"即推进数字乡村建设的六大工程,包括信息基础设施提升工程、乡村数字治理护航工程、智慧农业示范工程、创业创新引领工程、农村网络文化培育工程、信息服务深化工程。德清县数字赋能促进乡村振兴发展取得良好成效[①]。

在数字赋能乡村发展方面,一是智能转型,产业兴旺。深入实施智能农业三年行动计划和全国数字农业试点县建设项目,全县已建设数字农业示范园区10个、数字应用示范园100个、农业物联网应用示范点3 500个;聚焦水产、粮食、早园笋等六大特色产业,完善数字农业应用,基本实现了农业产业数字化改造全覆盖;创新推出了"芯片鱼"净养模式,其品质高、可溯源,价格是常规黑鱼的2倍。二是农旅"联姻",硕果累累。充分利用旅游资源,紧密结合莫干山民宿"IP",实现农村电商与旅游业协同发展,接待游客数与营业额增幅明显;在飞猪平台开设全国首个民宿目的地官方旗舰店——莫干山旅游旗舰店,全县休闲农业与乡村旅游接待游客数累计超1 300万人次。三是电商销售,链上增值。通过构建"1+N"农村电商发展体系,打造一个农村电商产业园,建设新市镇万人网红直播培训基地、禹越镇百亿农村电商基地等N个支撑基地。农村电商创新创业氛围愈加浓厚,创新创业成果收获颇丰。2020年,德清县农产品线上交易额累计达12.8亿元。

在数字赋能乡村治理方面,一是积极探索"一图全面感知"的乡村智治模式,着力构建乡村数字治理"一三五"框架体系,形成"一图一端一中心"应用支撑体系,强化数字化空间规划建设管控体系建设,促进县域乡村治理数字化平台全覆盖。二是厘清乡村要素,构建信息智慧大脑。以多类型、多时态的空间数据为基底,叠加了各部门的18个图层构建数字乡村地图,建成数字化乡村模型,实现可视化管理,促进了数字孪生乡村构建。三是打破数据壁垒,不断丰富场景化多业务的协同应用,以问题事件工单流转处置机制开展乡村治理。四是强化数据运用,实现信息动态可视。创新打造农村环境卫生全域整治智能监管系统"德清·居"系统,全县所有建制村实现可视化监管,有效提升环境卫生整治处置速度,增强了治理成效。

在数字赋能乡村服务方面,深入推进信息惠民工程,不断提升乡村数字服务水平,优化服务渠道建设。一是打通一站式公共服务通道。推动"最多跑一次"向乡村社区延伸,通过"企业码"让企业完成在线申领、在线领取技改补贴等服务。二是开通一

---

① 丁砥. 数字赋能农业农村高质量发展浙江省数字乡村工作启示[J]. 安徽农学通报,2021,27(18):5-6。

站式数字生活服务平台。"我德清"本地化数字生活服务平台陆续推出60多项功能和主题服务，实现诉求在线直达、服务在线落地。三是构建一站式智慧生产服务。目前重点围绕渔业，通过生产环境的数据动态呈现实时监测、异动报警的效果，为农业主体生产提供便利精准的服务。

（二）广东省阳江市阳西县"三个数字化"

广东省阳江市阳西县是国家数字乡村试点县、省数字乡村发展试点县、全省首个数字农业示范县，重点从生产端、供应端和销售端发力，以"三端"数字化促进乡村特色产业发展，探索了可复制可推广的"阳西模式"。

在推进生产端数字化方面，重点是以"一馆、一云、四园"为农业生产数字化的抓手，建设了数字农业展馆和数字农业云应用作为基础和集成，在园区建设上，打造了荔枝、程村蚝、罗非鱼、东水山茶四类特色数字农业产业园[①]。阳西围绕四类特色产业，打造了30个县级数字农业产业园，推广应用数字化技术和装备，促进了乡村特色产业的数字化转型升级。例如，阳西县西荔王果蔬专业合作社的荔枝产业园，在园区基地内建设有智能气象监测站、土壤监测站以及视频监控等设施装备，构建了"空天地"一体化生产服务平台，可以实时将荔枝园内的生产环境情况和实时监控画面回传，方便管理人员实时掌握荔枝生长情况。程村镇是中国蚝乡，阳西县在程村镇生蚝养殖基地开展数字农业试点，投入数字化监测系统、智能监控系统以及程村蚝养殖管理系统，建成了程村蚝数字农业产业园，设在蚝场的传感器可实时监测海水盐度，蚝农通过手机及时看到海水盐度变化，并适时将生蚝从盐度升高海域转移到盐度较低区域，避免因水质、盐度剧烈变化导致的生蚝死亡现象。在广东顺欣海洋渔业集团有限公司的罗非鱼数字农业产业园，通过监测以及智能视频监控设备，可以将罗非鱼生长情况实时传输到罗非鱼生产管理系统，实现了电费、饲料成本、死亡率等分别降低10%、5%和8%，实现了销售额增长5%。在东水山茶数字农业产业园，园内安装了气象站、土壤监测站和智能视频监控，茶园管理人员可以实时看到茶园的空气湿度、土壤酸碱度、土壤含水量等数据。这些生产环境的实时监测数据，都为种养户科学生产提供决策服务。

在推进供应端数字化方面，阳西县借助数字农业"东风"，完善"产、供、销"一体化的市场流通体系，扶持本地农业龙头企业延伸生产、分拣、存储到消费市场的流通体系建设，并积极使用溯源系统，对流通进行全程留痕，提高流通渠道把控能力，打响阳西地域品牌。例如，实施合作社、阳西荔枝龙眼协会等一批经营主体的一体化经营模式，在西荔王合作社形成"合作社+生产基地+保鲜冷库+超市+国内外市场"的供应体系，荔枝采摘后经过智能分选机，对荔枝按照甜度等指标进行分类包装，打上自己的品牌，再经过冷链物流进入超市以及终端消费市场。广东顺欣集团采取"公司+基地+保鲜冷库+加工厂+国内外市场"模式，完善了产业链后端的冷链加工、仓储、物流服务体系。

---

① 广东省农业农村厅. "三端"数字化赋能阳西 [J]. 农产品市场，2021（21）：53。

在推进销售端数字化方面，构建"短视频+网红直播带货"的数字化农产品营销新模式，是阳西县推动农产品销售端数字化、开辟线上营销新路径的成功举措。阳西县充分发挥全省"一村一品"，先试先行打造"短视频矩阵"，获评广东十大最具潜力农业农村改革案例，形成了"一村一品、一镇一业"短视频矩阵全覆盖，举办了具有特色的"我在阳西有棵荔枝树"云定制、程村蚝云展会、短视频+网红直播带货等20多场线上线下活动。2020年阳西县13万亩荔枝产量增加了33%、产值增长了43%；程村生蚝价格升至每公斤3.5元，增长了16.6%，产值突破4.5亿元，增长了7.2%。

在农业生产中探索运用数字技术的同时，阳西以建设国家数字乡村试点县、省数字乡村发展试点县为契机，以信息化推进乡村治理，加快数字化应用步伐，将数字技术运用到社会治理、民生服务等各个领域，创新性开展"数字阳西"建设，建设"数字乡村"。阳西县与数字广东网络建设有限公司和三大运营商合作，按照全省一盘棋、省市县一体化建设思路，全面启动"数字阳西"项目"1+3+X+5"的建设任务。"1"是指1个数字基座；"3"是指一网统管、一网通办、一网协同三大基础支撑平台；"X"是指在各个行业应用，包括在农业、乡村、医疗、渔船、田长制、退役军人服务、特种设备管理、城管、交通、旅游、安全生产、教育、生态、工业、党建、河长制等各行业应用；"5"是指5个门户，包括"粤省事""粤商通""粤政易"等粤系列平台阳西专版。推进了在数字化的党建、环保、治理、河长、教育、城管、安全生产、文旅、渔船、田长等16个行业开展应用。目前，阳西县149个建制村已实现网络100%覆盖，5G基站实现所有镇全覆盖；全力推进"雪亮工程"，安装视频摄像头，全面提高基层治安防控能力，打造"平安乡村"；全县149个村（社区）全面上线包括党务、村务、服务、商务、事务五大板块70多个功能的"党建为村"平台，村民可通过平台向党员干部反映诉求，村干部及时帮群众排忧解难；建立村务服务系统、"三农"科教服务平台等，为村民提供生产服务，实现村务公开；创建"互联网+医疗健康"，全部乡镇卫生院接入远程医疗平台，正推广村一级远程医疗，方便群众就近就医；推进乡村教育信息化，全县乡村学校宽带互联网光纤接入率达到100%，全面建成县级优质教育教学资源库，并接入国家、省、市教育专网，实现县域与乡村优质教育资源互联互通、共建共享。

（三）江苏省徐州市丰县"产业集群+大数据平台"

江苏省丰县是位于江苏、山东、河南、安徽四省交界处的农业大县，自古有"丰沛收，养九州；不沛不收，还养亳州"之美誉。丰县总面积1 450平方公里，其中全县粮食复种面积147.8万亩；总人口121万人，其中农村人口92.1万人。丰县农业产业特色鲜明，是享誉中外的"中国苹果之乡""牛蒡之乡"和"毛木耳之乡"，一产在三次产业中占比19.4%，《2020阿里农产品电商报告》显示，水果品类中，丰县苹果在苹果中排名第一。

丰县坚持抓数字赋能，积极探索具有丰县特色的"11358"数字乡村建设路径，即一个发展目标，一套工作机制，精准化、智能化、数字化的"三化"发展方向，果、菌、菜、牧、木的五大产业集群，以及农业大数据归集共享、数字农牧场管理、农产品安全溯源监测、农村人居环境智能监测、农村电商培育、数字农业农村服务、智慧休闲农业以及乡村数字治理八大平台①。

在工作机制和发展目标方面，专门成立了数字丰县工作委员会，将数字乡村建设纳入"十四五"期间推进内容，以不断发展数字经济，加快推进现代信息技术与农业农村深度融合，积极探索具有丰县特色的数字乡村建设路径为发展目标。

在乡村特色农业产业"三化"发展方面，一是生产经营精准化。以数字技术与农业农村经济深度融合为主攻方向，加快发展数字农情，利用航空遥感、地面物联网等手段，实现精准种植、精准施肥、精准饲喂、精准检测等精准化目标。二是管理服务智能化。依托农业农村资源体系，利用大数据分析挖掘和可视化等信息化技术，为市场预警、政策评估、监管执法、资源管理等提供数据支撑，推动管理服务线上线下相结合，提高管理服务效能。三是乡村治理数字化。推动"互联网+综合治理"向镇村延伸，健全"大数据+网格化+铁脚板"体系，强化综合网格员力量，逐步实现村级事务网上运行，实现精准治理。

在五大产业集群发展方面，丰县持续推进"果菌菜牧木"五大特色产业集群的做大做强。一是果业产业集群。作为"全国水果生产十强县"，年产各类瓜果60万吨。二是食用菌产业集群。年产各类鲜菌菇50万吨，获得了"全国食用菌产业化建设示范县"称号。三是特色蔬菜产业集群。特色蔬菜产业产值达67亿元，种植有牛蒡、山药、芦笋等。四是畜禽产业集群。建设有20个高标准生态健康规模养殖基地，生猪42万头，牛2.5万头，羊108万只，禽2 400万羽。五是板材产业集群。板材产业产值98亿元，生产企业近300家。例如，丰县牛蒡产量占了全国的一大半，2020年9月，丰县与阿里数字乡村与区域经济发展事业部签约，双方在精品网货打造、产销对接、整合营销上开启合作，丰县牛蒡产业的发展是当地特产通过数字化实现"重生"的典型案例。《京东农场数智化助力丰县苹果产业升级及品牌发展》入选2020全国乡村振兴优秀案例，基于区块链技术的应用，搭建起全程可视化溯源体系，通过建立数字化基地，导入智能化管理，开展京东物流一站式配送，建立《京东农场丰县苹果生产管理标准》，促进了丰县苹果产业进行产业数字化升级及品牌化发展。

在数字乡村"八大平台"建设方面，一是大数据平台。打造了服务于农业农村的"丰县经济大脑"以及公共信息、基础数据库等大数据平台，已汇集了3.4亿条各类农业农村大数据。二是农业"三资四化"管理平台。丰县涉农村（社区）已实现"三资"监管平台全覆盖，完善了农村集体资产监督管理平台功能。三是数字农牧场管理平台。已建成江苏大沙河现代农业综合开发集团有限公司等一批数字农牧场管理平台，采用了"3S"技术和智慧农场"四化"标准建设，应用了全球定位系统（GPS）、遥感系统（RS）和地理信息系统（GIS），开展了乡村特色产业的生产标准化、管理可视化、作业智能化和过程透明化。四是农产品安全溯源监测平台。纳入83家溯源企业建设农产品质量安全追溯管理信息平台，对145个农产品进行可溯化提升。五是农村人居环境智能监测平台。对污水、垃圾、规模养殖场、河湖、空气质量等农村人居环境数据

---

① 马红丽. 丰县：探索县域数字经济智慧发展模式 [J]. 中国信息界，2019（6）：59-62。

进行远程监测。六是农村电商培育平台。加快"互联网+"农产品出村进城，电商企业超过百家，个人网商超过 3 500 家，电商交易额 48.5 亿元，被评为"首批国家电子商务进农村综合示范县"。七是数字服务平台。建立了农业农村服务平台，提供智慧化、数字化的农产品价格、科技信息、气象、就业、金融等服务。八是乡村数字治理平台。开展"互联网+"的智慧化乡村综合治理。

（四）广西壮族自治区南宁市横县"数字茉莉大平台"

近年来，广西横县乘"云"而上，抢抓数字时代新机遇，抓基建，强保障，打造"数字茉莉"大平台，不断加强基础设施建设，促进了乡村产业实现高质量发展，获批成为首批国家数字乡村试点地区、国家电子商务进农村综合示范县[①]。

在硬件升级方面，横县着力建设乡村信息基础设施，加快光纤网络向自然村延伸，建制村 100% 通广播电视光缆，4G 无线网络全覆盖。

在完善服务供给方面。横县全面提升国家信息进村入户工程，建成 1 个县级运营中心，828 个益农社，覆盖全县 276 个建制村。加速乡村智慧水利建设，建成山洪灾害监测预警平台 1 个、水库图像监测站 194 套、无线预警广播 300 套、自动雨量报警器 267 套。实现对全县 194 座中小型水库的水位、降水量进行实时监测、主动数据分析和预警，为广大群众提供更科学的防洪预判和预报，便民利民。

在数字赋能智能生产方面，横县着力推进茉莉花全产业链信息化建设，应用了设施和监测设备，进行数字化精准管理，实现标准化种植，培育形成特色产业，加快产业转型升级。

在大数据平台建设方面，利用大数据和现代化信息技术，打造"数字茉莉"大数据平台，以"政府+茶企+花商+花农"的形式整合产业链资源，为茉莉花产业发展装上数字经济引擎。花企通过"数字茉莉"平台向产业集团提交每日的鲜花交易订单，花商根据订单和品质需求、价格要求等附加条件组织收花，并在"数字茉莉"平台上实现品质智能识别、竞价磋商和价格指数发布功能，花农卖花后一键扫码收款，茉莉花全程实现智慧化交易。同时在"数字茉莉"交易系统中引入评价与信用机制，搭建起基于全产业链的供应链金融，直接在手机上提供"一键式"普惠金融服务，有效解决茉莉花产业链上的花农、花商、茶企等主体的融资难问题，更好满足乡村振兴多样化金融需求。

在促进电子商务方面。依托特色农产品资源优势，打造农村电商流通服务体系，加快电商促产业、进乡村，共建成 1 个县级物流中心，150 个村级电商服务站，电商交易额 45.55 亿元。

在强化社会服务方面。积极推广使用"智慧人社"系统，将数字技术融入公共服务、医疗、教育等民生领域，实现了 50 多项社保常办业务线上查询或办事。

（五）四川省宜宾市兴文县"智慧县城+数字乡村"

近年来，四川省宜宾市兴文县紧紧围绕"智慧县城+数字乡村"建设，以打造县级

---

① 何任朗，苏寒梅，劳思怡. 乘"云"而上 为乡村振兴赋能增效［N］. 南宁日报，2021-07-20（3）。

区域新型智慧城市（城乡）建设示范基地为发展目标，优化体制机制建设、强化信息基础设施、深化数据融合应用，打造县域"1+N"创新应用模式的智慧城乡一体大数据应用平台，更好地服务产业发展、社会治理、民生民本、经济建设等各方面，为推进乡村振兴作出积极的贡献。

兴文县位于四川盆地南缘、川渝滇黔结合区域，是四川最大的苗族聚居县，同时有着丰富的旅游资源和矿产资源。兴文县提出新型智慧城乡建设，助力数字乡村发展的目标，将大数据发展作为工作重点，积极推进数字基础设施共建共享，着力数据驱动智慧创新应用，以此来推动经济社会事业的发展。

在系统整合"上云"方面，至2020年，兴文县共投入近5亿元，完成全县12个乡镇183个村（社区）4G网络基础设施建设，实现了4G网络全覆盖；建成符合国家信息安全三级等保标准的云计算中心；同时将移动、电信、联通、广电四家运营商网络设备与网络整合进入云计算中心机房，做到横向到全县党政机关及事业单位，纵向到全县15个乡镇以及重点村社区电子政务外网全覆盖，全面消除网络孤岛，切实保证了信息化建设和网络安全。兴文县自建非涉密政务信息系统已经统一迁上云，共享资源，节约建设又为数据融合奠定基础。整合了政府53个信息化平台系统，覆盖了全县57个部门和乡镇，形成了"1+N"的智慧应用，推动数据融合，有力地解决了科学决策、精细管理、惠及民生、产业转型的问题。

在脱贫攻坚方面，建成了智慧党建和居民帮扶数据采集与监管服务系统，通过开展"三联三同"的党建帮扶活动，推动乡镇社区近3 000名干部参与，对10多万户居民数据实行动态采集与核实，做到了实时动态监管、实时动态服务和实时动态提供精准高效决策数据。

在深化数字社会建设方面，兴文县在建成智慧全域监管与服务平台后，覆盖了县城区、景区、12个乡镇和298个单元网格，汇聚了各类公共视频资源3 694路，把全县近70个政务服务窗口远程监控纳入智慧平台管理。同时，已经开通了18项便民应用子系统，应用服务1 600余万人，实现代缴水电气费等便民服务交易达6亿元，做到了"数据多跑路、群众少跑路"①。

在培育数字经济产业方面，兴文县农副产品生产企业实现全部入网，年网络交易额达13.2亿元，成为省级电子商务脱贫奔康示范县。在四川省率先推行全媒体融合，成立传媒公司与电商平台互动，营收实现年均20%以上的增长。兴文县积极培育数字经济产业，将一、二、三产业加快推向数字化、网络化和智能化发展，将数字经济与实体经济深度融合，不断催生新的经济效益和社会效益，智慧兴文建设不断朝前发展。

---

① 张彧希. 打开新空间数字经济全面开花［N］. 四川日报，2021-04-24（3）。

第六节 发展展望

一、夯实数字乡村建设基础

建设数字基础设施，是推动数字乡村建设的落地保障，也是弥合城乡"数字鸿沟"的重要保障。虽然我国一直在加大力度推进数字乡村的基础设施建设，但由于建设周期长、投入规模大、回报率低等因素，当前，乡村信息化基础设施与城镇相比还存在不小差距，发展相对滞后，尤其是偏远农村地区的数字基础设施建设水平和普及率仍然较低，亟待开展数字基础设施升级。一是加强数字农业建设统筹规划，把数字农业农村建设作为推动农业高质量发展和乡村全面振兴的重要内容，在数字乡村建设统筹协调机制框架下，重点解决数字乡村建设过程中需要面临的跨部门、跨行业的重大问题，整体谋划数字乡村发展重点，统筹协调各部门资源，整合各部门数字乡村相关配套政策和建设项目，形成工作合力，加大财政集中投入力度。二是推进乡村信息基础设施优化升级，针对目前部分偏远村庄的带宽、无线网络的短板，大力推进城镇与乡村地区"同网同速"，优化提升农村网络的质量及普及率[①]。三是加快农业农村生产生活基础设施数字化改造，积极开展面向广大农村地区的道路交通、生产水利设施工程、农村电网设施的数字化及智慧化改造等工作，加强农产品产地冷链物流设施建设，为对接数字乡村各类项目、融合资源搭建数字化平台基础[②]。

二、提升全民数字素养与技能

数字技术与服务已经与人民群众日常生活密不可分，数字素养与技能是数字社会发展进程中公民学习、工作、生活应具备的一系列素质和能力，对于农村地区居民来说，意味着生产方式和生活方式的数字化的重要因素。一是加强数字农业农村业务培训力度，针对农民特别是新型职业农民、农村信息员、基层农技人员等群体，开展现代信息技术田间培训和生产一线实训等，重点提升信息素养、网络素养和互联网综合应用能力，培育一批具备互联网思维和信息化应用能力强的"新农人"。二是提升基层干部和农业经营主体从业者数字素养，着力提升基层政府工作人员"数字化政务"的使用技能和服务意识，提高行业龙头企业、专业合作社、家庭农场主等农业新型主体的数字化生产经营的技能，提高数字技术及装备应用普及率，让网络真正能为农所用，成为农民增收致富的重要工具，激发乡村振兴发展活力。三是提高广大农民接受和使用信息化服务的水平，抓住信息网络打通农村地区"山水相隔"地理区域制约、实现"弯道超车"

---

① 郭美荣，李瑾. 数字乡村发展的实践与探索——基于北京的调研 [J]. 中国农学通报，2021，37（8）：159-164。

② 佚名. 数字乡村发展 26 项重点任务 [J]. 致富天地，2022（2）：10-12。

的良机，拓展农产品上行、农资下乡渠道，实现群众不出村享受公益服务、便民服务、农村电商等服务，让村民搭上互联网致富和提升生活水平的快车。

三、加快数字农业适用产品研发与推广

围绕农业农村数字化发展的科技需求，加强新一代信息技术的关键及共性技术协同攻关，提升自主创新能力。一是加强核心关键技术科技创新，提高各地科研单位和创新型企业在数字乡村技术的研发力度，强化多元化资金投入和支持力度，围绕农业生产、病虫害监测、数字植保、智能采收装备、智慧生产管理，重点攻克适用性强、可靠度高的设施装备和软件平台。二是促进数字化装备成果简便易用，为了使数字农业更加便捷地推广应用，应根据农民的需要和使用习惯，以简便化、通俗化、一体化的应用开发为主，加快推进与现有装备的匹配应用开发，普及推广数字农业产品和装备，提升农业产业数字化水平。三是瞄准战略性前沿技术适度超前布局，加快推进物联网、大数据、区块链、5G、3S、VR、AR 等数字技术的超前研究布局，探索开展精准作业技术、无人机作业、无人生产技术等适用性示范，加快网络和算力技术、人工智能技术、虚拟现实技术的迭代升级。

四、深化产业数字化和新业态发展示范

随着数字化技术与农业产业各领域各环节的不断深化融合，对农业生产数字化水平的促进作用，以及对数字经济新业态发展激活作用不断凸显。一是抓农业智能化生产，促进产业数字化转型升级。围绕乡村特色产业的现代化发展，积极推动先进实用的信息技术及智能装备与特色农业生产管理各环节的深度融合和应用普及，选择一批国家级现代农业产业园、特色产业集群、产业强镇，先行先试推动人工智能、区块链、5G 等新一代数字化技术的集成创新与示范应用，促进乡村特色产业数字化转型。二是加强农业农村电商普及，促进生产生活消费升级。率先围绕成规模的新型农业经营主体，用好平台电商、直播电商等新模式，加强"互联网+"农产品出村进城，进一步普及区域特色农产品的线上销售，促进农资农具、生产经营服务的线上服务。三是探索共享型新业态，促进乡村产业智慧化发展。不断积极探索和推进基于互联网的乡村产业新业态发展，开展"云农场""云种菜"等新型"网红"互联网型经营模式，以数字化技术支撑培育新产业、新业态、新模式，大力发展农村数字经济，增强乡村振兴发展动力。

五、完善数字化乡村治理体系

以国家数字乡村试点为契机，加快深入实施数字治理能力提升行动，促进城乡基本公共服务均等化，缩小城乡间的"数字鸿沟"，助力数字中国战略实施。一是推动"互联网+政务服务"向乡村延伸，推动实现网上政务服务省、市、县、乡、村五级全覆盖，推动提升政务服务"网上办、掌上办、一次办"全程网上办理效率，提升政务、

商超、医疗、教育、养老等综合服务功能,做好乡村服务"最后一公里""最后一百米"①。二是推动乡村综合治理智慧化,稳步构建"互联网+网格治理"体系并不断完善服务管理模式,推广"一张图"式乡村数字化治理模式,推进农村地区的智慧化法律援助、公共安全、气象灾害预警等信息技术深度融入乡村治理的场景应用,提高乡村治理的科学性、便捷性和有效性。

---

① 刘楠. 以数字技术赋能乡村振兴[J]. 中国报业, 2022 (9): 5。

第四章 国内外乡村发展与治理模式研究

第一节 引 言

一、乡村发展与治理模式研究的背景与意义

党的十九大报告提出，实施乡村振兴战略，要坚持农业农村优先发展。2022年2月，指导"三农"工作的中央一号文件强调，要扎实有序做好乡村发展、乡村建设、乡村治理重点工作，推动乡村振兴取得新进展、农业农村现代化迈出新步伐。

乡村发展是国家发展的基石，是乡村振兴的基础。目前，世界主要国家为改善农村生活环境，提高农村居民生活水平，减小城乡发展差距，均已大力开展乡村建设活动，取得良好效果，积累了丰富的发展经验。近年来中国乡村快速发展，全面消除了绝对贫困，但与国外发达国家的农村相比仍然有一定差距。他山之石，可以攻玉。通过了解、借鉴各地农村地区所选择的发展模式，对于我们深入把握乡村振兴的深层逻辑，寻找热区乡村发展的"最优解"具有重要意义。

二、主要内容和结构

笔者结合国内外多个乡村发展与治理典型案例，归纳形成城乡融合发展型、文旅融合发展型，以及农村金融发展型、强势产业聚焦型四大模式，深入分析各种模式背后的经济学原理与路径，为热区乡村振兴提供经验借鉴。

第二节从城乡融合发展角度切入，通过系统阐述城市化过程中，城乡发展不平衡的形成原因与问题，分析国内外成功的治理案例，探索通过加强区域空间规划和布局，以城市群为主体、大中小城市和小城镇协调发展，以及完善交通网络、促进城乡要素双向流动等路径，解决现存的二元制经济问题，总结针对热区农业乡村振兴的经验。

第三节从乡村文化旅游融合助推乡村振兴入手，论述农文旅融合发展原理及模式，研究如何通过拓展产业功能边界，打破一、二、三产业之间的藩篱，实现产业融合、优势互补，以新的产业形态满足新的市场需求，以乡村资源为中心创造附加值，助推乡村产业提质创新发展，形成农文旅相互融合、相互作用的良性互动，实现乡村振兴和农业现代化目标。通过对国内外典型乡村文旅融合案例和先进发展模式的分析，提出促进热区农业农村发展的建议。

第四节从农村金融支持乡村振兴角度切入，探索发展农村金融体系，完善农业生产金融服务，助力农业生产规模的扩大与当地农业产业升级，引导资金流向农业农村，带动金融和社会资本投入农业，实现乡村振兴。通过对比国内外典型农村金融模式，运用案例分析方法对国外先进农村金融发展模式进行借鉴，探索农村金融促进我国乡村振兴发展的路径。

第五节把利用乡村特色优势资源禀赋作为着力点，总结强势产业聚焦型发展模式。通过找准农业比较优势，充分发挥本地资源优势，带动乡村产业发展，形成具有全球竞争力的强势产业。"一村一品"做强特色化产业、聚集化产业、规模化产业，致力于打造乡村高质量特色化产业发展之路，筑牢乡村振兴的产业基石。

第二节 城乡融合发展型模式

一、城乡融合视域下乡村振兴的发展逻辑

21世纪以来，随着常住人口城镇化率的提高，城乡融合成为我国现代化进程中的重要趋势。我国第七次全国人口普查数据显示，全国常住人口城镇化率为63.89%，2021年年末常住人口城镇化率达到64.72%，新型城镇化和城乡融合发展工作取得新成效，农业转移人口市民化加快推进。

2021年中央一号文件提出"加快县域内城乡融合发展"这一重大理论，"以城市群为主体、大中小城市和小城镇协调发展"的中国城镇化空间布局持续优化。我国坚持把推进农业转移人口市民化作为新型城镇化的首要任务，从推进城镇基本公共服务均等化、加强农民工就业服务和技能培训、加大中央财政农业转移人口市民化奖励资金支持力度等方面，加快推进新型城市建设，有序推进城市更新①。实现城乡融合是实施乡村振兴战略的重要目标之一，城乡的一体与融合发展是新时代的阶段特征和具体要求，而重塑城乡关系是劳动力和生产资料在城乡间的组合和搭配。

（一）二元制经济问题

城乡差距是发展中国家经济社会发展过程中普遍存在的问题，发展中国家在现代化过程中，往往在农业发展还比较落后的情况下超前进行了工业化，优先建立了现代工业部门，形成了工业和农业并存的经济结构，即现代经济与传统经济并存的二元经济结构。中国作为发展中国家，城市化飞速发展，也出现了城乡二元结构。

刘易斯拐点（Lewis Turning Point）是劳动力从过剩走向短缺的转折点，指在工业化过程中，农村剩余劳动力因不断向非农产业转移而减少直至枯竭。按照英国经济学家刘易斯二元经济理论，随着刘易斯拐点到来，城乡二元经济就会逐步转变为一元经济。

---

① 汪文正. 提高新型城镇化建设质量[N]. 人民日报海外版，2022-03-22（3）.

（二）城乡发展不平衡的问题分析

1. 城乡贫富差距

收入分配与经济增长关系问题是发展经济学中重要的研究内容。刘易斯模型认为，经济增长是生产要素从低生产率部门向高生产率部门流动的过程，在这个过程中，由于收入分配的差异，导致劳动要素从低收入的农业部门向高收入的城市工业部门流动。关于经济发展与收入差距之间关系的"库兹涅茨假说"认为，随着发展水平的提高，收入差距呈现先扩大后缩小的"倒U"形变动轨迹[①]。在城市化和工业化的进程中，农村劳动力向城市转移，资本向城市和工业化部门流动，引起收入分配向城市居民和资本拥有者倾斜，收入不平等加剧；而完成城市化和工业化后，资本会向农业部门回流，收入不平等程度降低，反映到基尼系数上会出现先增大后减小的趋势。

南开大学周云波教授对中国城乡收入差距"倒U"形假说进行了验证，研究认为，改革开放以来，城市化是导致"倒U"现象出现的主要原因，城乡人口流动导致的收入差距于2001年开始缩小，拐点出现在2006—2009年，之后我国城乡收入差距拉大的速度出现明显放缓趋势[②]。

2. 农村劳动力短缺

一方面，农村人口的受教育水平普遍低于城市，劳动力专业知识技能欠缺，人力资本积累不足；另一方面，随着经济的发展、城镇化的推进，农业劳动力被城市所吸引，造成了城乡间，一、二、三产业间劳动力市场分割的情况。具体来说，农村的大量青壮年到城市打工，成为城市建设的主力军，但乡村产业振兴所需的大量人力资源离开了农村，出现了大量的空心村，也造成了留守儿童、孤寡老人等社会问题，农村发展缺乏内在动力，严重限制了农村的发展；大城市也面临人口密集，交通拥挤，教育、医疗、住房资源短缺等"大城市病"症状，对城市环境造成了不小压力。

3. 生态环境恶化

城市作为人类活动最集中的区域，城市建设不仅需要不断压缩农村的生态、生产生活空间，其运行还需要消耗大量自然资源，例如挤占耕地资源，向自然环境排放大量废弃物等。据统计，占全球土地面积不到3%的城市，消耗全球60%的水资源和76%的木材，排放的二氧化碳也占到78%[③]。Rezapour等研究认为[④]，城市土壤是城市生态系统的重要组成部分，对城市居民的生活质量起着至关重要的作用。依托城市土壤建设的绿色植被在城市环境中具有土壤碳储存、暴雨缓冲和改善空气质量等多种作用。快速的城市化及随之而来的人类活动（如车辆排放、煤炭燃烧、垃圾处理等）释放的城市污染

---

① Kuznets S. Economic growth and income inequality [J]. American Economic Review, 1955, 45 (1): 1-28.

② 周云波. 城市化、城乡差距以及全国居民总体收入差距的变动——收入差距倒U形假说的实证检验 [J]. 经济学（季刊），2009, 8 (4): 1239-1256.

③ 欧阳志云. 把保护城市生态环境摆在更加突出位置 [J]. 上海企业，2021 (5): 69.

④ Rezapour S, Siavash Moghaddam S, Nouri A, et al. Urbanization influences the distribution, enrichment, and ecological health risk of heavy metals in croplands. Sci Rep, 2022 (12): 3868.

物对城市土壤资源造成了日益严重的压力。许多进入土壤的城市废物都含有元素化合物，如长期存在于城市土壤中的有毒重金属，对人类、动物和环境造成严重威胁。

（三）城乡融合路径分析

目前我国存在城乡要素配置循环流动不畅的问题，主要表现为：城市生产力过剩而农村需求不足的不平衡，致使供需循环受阻；农村人口不断向城市流动，劳动力从农业向非农业转移，农民人均耕地少、劳动生产率低，耕地撂荒和宅基地闲置等问题普遍存在；资金向农村的流动不顺畅，据国家统计局公布数据，2019年我国第一产业增加值为70 467亿元，占国内生产总值比重为7.1%，而流入的投资仅有12 633亿元，占全国固定资产投资的2.25%[①]。

在市场的调节下生产要素的聚集形成城镇，当生产要素、市场主体等的流动达到饱和，市场就会发挥调节作用，实行阻断机制，此时的城镇化最为合理[②]。因此，要建立有利于改变城乡二元经济结构的新体制，应促进生产要素重组，形成各要素在城乡之间流动的循环发展机制，下面从土地、资本、人才三个要素进行分析。

1. 土地——保障城乡土地要素自由流动，推动农村土地合理利用

不断完善土地所有权、流转权和宅基地等土地流转制度和农村土地使用权流动的政策，建立合理的征地补偿机制，维护农民工的合法权益；鼓励部分获得股权后的农民从事二、三产业，另一部分农民扩大土地经营规模，实现公有制与市场深度融合，促进集体经济发展；以提高劳动生产率和土地生产率为目的，扩大农业经营规模，使农民从事种植业同从事其他行业获得基本相当的平均利润，促进农民增收，保证其务农积极性，增加农产品生产总量，保障国家粮食安全。

2. 资本——引资下乡，推动资金要素集聚

资本作为一大核心生产要素，其有效投入和配置是成功实施乡村振兴战略、推进农业农村现代化的一种重要决定因素。当前中国农村的投融资体系改革虽然取得了较大的成效，但农业农村发展的资金投入总量仍然存在一定的不足，资金资源的配置效率也还存在很大的提升空间。农业农村投资来源主要包括经营主体的自有资金投入、财政资金投入、金融部门资金投入和社会资本投入。2022年中央财政按照"只增不减"原则，继续巩固拓展脱贫攻坚成果、衔接全面推进乡村振兴，推进乡村振兴补助资金达1 650亿元，较2021年增加84.76亿元，增长5.4%，要求进一步优化资金使用结构，突出资金支持重点，创新资金使用方式，强化资金项目管理，切实提升资金使用效益，充分体现了国家对"三农"工作和乡村振兴的高度重视。

随着国家惠农政策的陆续出台，农业农村经营效益不断提升，城镇非农产业经营效益相对下降，农业农村领域对社会资本吸引力越来越高。首先，强化对社会资本投资的规划和引导，基于地方发展规划、消费人口分布、市场规模建立投资准入制度，合理布

---

① 胡畔.土地、人才、资金：城乡经济循环畅通的三要素［N］.中国经济时报，2021-02-25（3）。

② 郭婷，周天弘.城乡融合视域下我国实现乡村振兴的路径选择［J］.南方农机，2022，53（7）：69-72。

局社会资本投资领域和密度；其次，鼓励各村进行组团发展和差异化发展，防止社会资本在休闲农业等少数领域的集中投入，推动社会资本下乡的差异化竞争[①]；引导建设村投公司，培育和发展优质农业类项目，搭建乡村投融资交易平台，成为农民与市场对接、产业与运营链接的中介，盘活村集体闲置资源，吸引社会资本，壮大村集体经济，实现农业发展与农民增收。

3. 人才——推动城乡人才流动，创新人才引进制度

为了有效改变农村生产要素向城市单向流动的趋势，特别是乡村中青年、优质人才持续外流而导致的人才总量不足、结构失衡、素质偏低、老龄化严重等问题，必须着力推动人才要素的流动。首先，要营造尊重农村能人的氛围，在乡村营造"尊重劳动、尊重知识、尊重人才、尊重创造"的良好氛围，给各类人才提供发展空间和环境，才能吸引各类人才"回得来、留得住、做得好"；其次，加大返乡下乡人员创业支持力度，针对农村青年人开展创业教育和宣传，培养其开拓创新意识，围绕农业劳动力就业制定相应的财政、金融政策，壮大城乡融合人才服务队伍；最后，完善基础设施和创业条件，注重对返乡就业人员的权益保护，城市人才回乡后可享受农村要素的相关权益，为返乡下乡人员创业获取经济收益提供保障。

二、国内外典型乡村发展与治理模式案例

（一）荷兰阿姆斯特丹——城市中的"漂浮"农场

1. 主要做法

2018年，房地产公司Beladon在荷兰鹿特丹默威港（Merwehaven）建造的世界首个漂浮农场开业。该项目的工程师Peter van Wingerden于2012年首次想出漂浮农场的概念，那时飓风"桑迪"袭击了美国纽约，摧毁城市交通网络，货物很难送达，两天后商店生鲜农产品就出现严重的供应问题。Peter表示："看到飓风造成的破坏，我感到非常震惊，农产品生产需要适应气候变化，并尽可能靠近消费者。"

这座巨型船屋漂在海上，由两条走廊与陆地相连，它分为上中下3层，总面积约为900平方米。漂浮农场是一个自给自足的农场，顶层温室用来种植各种牧草，包括红菽草、紫苜蓿和其他植物，加工之后用作奶牛饲料；中层有铺着橡胶地板的牛厩区和高度自动化的挤奶区，奶牛们可以自由活动，也可以通过连接农场和陆地的斜坡通道到陆地上休憩；农场下层具有牛奶加工、排泄物收集、海水淡化的综合功能，实现农场所需能源自给自足。漂浮农场内采用智能机器人进行牛奶收集和粪污清理，自动补给奶牛所需的水或饲料等，最大限度节省人力成本。农场底部是由混凝土浇筑而成的浮动基座，不仅可以保证农场不受海水涨潮落潮的影响，如果移开四周固定的底桩，还可以随时把农场移动到别处的水面上。现在，漂浮农场还是当地的旅游观光景点，收取门票供游客参

[①] 冯兴元，鲍曙光，孙同全. 社会资本参与乡村振兴和农业农村现代化——基于扩展的威廉姆森经济治理分析框架[J]. 财经问题研究，2022（1）：3-13。

观,也生产和售卖酸奶和奶酪成品①。

2. 基本思路

通过缩短产品的运输距离来节省运输成本,由于奶牛农场离消费者不再遥远,中间运输环节大幅减少;创新解决传统农场耕地占用和易受气候变化影响的问题,形成集奶牛饲养、特色旅游为一体,兼具实用性与美观性,便于广泛推广与应用的新农场模式。

3. 创新之处

一是创新利用城市资源,缩短农产品和消费者间距离。农场的设计师说道,虽然海面上不是修建农场最理想的地方,但把农场建在居民区的旁边,拉近居民与健康食物之间的距离,实现"从农场到餐桌",既缩短产品运输距离,也减少了交通污染,可以保障人口密集的城市居民食物的可持续供给,从而持续生产更多农产品。

二是废料循环利用,实现可持续发展。漂浮农场的奶牛所吃的饲料中,80%以上是鹿特丹食品工业产生的废料,包括漂浮农场周围水域种植的浮萍、当地啤酒厂丢弃的谷物、餐馆和咖啡馆的剩饭、当地小麦加工厂的副产品;农场设有太阳能电池板为农场所有电器设施提供电能。

三是改变传统农业生产,积极应对气候变化。荷兰全境地势低洼,1/4 的土地低于海面,可耕地面积非常有限,加之随着全球气候变暖,海平面上涨将对荷兰造成巨大影响。荷兰是考虑海水上涨和采取应对措施最早的国家,以适应气候变化的方式在水上生产新鲜食物②。

(二) 德国韦亚恩——"我们希望成为乡村"

1. 主要做法

韦亚恩乡村靠近慕尼黑位于阿尔卑斯山脚下,交通便利、风景优美,深受度假者、投资者和私人建筑商的欢迎。20 世纪 60 年代,涌入大量外来人员,导致房地产价格迅速上涨,但基础设施的配套建设跟不上,工业园区的修建使得村民生活和工作分离,大大影响了当地村民生活。

在 1975 年《联邦空间秩序规划》和 1977—1980 年《未来投资计划》的影响下,韦亚恩政府开始进行有保留的村庄更新,在保留原有特色基础上整修房屋和强化基础设施,通过限制改造传统乡村的空间结构,保护乡村特色和乡村空间更新的延续性。在"城乡等值化"理念下,乡村地区的地位与城市地区更加平等,城市和乡村居民享有权利的差异逐渐缩小,规定联邦范围内所有居民,拥有在符合期望的距离内享有合理的住房、工作、公共服务设施以及合乎尊严的自然环境的权利。韦亚恩用 20 年时间完成了乡村更新、整合性乡村更新两个阶段,实现农村的可持续发展。海德堡大学地理学教授乌尔丽克·格哈德说道:"德国是一个城市化社会,城市和周围的乡村是一体的,人们

---

① 刘少才. 荷兰漂浮农场 [J]. 中国畜牧业, 2019 (21): 41-42。

② Partners R. Floating farm: Rotterdam is home to the world's first floating dairy farm [EB/OL]. https://en.rotterdampartners.nl/showcases/floating-farm-rotterdam/。

的生活方式几乎没有差别①。"

2. 基本思路

韦亚恩最早的乡村治理,联邦政府和州政府就把"区域经济的平衡发展"作为共同任务,实施城镇均衡化布局;最新提出的"整合性乡村更新"发展理念,以促进城乡整体均衡、协调发展为目标,将乡村区域中不适应城乡一体化发展的乡村进行必要的、有计划的,同时保留原有农村独特魅力的营建活动,加强农村基础设施建设,促进农业农村经济发展,提高村民生活水平,涉及的对象为乡村社会生活的各个方面,如农村居住社区、区域环境、基础设施、制度保障等②。

3. 创新之处

一是城镇均衡化布局。提出"城乡等值化"概念,将区域经济的平衡发展定位为联邦政府和州政府的共同任务,注重布局和发展"城镇网",发挥大城市边缘的基层小城镇在吸引人口、发挥辐射作用方面的能力,同时加强小城镇在住房、交通、教育医疗等基础设施建设方面的配套建设。

二是土地管理的有效运作。为优先考虑需要通过政府把农业土地转换为住宅土地,保证政府拥有充足土地储备,确保对土地销售和有效调控农村土地市场的控制,也为政府建设保障性住房创造了可能,保证韦亚恩土地供应可持续发展。此外,韦亚恩政府也出台保护原住民的相关土地政策,进一步控制外来移民。

三是高度的公众参与。韦亚恩整合性乡村更新的成功,离不开村民的积极参与。德国政府颁布的《整合性乡村地区发展框架》明确公民有权参与整个规划制定的过程,提出自己的建议与要求,加强村民与社区政府、专业机构、专业协会的沟通与交流,提高整合性乡村更新措施的被接受度和对村庄发展的认知度,调动村民参与乡村建设的积极性。为解决城市化导致的农村身份丢失这一主要问题,韦亚恩村民还提出了乡村—城市整合发展的共同发展愿景——"我们希望成为农村",使生活在韦亚恩更有归属感和自豪感。

(三)重庆——城乡要素双向流动

1. 主要做法

重庆市作为中国西部唯一的直辖市,是西部地区的交通和经济中心,以农村聚落结构为特征,城乡发展不平衡的问题显著。城镇常住居民人均可支配收入与农村地区差距较大,大量农村农民工向城市流动,导致城市住房供应压力增大;城市对农村带动效应不强,主城辖区面积小,农村与周边地区资源整合能力弱。2020年以来,重庆西部片区纳入国家城乡融合发展试验区布局,注重乡村的"人—地—业"融合发展,在地票制度、特色农业产业创建、农民工返乡创业等方面进行大量试点,在引导城乡关系良性

---

① Zech T. Urban and rural living: Facts about urbanisation and rural exodus [EB/OL]. https://www.deutschland.de/en/topic/life/urban-and-rural-living-facts-about-urbanisation-and-rural-exodus。

② 王克修. 德国城乡一体化均衡发展的启示 [EB/OL]. http://moment.rednet.cn/pc/content/2020/03/03/6831240.html。

发展方面取得了显著成效①。

为促进重庆中小城镇的发展,积极改善包括供水、农村公路等基础设施,提高区域间的连通性,提出"一圈两翼"发展战略。立足全市城镇体系现状和产业发展布局,重庆提出要在以主城区为核心、1小时通勤距离为半径的范围内,创造条件形成一个具有明显集聚效应、规模经济和竞争优势的城市群,带动渝东南、渝东北"两翼"地区发展。2022年重庆市规划建设"轨道上的都市区",采用TOD模式,即形成以公共交通为导向的城市发展模式,提倡在公共交通枢纽周边及沿线进行混合功能及高密度开发,通过城市公共交通与土地协同发展的模式,促进城市形态与空间的形成。2022年将统筹实施308公里城市轨道交通续建项目,力争运营里程突破500公里。

2. 基本思路

城市建设以城乡融合发展作为重要任务,以缩小城乡区域发展差距为目标,推动要素市场化配置,推进国家城乡融合发展试验区各项改革试验,推动城乡公共资源均衡配置,畅通阻碍城乡要素双向自由流动的"堵点",在乡村形成人才、土地、资金等要素的良性循环,形成城乡互补的融合型城乡关系。

3. 创新之处

一是优化轨道交通网络,发挥中心城市的"桥头堡"作用。重庆市利用城市轨道交通,带动城市—乡村经济,提升重庆对周边小城镇的辐射力,形成主城都市区发展的重要支撑和中心城区功能向东西南北四个方向传递的战略支点。此外,有力推进荣昌区、铜梁区、大足区、潼南区等地立足自身优势加快特色发展,发挥连接城乡、联动周边的桥头堡作用,在建的枢纽型站点——双堰站TOD项目秉承"生态化""园林化"理念,融合地域环境、人文文化和综合效益各要素,是集公交枢纽、居住、商务、商业于一体的区域地标综合体,成为都市里充满生机与活力的所在。

二是加强城乡产业协同联动,因地制宜发展都市农业和现代山地特色高效农业。重庆创建了柠檬、生猪、柑橘、榨菜4个国家级农业产业集群,以及万州、涪陵、江津、潼南等6个国家现代农业产业园。

三是完善农村资产抵押权能,吸引城市资本入乡。积极培育新兴市场主体,引导农村经营主体发展。截至2021年上半年,重庆市累计实现农村产权抵押融资1 696.5亿元,培育产业化龙头企业3 716家,建成44个市级农民工返乡创业园,吸纳返乡创业企业1 600余家,带动就业2.5万人。

(四)湖南省浔龙河——"城镇化的乡村、乡村式的城镇"

1. 主要做法

浔龙河生态艺术小镇是以湖南省长沙市长沙县果园镇浔龙河村14 700余亩原生山水资源为基础打造的城市近郊型特色小镇。2010年浔龙河村率先完成土地确权,明晰了土地产权。之后,村成立土地合作社,根据依法、自愿、有偿的原则,对村民土地进行

---

① 王成,代蕊莲,陈静,等. 乡村人居环境系统韧性的演变规律及其提升路径——以国家城乡融合发展试验区重庆西部片区为例[J]. 自然资源学报,2022,37(3):645-661。

集中流转后再统一流转给公司,推进农业的现代化、规模化经营。生态艺术小镇项目形成了以民生规划、生态规划、产业规划、建设规划、土地利用规划多规合一的规划体系。并以企业为主体,运用市场思维进行规划设计、资金运作、平台搭建等,因地制宜做强做特产业。浔龙河生态艺术小镇曾获新华社"民族品牌工程"入选企业、2018 中国特色小镇博览会优秀示范案例、2015 年中国城市化典型案例、国家 AAA 级旅游景区等。

2. 基本思路

"三集中":通过土地集中流转、环境集中治理、村民集中居住,实现村民的就地城镇化。"四产业":在"盘活乡村资源、促进民生改善"的理念下,形成"教育产业为核心、生态产业为基础、文旅产业为抓手、康养产业为配套"的特色产业整合发展的格局,推动农民致富增收,逐步实现乡村振兴。

3. 创新之处

一是开创城乡统筹发展的新模式。浔龙河生态艺术小镇按照"企业市场运作、政府推动和监督、基层组织参与决策、群众意愿充分表达"的建设模式,充分整合政府、市场和农村资源,使政府行政资源、项目资源、市场资本资源、人才资源,农村自然资源等要素得到最大限度地释放,激发农村发展的内在动力。

二是积极探索农村土地改革。浔龙河先后开展了土地确权、土地流转、土地增减挂钩和集体经营性建设用地同价同权试点等农村土地综合改革,实现了土地混合运营,逐步推进农村土地资源的资产化、资本化,提升农村土地价值,有效增加农民收入。

三是率先实施"多规合一"。形成了以民生规划、生态规划、产业规划、建设规划、土地利用规划"多规合一"的规划体系,形成规划之间的相互协调推进,做到了规划的可落地、可实施。

四是形成乡村产业发展的新格局。坚持企业主导,对资源进行统筹配置,充分研究市场需求,规划了具有比较优势、市场空间、就业吸纳能力、一、二、三产协调发展的完整产业体系,布局了生态产业、文化、教育、乡村旅游和乡村地产五大产业。

三、热区乡村发展与治理的经验借鉴

(一) 加强区域空间规划和布局,增强小城市的辐射能力

实现区域协调共同发展,促进城乡互济联动。借鉴德国通过空间规划和区域政策引导工业向小城市和镇布局,带动乡村地区发展的相关经验。促进不同类型地区优势互补、协调联动,加快构建具有地方特色优势的高质量区域经济布局,引导各市县走因地制宜差异化的高质量发展道路,切实推动建立健全县域区域协调发展机制,在畅通城乡经济循环中将县域经济作为重要抓手,发挥县城和中心镇的作用,与乡村进行功能衔接互补。加快完善先富带后富的帮扶机制和制度设计,更加注重向县乡布局建设基础设施、布局基本公共服务资源等,着力增强乡村内生发展动力;着力优化城镇化空间布局和形态,在基础设施投资、医疗和教育资源布局、土地指标分配等方面为热区小城镇发展创造条件,激活"小城市"和"镇"节点,发挥辐射和带动作用,为城乡融合发展

与热区乡村发展提供有效支点。

（二）尊重不同发展阶段的内在规律，适时调整策略与政策

德国作为工业化的先行者，经历了城市化的完整过程，在不同发展阶段面临的乡村发展问题不同，在城市化率达到70%前后，其应对策略和相应政策发生了较大变化。此前，主要以农业支持保护对冲农业比较效益下降，以基础设施和公共服务建设对冲城乡生活条件差异的扩大；此后，德国更加注重以空间规划和区域政策对冲城乡工业的效率差异，以生态环境和乡土文化对冲城乡生活繁华程度差异的扩大。

中国热区目前仍处在城镇化快速发展阶段，应坚定不移地推进以人为核心的新型城镇化，继续降低乡村人口总量和占比，注重改善乡村人口结构，让乡村能够留住和吸引一批年轻人，以增强乡村生机和活力；紧紧抓住热区产业振兴这个核心，为年轻人创造有足够吸引力的职业发展空间，同时也要改善农村人居环境、提高公共服务水平，让受到高等教育、具备专业技术水平的年轻人愿意在乡村长期生活[①]。

（三）提升热区乡村治理能力，构建城乡一体化的公共服务新格局

城乡生活条件差异悬殊是乡村不充分发展的突出表现，因此要以增强城乡公共服务能力和质量为发力点，保障高质量公共服务的供给，运用公共财政政策推动城乡一体化均衡发展。均衡城乡幼、小、中、老的基础教育资源配置；完善城乡能源通信、道路交通、垃圾处理、电气水利等基础设施建设；建立城乡医疗、失业、生育、养老、福利等社会保障机制；构建城乡影剧院、文化设施等多元服务文化体系。

（四）增强对自然环境变化的适应能力，实现可持续发展

近年来，由于气候变化引发的洪水、干旱等极端天气，造成我国南方多地农作物种植、水产养殖受灾情况严重，农户房屋受损。农业领域是重要的人为温室气体排放源。2022年中央一号文件提出，推动乡村振兴取得新进展，农业农村现代化迈出新步伐。推进农业农村领域碳达峰碳中和，是加快农业生态文明建设的重要内容，是落实乡村振兴战略的重要举措。首先，要大力推进热带农业绿色发展，加快科研投入，研发与推广低碳减排生产技术，在投入品减量、废弃物利用以及水、化肥等资源高效利用方面取得突破性进展，以适应我国热带农业的可持续发展需要；其次，优化产业结构，推进产业转型升级，以低碳带动热带农业绿色转型；最后，加强乡村清洁能源建设，提高电能在农村能源消费中的比重，因地制宜推动农村地区光伏、风电发展，推进农村生物质能源多元化利用，加快构建以可再生能源为基础的农村清洁能源利用体系。

总体而言，要有序实现城乡融合发展，应全面且客观看待当前城乡的经济、政治、文化、生态、环境等差异性发展需求，规划循序渐进的城乡融合发展模式和路径，注重城乡融合发展的系统性和协同性，实现整体与局部相统一。在规划城乡高效率融合发展的同时，还要保证经济的高质量发展，打破以破坏生态环境为代价的粗放型经济增长模

---

① 叶兴庆. 探索乡村振兴新思路——德国乡村振兴样板［EB/OL］. https：//new.qq.com/rain/a/20210915A03SEE00。

式，真正认识和把握社会经济发展和自然界客观规律，实现城乡关系的协调发展①。

第三节 文旅融合发展模式

一、文旅融合视域下乡村振兴的发展逻辑

(一) 乡村文旅融合与乡村振兴的关系

1. 乡村文旅融合的内在机制——农村文化与旅游发展的耦合机制

文化和旅游存在一种相互影响的关系，这种关系被称为耦合关系。"耦合效应"是指一种存在于两个或两个以上具有关联性的个体之间的增力现象。乡村文化与乡村旅游存在着互为影响互相促进的关系，必然产生"耦合效应"。技术、产品、市场的相互作用，必然推动文化产业与旅游产业的耦合，从而实现两个产业之间的高度融合②。

农村文化与旅游耦合基础理论分析认为，"社会互动"促进耦合进程。旅游是一种社会文化现象，美国著名社会学家霍曼斯（Homans）提出的"社会互动理论"是深度分析文化和旅游耦合问题的基础。该理论认为，生活中的人在处理同他人的关系中，受其得到的酬赏或效用的需要的驱使而彼此交换资源；人类的一切互动行为是为了追求利益的最大化和满足人类的需求，其核心是人类自身。农村文化和旅游要顺利耦合，需协调农村村民关系，必须让村民从文化旅游发展中得到实惠，乡村建设得到有力推动和全面发展，乡村文旅融合才能实现可持续发展。"社会互动"是保障耦合过程顺利进行的前提和纽带，乡村文化和乡村旅游互动耦合的最佳状态是文化和旅游产业的互相促进、共同发展，从而创造出各类具有鲜明乡土气息的农业文化旅游产品和市场③。

2. 文旅融合引导乡村振兴的互动逻辑

（1）文旅融合助推乡村振兴的机制

文旅融合通过资源、产业与功能路径助推乡村振兴。文旅的融合发展优化了村民生计、乡村空间、社会结构的调整布局，提升了乡村资源要素价值和乡村功能，采取各种方式、路径、机制助推乡村振兴。与此同时，推进文旅融合也不能操之过急，必须把文旅融合发展与乡村振兴实际相结合。

（2）乡村振兴对文旅融合的反馈作用

乡村振兴的深入推进也进一步促进了人们对文化和旅游新的市场需求，促进了文化旅游的深层次融合发展。广大农村居民的文旅需求将得到释放，城乡功能互补性增强，

---

① 洪嘉嘉，王爱云. 乡村振兴视域下的城乡融合发展 [J]. 农村经济与科技，2021，32（23）：269-271。

② 尹奎. 以社会学理论探索农村文化和旅游耦合的产品模式 [J]. 农业经济，2018（8）：42-43。

③ 周刚，徐燕. 社会学视角下农村文化与旅游耦合发展机制与模式研究——以中原地区为例 [J]. 湖北社会科学，2017（7）：47-51。

壮大了文旅融合的市场需求，乡村发展功能的培育与强化也将为文旅融合创造发展条件[1]。

(二) 国内乡村文旅融合发展中存在的问题

1. 重视程度不够，缺乏整体设计发展理念

对乡村文旅融合可持续性发展仍不够重视，顶层设计缺乏整体发展理念。农文旅融合发展缺乏理论支撑，缺乏合理有效的规划，市场定位不准确，特色资源禀赋无法形成合力，规模偏小、业态单一，地方政府和村民普遍思想意识跟不上，缺乏主观能动性，难以为乡村振兴和可持续发展助力。

2. 政策支持缺乏，政策体系尚不健全

欠缺完整的政策体系，乡村文化旅游配套政策有待健全。在财政支持方面，农文旅发展财政投入和配套工作明显滞后，导致贷款融资难、渠道窄，跨区域的金融交易难、投资主体单一。在多元参与方面，农民经营者与社会投资者的关系定位不够准确，二者关系协调困难，边界厘清需政策加持。在利益分配方面，现有村镇土地的征收或租用制度还不是很完善，部分经营农户对利益分配产生一定的想法，影响乡村文旅融合的顺畅进行。

3. 基础设施滞后，资源开发深度不够

乡村的公共设施和服务相对落后，资源开发程度低，乡村尽管拥有与城市差别化的美丽生态环境与质朴的文化习俗，但自然资源没有转换成经济优势，独特的农村文化资源没有得到相当程度的开发和利用，变成特色旅游项目来创造更大的价值。

4. 文创同质化严重，产业链条短

乡土文化受城市的冲击正在逐渐放弃或淡化自己的文化和价值观，文化底蕴在缓缓流失，"古"味慢慢被现代感取而代之，正在被同质化。不少地方为尽快获得"红利"不思创新开拓，而是盲目复制和照搬成功的发展模式，进而造成"千村一面"的雷同现象。乡村文旅融合产业链条短、产品设计创意不足、特色不明显、同质化问题突出。

5. 劳动力空心化，创新型人才缺乏

乡村文化旅游发展人才严重短缺，乡村旅游从业者多数循规蹈矩，亟须引进新型人才，对专业人员不够重视，缺乏系统的培训体系，人员流失性大。如何吸引、使用人才是成功留住旅游创新型人才的关键，可为促进乡村文旅融合提供扎实根基。

(三) 乡村文旅融合发展的路径分析

1. 理念——明确定位，合理规划

乡村文旅融合发展除了需要各产业要素之间的密切协作外，还需要全社会多元主体的共同参与和积极推动。政府在乡村文旅发展中要发挥指引、调控、服务与监督的作用，树立竞争有序的市场环境，为经营者和消费者打造全方位的公共服务体系，提供多元的公共服务产品。要充分调动其他社会主体共同参与到乡村文旅产业各环节中，从而

---

[1] 龙井然，杜姗姗，张景秋. 文旅融合导向下的乡村振兴发展机制与模式[J]. 经济地理，2021，41 (7)：222-230。

实现产业深度融合下的产品、模式、业态创新。要分类推进乡村振兴规划，着眼长远目标，升级产业结构；挖掘特色资源，开展试点创新，带动文旅融合发展。要充分发挥农村社会自治组织的作用，加强农村文旅产业规范化建设。

2. 体制机制——政策扶持，制度创新

促使乡村文化旅游深层融合发展，要增强政策扶持，规范产业政策，重视地域文化要素，统筹生态农业与文化旅游整体开发，对文旅资源实施系统梳理、科学规划。充分发挥文化和旅游部[①]的文旅资源统筹协调能力，全面指导推进乡村文旅融合发展，打破管理机制上的条块分割，实现资源、政策上的互通共享，并从政策和资金方面完善配套措施和投融资渠道。打造乡村文旅建设保障机制和市场运作机制，积极推进数字化、智能化在文旅融合发展中的运用，形成文化传播传承和旅游价值增收的良性循环和良性竞争环境，构建多元主体互利共惠的市场机制。构建现代创新体系，依靠国家支持、企业营销、公众参与、科技平台等途径来完善经营制度。完善乡村文化旅游法治建设的政策法规和制度体系，提高村民法治观念和维权意识，推动乡村振兴和农业现代化的发展。

3. 产业——产业多元，品牌和数字化建设

以消费为导向，创新文旅产品，以满足消费者个性化、多样化消费需求。以主题特色化、产品极致化、功能复合化为出发点，不断形成涵盖广泛的文旅产品体系，同时推动大数据、人工智能等新科技的融合，不断创造新产品和新业态，延长文旅体验的产业价值链。发展现代农业，通过延伸农业产业链、实现品牌化、打造数字化，形成高效特色产业集群和现代农业产业园。践行生态可持续理念，促进全域农文旅融合，合理规划产业体系，依托人文和生态资源，打造特色精品旅游，实现乡村联动化与品牌化，提升品牌质量，推动乡村文化旅游循环可持续发展。在以乡村文旅融合助推乡村振兴的同时，要注意发掘乡村本地特色优势，避免产品同质化问题。

4. 人才——尊重人才，厚植人才

尊重人的主体性，发挥人才的推动力。要打破城乡二元结构，制定向乡村倾斜的合理经济政策；要科学规划人才市场定价机制和文化产权保护机制，让乡村成为聚集人才的洼地；厚植人才发展战略，关心民生问题，激活内生动力；让乡村变成"留得住的乡愁"，运用亲情、乡情手段，介绍家乡变化，实施"乡贤回归"工程，吸引成功的外出经商务工人员建设家乡。对村民实施科学教育，提升文明素质和道德水平，学习现代科技，建立文旅融合发展的人才培养规制，大力培养本地文旅高素质人才，积极引进专业精英，为乡村文旅融合提供高素质人才储备。

二、国内外典型案例分析

（一）西班牙：特色主题文化融入模式——"蓝精灵村"胡斯卡小镇

1. 背景情况

西班牙的胡斯卡（Juzcar）小镇，总面积34平方公里，人口总量约为250人，处于

---

① 中华人民共和国文化和旅游部，全书简称文化和旅游部。

大西洋和地中海的交汇点,年日照天数超过 300 天,为避炎热,"白墙红瓦"成了房屋的统一模式。因地处偏僻且无独特旅游资源,小镇年接待游客量不超过 300 人。2011 年,索尼公司出品 3D 动画片蓝精灵(The Smurfs)给盛产蘑菇的胡斯卡小镇带来发展转机,极具优势的生态条件与本地特色美食的结合,再通过蓝色油漆的涂抹,让这座普通的小镇成为电影的宣传基地,转变为世界唯一被官方授权的"蓝精灵村"。在童话小镇主题的宣传下,政府与当地居民巧用镇中特色的场景和丰富的活动带动文旅产业盛况发展,每日平均有 250 人来当地参观,火热时期平均每个周末有 2 000 多人到来。

2. 主要做法

(1) 民主决策树立特色主题

索尼公司将房子粉刷成蓝色,居民享受小镇的变化及"蓝精灵家园"荣誉,民主投票保留蓝色房屋面貌,主动参与墙面美化,自行在墙面上创造不同的蓝精灵形象,让游客身临其境,从此开启了特色主题为导向的全新文化旅游发展之路。

(2) 场景全息打造文化 IP

精心设计小镇推广标识,结合蓝精灵和蘑菇的形象,运用蓝精灵"蓝",烘托特色主题和特色资源;推出"蓝精灵村"旅游地图,贴心标注场所(包含主题壁画雕塑)的位置;统一用蓝精灵形象设计指示系统和公共设施,增加童话形象与小镇环境的契合度;融合蓝精灵主题进行全域涂鸦,创作出表情各异的小蓝精灵便于游客摆拍;扮演"行动中"的蓝精灵雕塑,与游客合影留念。

(3) 紧扣定位实现功能多样化

延伸产业发展,规划多样化功能区,设计、举办各类特色主题活动:推出蓝精灵主题酒店,发展特色民宿;规划创意蓝精灵集市,售卖蓝精灵玩偶等各类周边产品与当地特产,延伸产业链;在电影上映期间推出"蓝精灵探险之旅"(Aventura Pitufa),不定期开办蓝精灵花车游行、蓝精灵嘉年华等主题活动,将"观光"转变为"体验",打造沉浸式文化旅游。与此同时,胡斯卡小镇将传统节日活动进行童话包装,在传统蘑菇节期间,通过专家讲解、举办摄影大赛等来传播蘑菇相关知识,促进文旅融合。

(二)美国:"特色产业+文旅融合"模式——纳帕谷小镇

1. 背景情况

纳帕谷(Napa Valley)位于美国加利福尼亚州的纳帕市(City of Napa),包含 8 个小镇,是一块 30 多英里①长,占地 45 000 英亩②的狭长区域。天然条件优越,全年气候温和,光照充足,早晚温差大,雨量较少,土壤富含多种矿物质,是酒中佳酿的标志。从 19 世纪起,纳帕谷便以传统葡萄种植业和酿酒业作为主打产业,如今已成为世界出名的红酒之乡,葡萄总种植面积约 18 600 公顷,以葡萄酒庄而闻名,逐步聚集形成含品酒美食、休闲养生、运动娱乐,以及会议等商务活动为一体的"特色产业+文旅融合"乡村休闲文旅小镇集群。特别值得借鉴的是,8 个小镇均定位独特,发展互不冲突,形成了特色差异化发展,游客数量每年已达 500 万人次,为当地带来的旅游收益超 6 亿美

---

① 1 英里≈1.609 千米。
② 1 英亩≈4 046.86 平方米。

元,贡献了2万多个工作岗位。

2. 主要做法

(1) 发挥龙头企业的驱动作用

纳帕谷葡萄酒产业至今已有170多年的历史,其中,纳帕谷鹿跃酒窖在1976年的巴黎葡萄酒品鉴大会中以1973年的赤霞珠葡萄酒打败了其他顶级酒庄,从此被公认为世界特级葡萄酒品牌,跻身为世界顶级酒庄,开辟了美国红酒"新世界"。依托该龙头酒窖,本地葡萄酒产业迅速发展,已成为美国酒文化的代名词和游览胜地。

(2) 加强原产地认证品牌保护

纳帕谷红酒之所以成名,取决于始终严格保护葡萄酒品牌,切实提升产品质量,并在葡萄酒生产方面高度注重产学研一体化发展与应用。一方面,本地酒商为保证产品质量而自行控制葡萄产量,地区葡萄酒总产量仅占整个加利福尼亚州葡萄酒产量的4%,产值占比却高达1/3;另一方面,国家立法有力保护产品品牌,2000年美国国家立法规定正式实施AVA产区制度,凡标志为纳帕谷品牌的酒,所用葡萄必须全部产自纳帕谷,在该制度的保护下,逐渐形成葡萄酒全产业链,为后续一、二、三产业融合打下坚实基础。

(3) 产业融合形成典型业态

纳帕谷不断增加产品附加值,以葡萄酒种植和酿造加工构建一、二产业基础,以文旅融合引导三产业多业态融合发展,逐渐形成葡萄产销、游览、展会等全产业链,成为世界顶级葡萄酒小镇集群。为实现差异化发展,当地政府及行业管理部门综合各镇的资源和现状,针对8个小镇制定了各具特色的发展规划,打造体育运动、温泉养生、商业艺术等主题产业,避免同质化竞争,对接葡萄酒主产业,形成"葡萄酒+"的三产融合产业体系,共筑体验型乡村休闲文旅融合联合体。政企合作成立旅游业提升区(TID),成立非营利组织"纳帕郡旅游公司"进行统一管理、项目融资、招商引资及旅游宣传推广①。

(三) 日本:传统文化复兴模式——合掌村(白川乡与五个山)

1. 背景情况

白川乡与五个山的合掌村落(白川郷·五个山の合掌造り集落),分别位于日本岐阜县大野郡白川村和富山县南砺市地区,包括白川乡的荻町、五个山的相仓和菅沼3个村落,距今已有400多年的历史。因本地有着呈"人"字形,如同双手合十一般的茅草屋顶特色民宅,冬天的景色犹如置身于童话故事中情境一般,被誉为"冬日的童话村",于1995年被联合国教育、科学及文化组织列为世界文化遗产。在全域旅游理念下,当地居民与政府充分利用保护完好的传统建筑与优美的自然环境,通过打造不同的文化场景与丰富的文娱活动,带领游客探寻古老日本的生态之美,是传统文化与现代旅游融合的典范。

---

① PPP服务平台案例分析. 美国最成功的农业特色小镇集群——纳帕谷 [EB/OL]. https://www.chinappp.cn/newscenter/newsdetailanalysis_17907.html。

2. 主要做法

（1）保护独有自然环境与原生态建筑

高度重视原生建筑的保护并制定严格开发标准。政府成立合掌建筑群修复委员会，与企业联合建立自然环境保护基地，通过丰富观赏和体验内容，让游客树立环保理念；村民自发成立"合掌村集落自然保护协会"，制定《住民宪法》，规定村庄建筑、土地、耕地、山林、树木"三不原则"；制定《景观保护基准》，以保护山村的自然形态原状。

（2）挖掘乡土文化，发展观光旅游

合掌村包含民居保护、民俗观光、民宿生态体验等完整的观光产业链。合掌村充分挖掘传统民俗文化，开发传统文化资源，举办"浊酒节""亮灯节"、传统民谣歌谣表演等多种体验型活动；开发改造特色民宿与特产，并提供以特定农作或生活文化为主题的体验项目，如农耕体验、加工体验（做豆腐、捏寿司）、工艺体验（押花、捏陶）等；积极搭建寺庙、美术馆、博物馆、乡土商业街等，打造家园民俗博物馆，还原当地古老历史原状。

（3）营造生态景观，满足现代人的需求

积极营造不同的生态景观。精心将大花园、瀑布、水车、小溪、汀步、竹林、景石、花坛、座椅等各种自然元素穿插于村庄中，巧妙结合现代人追求时尚的理念，以植物花草为装饰元素，设计出美丽生态空间，令游客流连忘返。

（4）产业协同发展

传统农业、生态旅游、民俗文化协同发展。制定了农业发展方向和政策的 5 年计划，涵盖各类农作物种植和家禽养殖等。推进当地农副产品及加工的健康食品与旅游观光直接挂钩，引导游客品尝并购买有机农产品[①]。

（四）江苏、云南、浙江：乡村"智慧文旅"模式

1. 背景情况

依托数字科技，为文旅融合插上"智慧"的翅膀，"智慧文旅"方兴未艾。

江苏南京浦口区全域旅游资源的 80% 为乡村旅游，浦口通过打造智慧旅游平台，着力解决智慧产品应用、服务效能提升、数字化推广等问题，实现了与市场化数字平台、App 功能错位发展。

云南大理剑川县的文旅产业正在向"智慧文旅"过渡。剑川县把所有景区景点都接到"一部手机游云南"平台，并全面完善提升平台功能，实现游客吃、住、行、游、购、娱的全面智慧化，成功打造 5G 小镇。

浙江湖州安吉县建设旅游大数据工程，广泛收集各业态数据，精准调配文旅资源，促进当地旅游管理升级，在文化、体育、旅游方面进行智慧化整体提升，并积极加入首批数字化改革智慧文旅应用场景。

---

① 顾小玲. 农村生态建筑与自然环境的保护与利用——以日本岐阜县白川乡合掌村的景观开发为例 [J]. 建筑与文化，2013（3）：91-92。

2. 主要做法

(1) 数字科技驱动产品业态创新

依托数字科技，积极打造文旅新产品、新业态，实现乡村传统文化和旅游资源创意表达，引领互动体验、深度参与等旅游方式发展。

以"浦口游园会"为主题的南京浦口文创展，让文旅以创意的方式丰富和滋润人们的现代生活，并策划开发了"品艺中国"专业书画媒体内容电商平台。

云南剑川着力打造沙溪茶马古道文化旅游小镇核心区智慧建设，通过 VR 技术展现太子会、火把节、本土节等民俗文化和剑川白曲、霸王鞭等非物质文化遗产。

浙江安吉 5G 技术通过数字化转型整合各类文旅数字资源，推出形式众多和品质优良的线上"云游"产品，游客足不出户就可以体验"沉浸式游览"。

(2) 数字科技助力服务提档升级

传统旅游与数字科技"嫁接"，提升游客安全感、舒适度、满意度。

南京浦口全域旅游大数据中心实时调度处理游客投诉和应急指挥，乐游浦口小程序和文化浦口云平台为游客提供多种实用功能。

云南剑川针对游客的线路安排、景区预约等都在智慧文旅平台上完成。借助智慧文旅平台与游客交流互动，根据游客需求推出旅游产品。

浙江安吉启用两个智慧化应用场景。一个是旅游智慧停车引导应用，游客可实时远程了解车位情况，为错峰旅游和快速停车提供服务。另一个是全县旅游企业风险管控平台，随时掌握景区的实时动态。

(3) 数字科技促进文旅产业"增收"

依托智慧平台，经营者可及时了解与掌握市场供需状况，消费者可随时随地对产品追根溯源、主张诉求，同时随着平台动态信息的不断更新，快速造就了一个接一个的网红打卡地。

"浦口区智慧旅游大数据中心"清晰掌握区域内各景区客流，并在不同季节进行不同景点推荐，为景区运营精准指南。

在剑川，旅游旺季松茸、火腿等地方特色商品供不应求，依托智慧平台，能科学高效地解决供需矛盾，让农民切实提高收益。

安吉"智慧文旅"提高了游客量，为村民提供就业岗位，老百姓靠旅游在家门口致富。

(五) 贵州遵义市团结村：农文旅一体发展模式

1. 背景情况

位于贵州省遵义市播州区平正仡佬族乡的团结村，是贵州省级深度贫困村之一，因为交通闭塞、产业缺乏，全村 1 500 多户村民中约 1/3 都是建卡贫困户，大多数年轻人选择背井离乡外出务工，村子里留守的都是老年人与小孩，贫困户人均年收入不足 3 300 元。2017 年，在党和政府的扶贫帮困政策及驻点企业的大力支持下，结合自身资源状况，通过农文旅一体发展，深度贫困的团结村迎来了巨变，至 2019 年年末，团结村人均可支配收入达 10 795 元，贫困户 455 户 1 762 人全部脱贫，小康实现程度达 99.32%，并在当年被列入第一批全国乡村旅游重点村名录。

2. 主要做法

（1）深耕现代农业产业

在驻点企业支持下，村里组建了贵州大发农业发展有限公司。因地制宜，深入挖掘村特色优质资源，采取"公司+农户"或"公司+合作社+社员"等合作模式，设立养殖、种植合作社，带动村民养猪、养牛、养蜂、种树、种油菜、种大米、种蔬菜，村民负责参与种植养殖，公司提供现代农业技术支持、销售渠道及平台推广等，发展以"猪、蜂、稻、油"为主线的现代农业。同时，依托市场打造特色农业扶贫品牌，明确"品牌兴农、品牌强农、品牌富农"的发展理念，经历差别化养殖、精细化种植，对标高质量的产品深加工，团结村逐步打响了自己的特色品牌"乐耕甜"，积极对外推出自己的优势农产品，全力推进与文化、旅游、培训教育、健康养老等产业的深度融合。

（2）振兴地方文化特色

团结村地处历史红色文化名城——遵义，周围群山环抱、山峦葱茏，厚重的红色印记深植于这片广袤大地上。同时这里也诞生了一位全国道德模范、时代楷模——黄大发，作为2017年度感动中国人物，老支书黄大发历经36年带领村民修建"天渠"的感人事迹改写了团结村的历史，渠水绕山、穿壁、涉崖，7 200米主渠，2 200米支渠，蜿蜒流淌进绿油油的稻田，灌溉着这一方土地，养育着这一方人。现在，"大发精神"已经成为团结村的精神支柱和文化灵魂，大发渠也被列为贵州省爱国主义教育基地。

（3）拓宽旅游发展路径

团结村紧扣定位确立产业发展方向，依托大发渠红色文化、本地的乡土田园风光、绿色生态农特产品、仡佬族文化，精心打造农旅文高度融合的旅游休闲田园综合体。村里开办了游客运营中心、星空酒店和露营基地，搭建了一批特色民宿餐饮，创新性打造了农场体验、农夫集市、农耕研学、科普天地等系列体验活动，开发了生态食品、特色养殖等观光农业。乡村观光、露营漂流、生态餐饮、亲子活动、特色民宿共同构成了休闲旅游业的完整产业链，乡村文旅融合发展彻底改变了团结村的面貌，实现了从无到有、从贫困山村向度假胜地的巨大转变。2019年大发渠成功晋升为国家AAA级旅游景区。在这里游玩，随时随地都能感受到青山绿水和浓浓乡愁，团结村已成为大山深处的一片世外桃源①。

三、促进热区乡村振兴的经验借鉴

我国热区资源丰厚、生态宜人、民风淳朴，热区乡村遍地都是大有可为之处，随着乡村振兴的有序推进，在文旅融合方面，其发展可充分借鉴国内外优秀发展模式，重点做好优势产业、文化的文章，助推乡村农文旅融合发展，同主题文化、特色产业、智慧数字科技和生态、传统文化为核心的特色发展模式发生"化学反应"，挖掘资源优势，促进地方生态文化等资源朝着资产化与产业化方向健康可持续发展，深度推动乡村地区文化和旅游融合发展，为振兴热区乡村提供有益借鉴。

---

① 柴智. 乡村振兴背景下农文旅融合发展探析——以遵义市团结村为例［J］. 农村经济与科技，2021，32（18）：183-184。

(一) 巧于借力抓机遇，打造特色主题文化提影响

类似胡斯卡，西班牙有许多不同风情的特色文化型小镇，它们抢抓时代机遇，不断拓展文化 IP，发展成典型"影视 IP+旅游小镇"模式和成功样本，是我国热区发展的重要借鉴来源。发展重点在于要顺应时代而为，紧紧抓住文化领域的各类宣传推广机遇，找准乡村发展定位；另外，以主题文化实现差异化发展，将整个村庄注入文化元素，实现场景全息化，快速转变塑造新形象，结合本地已有的产业打造"文化+产业"的优势融合产品，科学设计相关特色主题活动、节日，并合理布局民宿、商业街等产业，促进文化为产业发展、旅游引流提质增效，规划形成更多富有热区特色的主题文化村落。

(二) 特色产业领发展，产区变景区追求品牌化

由于天然的地形和气候优势，美国纳帕谷区域历经三个阶段的发展历程，以葡萄产业品牌化享誉全球，并加强产业融合，成功打造农业类特色小镇，树立了发展典范。当前我国乡村振兴的方针之一便是产业兴旺，以纳帕谷为鉴，热区乡村应坚定不移朝着中央一号文件部署方向发展，实施乡村休闲旅游提升计划，持续推进农村一、二、三产业融合发展，重点发展农产品加工、乡村休闲旅游等产业。吸取过往经验教训，贯彻"一村一品"发展路径，现代化升级改造各村庄的优势产业，设计独具特色的文旅项目，避免产品同质化；严控质量大关，转型升级促进产业高质量发展，树立良好的口碑和品牌；在第一产业种植生产和第二产业加工的精益求精基础上，逐步形成"产业+"的特色体系，产区变景区，完善产业的季节性弊端，推行全域旅游，深度开发不同的文旅产品，如此产业与文化旅游的互补模式将景观资源有效转为经济资源，为后续乡村发展增添有力支撑。

(三) 挖掘资源聚优势，延伸价值链升级产业

被列入世界文化遗产的日本合掌村落，以传统建筑风格展示日本文化，开发乡村观光产业；历史文化名城贵州团结村，利用深厚红色文化凝聚精神，振兴农文旅一体化发展。两地皆努力挖掘自身资源，转变发展思路，利用乡土传统文化融合创意文旅产品，既保护传统文化与生态环境，又促进了乡村发展的现代化转型。

中国热区多分布少数民族，传统文化历史悠久，生态资源优渥，在合掌村与桃米村的案例中，可积极汲取经验。当地政府出台严格制度重点保护独有的自然环境与原生态环境，并大力发动村民、企业、社会团体参与其中，树立家园意识；把挖掘的独有乡土文化资源作为合理开发传统文化、生态观光旅游之本，与时俱进营造生态景观，并促进产业协同，发展民俗观光、生态旅游、传统农业与民宿生态体验等完整观光链。

(四) 数字科技强助力，"智慧文旅"促进全面转型

依托数字技术，江苏省南京市浦口区、云南省大理市剑川县和浙江省湖州市安吉县"智慧文旅"发展在前，昭示着在热区乡村，"智慧文旅"发展同样大有可为。应加强政府主导，社会多元主体积极参与；应加强数据收集、文旅消费对接精准化，加强大数据采集、挖掘和利用，分析大众文旅消费偏好，实现文旅消费供给侧和需求端精准对接；应注重大数据应用、文旅消费产品多元化，利用数字技术有效匹配消费需求与服务

内容，并制定个性化营销策略，不断搭建文化消费新场景与模式，为游客带来更为自主与便利的文化消费体验；应坚持服务主导、文旅消费体验智慧化，聚焦文化旅游产业数字化转型目标，运用数据优化游客体验，探索更新颖的文旅服务，提升旅客文化旅游的趣味性与体验感。

第四节　农村金融发展模式

一、农村金融发展规律

农村金融的发展建立在城乡二元经济体制的基础上，是国家促进农业现代化发展的重要抓手。通过对城乡金融资源的募集、结算和统筹，实现资金的合理配置，进而形成功能较为完备的农村金融体系。

中国农村金融改革与宏观经济政策变迁呈现出相同的历史发展脉络，为"三农"发展和经济社会转型提供了有力支撑。改革开放后，历经40多年发展，农村金融服务体系建设取得突破性进展，构成了以银行、保险为主的多层次金融服务体系，涉农信贷和农户融资覆盖面进一步扩大，产品研发和服务创新不断涌现[①]，在农业农村转型升级过程中，继续发挥着独特的杠杆作用。随着全面建成小康社会和脱贫攻坚目标实现，中国"三农"工作的重点将逐步由脱贫攻坚转移到全面实施乡村振兴战略上来，农村金融将发挥自身作用，进一步缓解农村融资困境，推动价格合理、方便快捷、功能全面的金融服务向农村地区纵深开展并实现金融的普惠性发展[②]。

（一）基本原理

1. 农业信贷补贴理论

农业信贷补贴理论着重强调政策干预对农村金融的影响。该理论从先供后需的角度出发，通过政策性银行、商业银行及合作社，为农村贫困者提供政策性低息目标性信贷供给，重点缓解农村的广泛贫困现象及高利率的非正规金融。利用助农性非营利金融机构，帮助贫困农户获得生产资金。该理论有两个主要的局限性：一是过度的政策干预可能抑制正常的金融市场环境，导致农村资金供给下降。二是过低的贷款利率和过高的贷款违约使该政策在执行过程中具有较大的不稳定性。

2. 农村金融市场理论

农村金融市场理论强调在利率市场化、金融机构可持续运转和信贷成本不断降低背景下，实现资金的最优配置。对政策性低息贷款的目标制定、取消补贴性的农村贷款持

---

① 温涛，何茜. 中国农村金融改革的历史方位与现实选择 [J]. 财经问题研究，2020 (5)：3-12。
② 王小华，杨玉琪，程露. 新发展阶段农村金融服务乡村振兴战略：问题与解决方案 [J]. 西南大学学报（社会科学版），2021，47 (6)：41-50。

保留观点，支持并引导农村局部民间金融的开展。该理论的不足表现为政策的推出提高了商业银行对农村贷款的要求，造成农村地区农户的金融需求及供给骤降，从而加剧了农村资金流失。

3. 不完全竞争市场理论

该理论认为农村金融市场是一个不完全竞争市场，政府对政策性金融的监管存在盲点。财政负担、信息成本也是导致市场失灵的因素，无法构建更加完善的农村金融市场。该理论认为在合理的制度控制下，利用政府职能来补充市场化的缺陷。提倡压低存款利率，降低融资成本；在保证银行的可持续性条件下，适当实行政策性金融补充。

4. 新兴微金融范式论

新兴微金融范式论是指为实现金融机构的可持续性运作而使用的一切技术手段、制度理念。逐渐提高服务的渗透力，是金融系统的一种观点。该理论认为金融服务是整个金融体系运行的一部分，不应该过度干预控制金融的自身作用能力，使金融具有推动经济建设，促进金融功能完备，推进市场发展，开发金融市场对资金要素配置和风险控制的优势。主张限制政府的直接干预，重视金融系统的政策、法律人力资源环境建设和多方延伸金融服务项目[①]。

（二）农村金融发展存在问题

1. 经济基础薄弱

农业在"三产"中仍处于较为弱势的地位。一方面，农村金融存在成本较高、风险较大、收益率较低等问题；另一方面，小农经济的集约化程度和科技含量水平较低，农村金融总体发展面临较为严峻的形势。与此同时，城市的高速发展会对农村资金产生"虹吸效应"，使得农村金融体系更加脆弱，对于农村整体经济发展的支撑缺乏可持续性。

2. 功能缺失

国际农业发展基金研究显示，中国农村金融机构仅仅覆盖了约20%的农户，80%的农户尚未利用金融工具直接或间接提升农业生产效率。农村金融机构在发展的过程中存在资金、制度、人才、产品、管理、技术、产权等多方面的问题，无法有效满足农户对小额信贷与农业保险的产品需求，农村发展的金融支持能力有待进一步提升。

3. 运行机制有待完善

农业金融主要服务对象是农户，服务场所在农村。随着业务场景的逐渐下沉，受地方政府的重视程度、从业人员的素质等因素的影响，存在运行机制不完善的情况。尤其是县级以下政府对农村金融生态建设重视程度普遍较低，缺乏沟通协调机制，对于农村金融体系的发展形成制约。

4. 农村信用环境建设滞后

农村信用环境建设是农村金融发展的基础。由于农户受教育程度普遍较低，一部分农户在借用资金时就有了"借钱不还"的想法，另一部分农户借用资金发展产业，由

---

① 何广文. 农村金融学［M］. 北京：中国农业大学出版社，2011。

于对于金融风险估计不足,一旦遭遇损失将无力偿还贷款,抗风险能力较弱。农村信用环境建设滞后,使得农村金融生态环境进一步恶化,形成恶性循环。

5. 农村法治环境有待提高

农村法治体系不健全、不规范。一方面,农户法律意识淡薄,信用风险突出,对于违约带来的法律风险认识不足;另一方面,有关部门对于农户失信存在执法难、执法效率低等问题,农村金融系统利润率低,不良贷款率高,农村金融资金更愿意流向风险小、利润高的第二产业和第三产业。

二、国内外农村金融体制案例

(一) 国外农村金融体制

1. 美国:综合型农村金融生态体制

美国是农产品出口大国,农业从业人员却只占总人口的3%。美国发达的农业离不开本国农村金融体制的支持,而完善的法律保障为金融体制的进一步发展奠定了坚实的基础。美国的金融投资体制建立在政府、市场、企业、农户4个主体之上,通过其不同的分工,统筹配套,形成较为完善的农村金融体系。

(1) 信贷体系

美国的农村信贷体系由政府主导,企业和农户根据市场变化自行选择有利于生产的金融产品。信贷方式主要有3种,分别为商业信贷、合作社信贷、政策信贷。其中,商业信贷主要由社区银行开展。社区银行对于开展农业信贷业务态度积极,原因是如果农业贷款占贷款总额的25%以上,银行将获得税收优惠[①]。合作信贷分别由联邦土地银行、联邦中期信贷银行系统、合作社银行提供。联邦土地信贷主要开展土地抵押贷款,提供长期资金支持;联邦中期信贷银行业务主要覆盖中短期贷款;合作社信贷主要针对农业机器、农业消耗品等生产资料提供贷款。通过对农业生产过程资金的全覆盖,激发银行和农户的积极性,促进本国农业快速有效发展。政策性信贷主要由国家提供,一方面,通过制定政策引导商品信贷公司为农业生产提供政策性信贷支持,建立有竞争力的农产品市场;另一方面,政府积极介入本国农业基础设施建设,通过农业电气化管理局落实具体项目,以组建农村电网、完善通信设施为抓手,提升农村电气化水平。

(2) 保险体系

美国的农业保险机构主要分为政策性保险机构和商业性保险机构。政策性保险机构主要指联邦保险公司。该公司负责制定保险条款,规范保险行业准则。同时政策性保险机构还为商业保险机构提供再保险服务,进一步分散风险。商业性保险机构主要包括私营保险公司和农作物保险代理人两个主体。其中,私营保险公司直接面向农户提供具体商业保险品种,保险代理人主要负责保险售后工作,及时评估农户遭受的损失,并提供合同保障。一些保险公司同时承担发放农业贷款的产品,为农业企业或个人提供更多的

---

① 徐明凡,刘海宁. 我国农村信贷与农村经济发展的实证分析——基于与美国农村金融体制的比较[J]. 兰州学刊,2013(8):132-137。

资金来源。数据显示，这部分资金占贷款总额的 10% 以上[①]。

2. 法国：农业基金定向引导

法国的农业主要集中在西部地区，是法国粮食安全的重要保障。为了积极发展农业产业，法国政府积极利用法国发达的工业反哺农业。形成了政府主导，农户参与的农业金融体系，引导农户发展农业生产，提升粮食自给率，从而保障国家粮食安全。这些措施的应用也使得法国成为欧盟最大的农业国。

（1）信贷体系

信贷体系主要包括农户小额贷款、土地长期贷款、农户互助贷款等类型，主要由法国主要的商业银行提供。在法国，政府鼓励商业银行发放农业贷款，对国家重点支持的农业发展项目给予税收优惠。此外，法国政府对符合要求的项目提供利率补贴，以支持法国农业的信贷需求。

农业信贷银行是法国农村金融的重要组成部分[②]，主要由国家级、地区级和地方级3个层次构成。国家级农业信贷负责出台国家主要的农业信贷政策和优惠措施。地区、地方两级农业信贷机构主要通过筹集农户存款和发放农业贷款的方式落实有关政策措施。在筹集到存款后，会根据存款准备金率向央行支付存款储备金，其余资金会直接投入一线农业生产。基层银行主要发放短期贷款，长期贷款的发放由总行根据实际情况确定[③]。

（2）保险体系

法国农业的保险机构主要由3个层次构成。3个层次的主体分别为政府、保险公司、农户。其中，政府层面主要制定农业保险有关政策，建立本国农业保险体系；农作物保险公司由政府和社会公司共同经营，为农户直接提供相应的保险服务；农户层面建立的农业保险合作组织以互助为原则，形成独特的民间保险组织，降低了保险成本，提升了资金利用率。

3. 日本：政府主导型农业金融体系

农业在日本举足轻重，第二次世界大战后为减少对国外粮食的依赖，日本政府大力发展农业产业。为进一步支持国内的乡村振兴政策，日本逐步建立了一整套适应国内经济形势的农业金融体系。形成了政府主导，合作金融为抓手，商业金融发挥特色，农业保险长效支持的农业金融体系[④]。

（1）信贷体系

信贷机构体系由农林中央金库系统、农林渔业金融公库两部分构成。

农林金库系统分为3个层级：从高到低依次是农林中央金库、信联、农协，分别代表政府、农协组织和基层农协。其中，政府层面主要负责制定政策和筹集资金，农协组织则是将基层农协组织起来，统筹资金的管理和使用。农协的主要组成人员为农户，是

---

① 张俊刚. 境外农村金融运行特点及其启示 [J]. 国际经济合作，2009（12）：83-87。
② 李先德. 法国农业公共支持 [J]. 世界农业，2003（12）：27-29。
③ 同①。
④ 刘荣茂，祝贺雯. 日本农村金融体系改革对中国乡村振兴的启示 [J]. 改革与战略，2021，37（8）：98-105。

资金使用的末端,与农户直接发生业务。通过3级组织的协调,使资金源源不断流向农户,支持基层农业快速健康发展。此外,日本政府还根据农业类别分别设立了农业、林业和渔业金融公共管理库,落实政府的具体政策,规范资金的正常使用。

(2)保险体系

农业保险在日本主要分为3个层级,分别代表政府、农业保险组织和农户。其中,农业互助协会组织农户入会,直接向农户提供农业生产保险;众多农业互助协会组成了农业互助协会联合会,提供协会之间的保险业务;农业互助再保险处代表日本政府,为农业互助协会联合会提供二次保险,为农业保险资金提供层层保障。

4. 印度:银行主导的混合金融体制

印度是世界上人口最多的国家,农业健康发展对于印度至关重要。为支持国内农业可持续发展,印度政府早在20世纪60年代开始推进农村金融支持政策。印度政府将资金使用重点放在农业基础设施和农产品供给渠道的建设上,打通城乡供应链和价值链,实现农村与城市的功能互补性循环①。

(1)信贷体系

印度农业信贷体系主要由国家主导,商业银行执行,农户参与。其中,印度储备银行负责出台有关政策,并对具备农业信贷业务的商业银行进行监管。印度商业银行利用遍布全国的银行网络直接面对储户发放相应的长短期贷款,确保了农户生产中的资金需求。

(2)保险体系

印度的农业保险产品主要覆盖自然灾害、价格、病虫害、人为事故等多重领域。保险主要由两部分构成,一部分是农业强制保险,另一部分是商业选择保险。同时,为了减少农民面临的风险,信贷体系在发放农业贷款时会强制要求贷款农户购买相关农业保险。印度政府为鼓励农户积极参与农业保险,向购买保险的农户提供一定比例的补贴,最终有效降低农户面临的风险②。

5. 孟加拉国:普惠小额信贷体制

孟加拉国是亚洲较为贫困的地区之一,农业是孟加拉国的支柱产业,为了支持本国农业发展,孟加拉国银行家尤努斯探索了普惠小额贷款模式并取得了成功,为全球其他贫困地区利用金融体系发展第一产业提供了典型的参考③。

(1)信贷体系

孟加拉国的信贷体系主要由乡村银行承担,服务主体主要是农村贫困妇女。在实际运行的过程中发现,孟加拉国的妇女对于借贷持有积极态度,并且能够做到按时还款,还款率达到98%,远高于城市商业银行水平。乡村银行根据贷款者需求提供相应贷款,按照完全市场化原则运行。数据显示,通过普惠性的小额信贷模式,孟加拉国九成以上

---

① 白广玉. 印度农村金融体系和运行绩效评价 [J]. 农业经济问题, 2005 (11): 75-78。

② 谷慎, 岑磊, 马翰墨. 国外农村金融机构体系的考察与经验借鉴——兼论中国西部农村金融机构体系的设计 [J]. 农村经济, 2014 (7): 125-129。

③ 郑惠予. 破解农村金融服务困局:孟加拉乡村银行经验的启示 [J]. 党政干部论坛, 2007 (8): 31-32。

的贷款者均借助贷款提升了生产与生活水平①。

（2）保险体系

孟加拉国保险体系主要由小微金融机构和商业保险公司构成。其中，小微金融机构多为非政府性组织。孟加拉国由于缺乏社会基本保障，导致保险产品的巨大需求。孟加拉国大多数人口居住于农村，依托机构遍布全国的产品网络。常见的保险产品有健康险、人寿险、信贷险、牲畜险、灾害险，其中以小额健康和小额人寿保险发展较好。数据显示保险产品覆盖超过2 500万人，约占全国总人口的1/6②。

（二）中国农村金融体系

中国农村金融体系主要在中国人民银行的指导下建立，主要通过商业银行、国家政策性银行等机构推行有关政策措施③。

1. 农村信用合作社

农村信用合作社是基层金融组织，通过吸收农户手中的闲置资金，向农业产业、农村基础设施建设等领域投放。

农村信用合作社以互助为主要宗旨，由农民入股组成，实行入股社员民主管理，是主要为入股社员服务的合作金融组织。日常工作由理事会负责具体开展。合作社成员是农村信用合作社的主要资金来源，包括股金、公积金等。筹集到的资金用来发放生产贷款和其他商业贷款④。

2. 农业银行

中国农业银行是国家级的商业银行，成立初期主要是向农业提供生产资金，向农村提供建设资金，向农民提供生活资金。随着业务的不断拓展，中国农业银行依旧保持服务乡村的底色，为农业、农村、农民持续提供发展资金，保障农业稳步生产，农村快速发展，农民逐步致富⑤。

3. 中国农业发展银行

中国农业发展银行是政策性银行，专注"三农"，聚焦"政策"，资金来源主要依托中国人民银行统筹发放贷款、债券。为保障国家粮食安全，农业发展银行着重向粮食、食用油等领域开展信贷业务，为农业发展提供源源不断的资金。

4. 中国邮政储蓄银行

中国邮储银行是由中国邮政集团公司组建，在建立之初就确立了面向"三农"的市场定位。以完善城乡金融服务为功能，具有较强的政策倾向。中国邮政储蓄银行依托

---

① 张序江. 孟加拉国有个穷人银行 [J]. 乡镇企业导报, 2006（6）：33。

② 刘爽, 李芳. 小额保险"孟加拉国特点"之思考 [J]. 中国保险, 2011（8）：55-60。

③ 任军利, 黄春磊. 中日农业金融体系的比较及其启示 [J]. 江西社会科学, 2010（8）：191-196。

④ 傅春, 葛怀伦. 中国农村信用合作社发展历程及趋势初探 [J]. 农村经济与科技, 2021, 32（17）：81-84。

⑤ 罗慕华. 普惠金融下中国农业银行服务"三农"路径探析 [J]. 时代金融, 2018（21）：105-106。

全国3.6万个网点，助力"三农"事业发展。起初，中国邮政储蓄银行只开展存款业务，邮政储汇局主要靠邮政储蓄存款转存至人民银行获得的利息差作为自身的盈利收入。经过不断改革，中国邮政储蓄银行发展了贷款业务和其他现代金融服务，已成为农村金融服务体系的重要组成部分[①]。

三、国内外农村金融体制经验借鉴

（一）发挥农村合作金融主力作用

农村金融对支持"三农"发展具有重要作用，规范农村金融发展，协调金融链条上的有关机构形成合力，在助农环节充分发挥优势。持续探索农村信用社的改革目标和发展方向，完善农村信用社的管理机制，创新业务需求产品，提升服务水平，挖掘潜在的乡村发展需求。促进农村民间金融规范化发展，政府引导民间金融资本向满足农村需求、提高服务效率的合规合法化方向发展，使其成为中国农村合作金融发展的一份力量，多方位促进中国乡村振兴。

（二）加大农村政策性金融支持力度

合理运用存款准备金政策，增加涉农贷款，定向投放流动性支持，提升农业贷款针对性。鼓励金融机构从事"三农"有关业务，推广乡村担保新模式，优化农村融资环境，明确服务领域和对象，提升农村信用水平，释放乡村振兴活力。

（三）创新农业保险体系支农建设

重视乡村保险体系建设，因地制宜减轻农民保费负担，运用科学的计算方法为保险产品定价。创新保险品种，利用好期货市场，防范化解价格风险，推广"保险+期货"模式在更大的范围内应用，充分发挥资本市场的价格发现功能。

（四）优化农村金融服务和金融产品创新

丰富抵押物形势，探索农业保单再抵押业务。积极支持数字农业发展，与数字金融相互产生联动，通过区块链技术识别风险，提高农业信用贷款的发放比例，降低农户资金使用成本。积极发展"农服业务"，促进农村电商和特色小镇发展，提升农户收入水平，进一步助力乡村振兴。

第五节 产业聚焦型模式

一、"一村一品"下的产业发展逻辑

（一）"一村一品"筑牢乡村振兴的基础

乡村振兴和农业现代化有着互联互通、互相促进的关系。乡村振兴战略提出以来，

---

① 席晓琳. 中国邮政储蓄银行的市场定位与发展策略研究［D］. 济南：山东大学，2008。

为农业现代化提供了良好的契机，有助于生产要素更多地向农业产业倾斜。农业现代化是乡村振兴的内生动力，也是实现乡村社会的持久振兴、城乡有机互动的重要基础。"一村一品"是加快建设现代农业的重要途径①，2006年中央一号文件中，我国首次从国家层面提出推进"一村一品"，要"积极发展品质优良、特色明显、附加值高的优势农产品，推进'一村一品'，实现增值增效"。"一村一品"政策实施以来，各地政府狠抓规划布局，深挖乡村特色资源潜力，在产业链薄弱环节投入关键生产要素，以建设产业体系为基础，带动生产科学化、经营一体化，提高劳动生产率、资源产出率和农产品商品率，逐步实现资源配置的市场化，打通城乡生产要素流动的堵点，不仅实现了美化村容村貌、加快农民脱贫致富，还形成一批具有竞争力的农业产业和一系列高效运作的组织模式，为乡村振兴全面开展奠定坚实基础。自2011年起，农业农村部每年都开展"一村一品"示范村镇监测和认定工作，截至目前全国十一批"一村一品"示范村镇共认定3 673个，主导产业产值超过7 000亿元，并形成了示范村镇带动效应，以特色优势产业为方向，带动农业发展、农民增收、农村繁荣。

我国各地通过不懈努力，探索出多种适合我国国情的乡村振兴模式，实践表明，"一村一品"是一项行之有效的乡村产业发展方案。"一村一品"发展方案是以优势特色产业发展为切入点，推动传统农业向现代农业转变，聚焦产业发展，筑牢乡村振兴的基础，打造与城市化进程相适应的农业产业体系，助力人才振兴、文化振兴、生态振兴、组织振兴的一体化协同发展，对乡村振兴发挥着重要的作用。

（二）农业产业发展现状和存在问题

1. 农业产业发展现状

在开展脱贫攻坚工作和全面推进乡村振兴以来，我国各地涌现了多种产业发展的成功模式，呈现加工业、文旅融合、种养结合循环农业等产业融合新业态，以及电商、科技、视频直播、社交网络等数字化赋能农业新模式，加工业发展效益逐渐提升，2020年我国农产品加工业与农业总产值之比增加到2.4∶1，农产品加工转化率提升到68%。

在生产管理方面，2021年，实施的"三品一标"提升行动中，农产品质量安全监测总体合格率为97.6%，新认证绿色食品、有机产品、地理标志农产品2.6万个，实施地理标志农产品保护工程，实现产值1 658亿元②。

在经营主体方面，由家庭农场、农民合作社和龙头企业带动小农户参与的组织化、规范化的经营管理模式，起到联农带农、产业脱贫的作用。家庭农场经营效益不断提升，2019年年底全国家庭农场年销售农产品总值达到2 243.9亿元；2020年6月全国家庭农场数量已经突破100万个，县级及以上示范家庭农场数量达到11.7万个。农民合作社服务农民功能不断增强，2020年11月全国农民合作社总数已经达到224.1万家，其中，农民合作社为成员提供统购统销经营服务总值达9 602亿元，超半数的农民合作

---

① 杜青林. 发展"一村一品" 促进强村富民扎实推进社会主义新农村建设 [J]. 农村经营管理，2006（7）：4-8。

② 冯昭. 强化品牌意识 推动乡村振兴 《2021中国区域农业品牌发展报告》发布 [J]. 中国品牌，2022（1）：42-47。

社提供产加销一体化服务，26.8万家创办了加工、流通和销售实体，4万家发展农村电子商务。龙头企业在脱贫攻坚、农业价值链提升中发挥重要作用，2018年全国各类农业产业化组织辐射带动农户1.27亿户，农户年户均增收超过3 000元；2020年农业农村部牵头认定的国家级农业产业化重点龙头企业1 547家，推动各地培育县级以上龙头企业9万家，全国已培育农业产业化联合体7 000多个，支持和带动农业企业1.2万家。

2. 农业产业发展存在问题

我国农业产业化发展已经取得突出成效，但我国农业竞争力与发达国家仍然差距较大[①]，主要表现为以下方面。

（1）农业产业链短、价值低

农产品精深加工不足，第二产业在连接第三产业上发挥作用有限，产业链延伸不足。我国大部分加工企业竞争力低，产前缺乏高品质的加工原料和初级产品，产中技术设备和科研转化应用不足，以初级加工为主，产后环节产品定位不足、营销缺位，缺乏特色和优势，销售客群仍以本地市场为主。

（2）经营主体带动作用有限

一是家庭农场和合作社规模较小。大部分家庭农场土地面积仅几十亩，而合作社平均人数60人左右，很多在20人左右。这两类经营主体普遍规模较小，管理水平、机械化水平、科技化水平仍然较低。二是乡村对企业吸引力较弱。大部分农村生产要素供给不足，基础设施建设无法满足企业需求，加上用地、用工成本较高，企业投资意愿较低。三是育才引才机制不足，农民教育培训体系不完善，且缺乏能人带动产业发展。

（3）产销对接不畅

各类经营主体普遍规模较小，且农户、经营主体之间缺乏有效的利益联结机制，流通渠道开拓不足，缺乏市场风险应对措施。

（4）品牌化建设不足

品牌建设缺乏长远规划，产品未形成规模化、标准化生产，大部分地区选择见效快、层次低的产品，且同质化问题严重，出现有价无市的尴尬局面；在已建设的品牌中，品牌与产品捆绑传播不足，缺乏策划营销，导致品牌认知度低。

（5）农产品难以实现优质优价

一是未形成消费者认可的农产品质量评价指标体系，加上产品质量责任追溯体系不健全、生产标准化不足、优质企业品牌少、未建立多层次农产品市场，消费者难以对"优质"农产品买单；二是农产品价格传导机制不完善，生产者生产高质量产品的成本与预期收益不匹配，品种培育、检测认证、品牌营销等成本无法转化成经济效益，制约生产积极性[②]。

---

① 魏后凯，崔凯. 建设农业强国的中国道路：基本逻辑、进程研判与战略支撑 [J]. 中国农村经济，2022（1）：2-23.

② 苗艺源，黄家章，刘锐，等. 中国农产品优质优价影响因素研究进展 [J]. 农业展望，2022，18（1）：48-56.

(三)"一村一品"路径分析

"一村一品"最早由日本农业专家平松守彦先生提出,主要是指在政府的支持下,挖掘一个地方(县、乡、村)的优势资源,形成一种或几种具有地方特色的产品或项目,将其培养成拳头产品,促进当地经济增长[①]。"一村一品"与我国乡村振兴的农业产业化发展的思路不谋而合,主要包含几个特点:一是因地制宜,在一定的区域范围内,充分发挥当地资源、区位和自然人文等优势,打造的具有地域符号特征、具有鲜明地方特色的高价值、影响力大的产品。二是形成主导产业,将特色优势进行规模化、标准化、市场化、品牌化建设,打造为当地的主导产业,增加农民收入,推动当地经济发展。三是具备发展潜力,不仅在当地具备竞争力,还能够在适应市场的过程中不断调整,从纵向延伸产业链,从横向拓展服务面,具备走向全国乃至走向国际市场的潜力。

"一村一品"的举措符合我国乡村产业振兴和建设农业现代化的发展逻辑。产业振兴要坚持精准发力,立足特色资源,关注市场需求,发展优势产业,促进一、二、三产业融合发展,更多更好惠及农村农民。党的十九届五中全会审议通过了《中共中央关于制定国民经济和社会发展第十四个五年规划和二〇三五年远景目标的建议》,对农业现代化的发展提出产业体系现代化、生产体系现代化、经营体系现代化3个维度的部署。建设产业体系旨在提高产业综合竞争力和发挥农业多功能性,通过加强三产融合、完善农产品流通、探索新业态等方式,完善农业产业链、供应链和价值链。"一村一品"正是通过推进标准化生产、产业化经营、科学化管理和社会化服务,推动建设农业现代化产业体系。完善生产体系旨在提高农产品生产效率和品质,将农业生产向设施化、机械化、绿色化、数字化方向转变。"一村一品"着力塑造品牌特色,提升产品生产标准化管理,加强绿色食品、有机产品和地理标志认证,建立多样化的品牌营销市场,积极发展电子商务平台,为提升农产品质量提供强大支撑。规范经营体系则要求提高管理效率和产业效益,通过培育壮大家庭农场、农民合作社、龙头企业等新型经营主体,以更高效的模式汇聚优势资源,带动产业经营组织化、规范化发展。"一村一品"的发展是产业经营主体逐渐转向规模化、专业化的过程,通过提高农业生产的组织化程度,提高农业产业经营管理效率。

综上所述,打造"一村一品"是推进乡村产业振兴、农业现代化发展的重要形式,在因地制宜、突出特色的基础上,带动农业产业体系、生产体系、经营体系现代化,提高农业生产力和竞争力,为乡村振兴打下坚实基础,助力实现农业现代化。

二、国内外典型"一村一品"案例

(一)日本:政府精准发力,深挖特色产业优势

1. 主要做法

(1)打造特色产业一体化发展模式

日本"一村一品"形成了一体化的特色产业发展模式。在特色产业定位方面,"一

[①] 陈磊,曲文俏.解读日本的造村运动[J].当代亚太,2006(6):29-35。

村一品"发展模式的成型离不开大山町的积极探索。大山町是大分县最贫穷的地方，耕地面积少，种植水稻和麦子效益低，在转型种植单位产值较高的梅子和板栗后，打造了梅酒品牌，获得了"世界甜酒大赛"金奖等奖项。在延长产业链方面，创新性发展"1.5次产业"，大山町对初级农产品采用介于第一和第二产业之间的产业形态的创新加工，打造出"梅子蜜"等20多种加工品，这种多品种小批量的加工产品受到消费者的欢迎，也充分发挥了农村的劳动力价值，提高产业价值。在产业融合方面，大分县的汤布院町以温泉资源为特色资源，形成旅游+文化相融合的产业体系，在不足1万人口的村落，平均每年接待380万名游客和各种代表团，成为各国开展"一村一品"的学习范本之一[1]。在文化引领方面，大分县从最初的产业导向逐渐向文化导向转变，培养农民自力更生的意识。大分县在第二次和第三次NPC[2]运动中，更注重开展人文教育和精神文明建设，以当地特有的农业文化为内涵，创新性地开发节日、旅游和运动等形式的第三产业，如绿色旅游、排球节、马拉松等项目。

（2）准确定位政府职能

准确定位政府职能，为产业发展提供关键要素。在技术支持方面，通过农协雇用营农指导员，指导农民开展农田建设、经营、引种、栽培和制定饲养标准等；通过大分县农业技术中心、大分县温泉热花卉研究指导中心等科研机构，对农民开展加工、营销指导；引导大学研究机构和当地的工业实验工厂开展合作，开发多样化加工产品。在资金补贴方面，针对不同农产品制定成本与收入补偿制度、最低价格保证制度、稳定价格制度、目标价格差额补贴制度、价格平准基金制度等多样化制度，保障各大农产品基地供应稳定。在产品质量认证方面，政府委托有资质的社会认证机构，以县为单位进行安全优质农产品认证，例如对农产品设立了有机、减半（农药和化肥施用量比正常生产减少一半）和减三成（农药和化肥施用量比正常生产减少三成）的认证层次，满足消费者对质量安全的要求[3]。品牌宣传方面，免费通过电视节目进行农产品宣传，给优秀节目颁发"知事奖"，发挥激励和示范效应[4]，将名牌产品摆放到高速休息区、铁路站点销售，增加产品的销售渠道和知名度；开办展销会、促销活动，帮助农产品迅速占领市场。在人才培养方面，政府开设农业技术讲堂、商业讲习班，成立妇女学习小组，注重发掘妇女的作用；设立丰之国学校和学院、大分农业学校、奶农学校等，培养后备人才；引导大分县企业设立"大分县'一村一品运动'推进基金"，对作出突出贡献的人员和团体进行表彰，培养产业骨干人才、带头人，在"一村一品"的高层次发展中发挥重要作用。

2. 基本思路

日本大分县"一村一品"运动至今已经开展将近40年，政府基于"一村一品"的

---

[1] 常伟，王微，阚庆云．日本"一村一品"运动对中国乡村振兴的启示——基于政府职能转变视角［J］．改革与战略，2020，36（5）：111-118。

[2] 三次NPC运动分别为种植梅子和板栗运动，培养新型人才运动，新社区运动。

[3] 李清泽．日本大分县的一村一品运动发展情况［J］．世界农业，2006（3）：35-36。

[4] 李耕玄，刘慧，石丹雨，等．日本"一村一品"的启示及经验借鉴［J］．农村经济与科技，2016（11）：172-174。

乡村环境的充分调研，形成了定位特色产业、产业链延伸、产业融合和文化引领的一体化发展模式，发挥生产者、经营主体、消费者对产业结构优化升级的促进作用，使其特色产品在逐渐适应市场的过程不断提升竞争力，完善了"一村一品"的内涵。

3. 创新点

一是鼓励村民自主选择"一村一品"发展方向，呈现出多样化的农产品、休闲旅游项目，避免同质化竞争；二是创新地提出1.5次产业，针对当地消费者对具有乡土气息、精美而多样化的农产品的偏好，增加加工产品的种类，填补市场空缺；三是政府准确定位职能，在技术支持、资金补贴、质量认证、品牌宣传、人才培养等方面赋能，使大分县实现从产业振兴再到人的振兴，充分发挥农民自立自强和创新精神，形成乡村创新性带动的自下而上的发展模式。

（二）泰国：政府规划和市场引导协调发展

1. 主要做法

政府通过引入关键要素和资源，打通产业链堵点断点，激发了农村和农民发展的内生动力。一是统筹规划，提供完善的产品服务体系。泰国各级政府设立"一村一品"（OTOP）委员会，2001年拨给4.5个自然村落各100万泰铢资金，由各村自主选择主导产品的开发，打造了纸伞村、木雕村、陶器村等特色旅游村镇；政府还成立专门的服务部门，对各项特色产品开发提供商业咨询、包装设计、营销服务、出口等方面的支持，例如泰国商务部除了对产品在设计、包装、质量控制等产品前期开发上提供支持，也会在挖掘潜在的市场、知识产权保护等产品营销环节提供服务；政府为"一村一品"产品设立旅游景点和机场的展销中心，并引导村民开通网上订购服务、举办地方特色产品展销会、对产品出口进行奖励，形成由产到销的完善服务体系。二是引才聚才，推动"一村一品"向高层次发展。引导刚毕业的大学生参与项目实施，鼓励高学历人才加入项目，引入人才要素，确保特色产业"后继有人"；泰国大部分地区每年不定期为村民开办手工艺培训班，激发村民智慧和生产力，形成自我成长、自觉发展的模式；定期举办"一村一品"研讨会，引导公益组织或社会志愿者加入培训项目，深入挖掘手工艺产品的文化内涵，以知识导向进行产品开发。三是采用星级认证体系，激励效果明显。泰国政府建立了以星级认证体系为核心的质量改进制度，并设立专门委员会，开展"一村一品"示范村的评选活动，选出近500项最优产品并将其正式注册为OTOP产品[①]。星级越高，代表着产品品质越好，极大地激励了各村通过改进技术水平、采用标准化生产，提高产品质量和星级。

2. 基本思路

政府对"一村一品"产业从宏观到微观的统筹规划，促进产品质量升级、增强产业链要素活力、充分激发各主体积极性，加速了"一村一品"品牌化、市场化的发展，形成一套卓有成效的模式。

3. 创新点

一是基于本国自然人文等优势，打造具有地域符号特征的产业模式，使得泰国的特

---

① 吴越. "一村一品"，泰国这样提升乡村吸引力[J]. 福建质量技术监督，2021（3）：59。

色手工艺产品从乡村走向国内、走向世界；二是强调提升农产品品质和消费者认可度，不仅在产品开发上进行质量控制，还实施了星级评定、挖掘潜在市场、知识产权保护、设立展销中心、网上订购的完善产后帮扶服务，形成以政府为主导的自上而下的发展模式。

（三）广西——打造现代化产业、经营、生产模式

1. 主要做法

广西壮族自治区贺州市八步区以科技赋能蔬菜产业发展，打响了"百年菜乡"的蔬菜品牌，2021年蔬菜种植面积达42.7万亩，产值达24亿元[①]。一是引入科研单位，提高生产效益。在2014年广西贫困县科技特派员对接八步区铺门镇蔬菜基地前，当地种植技术落后、蔬菜品种无特色、销售渠道不畅。在科技特派员的带领下，从广东东莞润丰国际蔬菜交易中心开展产业调研掌握的信息中，遴选出毛节瓜、杯豆（食苗豌豆）等适合粤港澳市场的蔬菜新品种16个、新技术3项。同时，建立节瓜种植示范基地，免费提供育苗基质、育苗托、大棚材料，示范推广节瓜新品种、大棚穴盘育苗技术、节瓜提早栽培技术、改善种植密度，提高了节瓜品质，产值提高了20%以上。二是采用现代化设施农业技术，提升产业效率。建设标准育苗大棚，把穴盘育苗技术推广到节瓜、苦瓜、芥菜及其他蔬菜品种；采用喷灌、滴灌的水肥一体化设施实现了每亩节水60%以上，节肥20%以上，节省劳动力40%以上，产值提高30%以上。三是经营主体深度联合，形成完整产业链。八步区铺门镇蔬菜基地最初是以"1个种植大户+3户帮扶户"的产业扶贫推广模式和"政府+科研院所+基地+农户"的科技特派员示范带动模式，形成带头示范效应。在各主体适应市场环境后，形成了公司专业合作社、家庭农场、种植大户的规模化种植模式。经营主体之间形成协调联动合作，村民按照管理员的统一调配和采摘要求进行科学采摘，靠摘菜就实现了月收入上万元；企业疏通产销渠道，2021年毛节瓜、豆杯（食苗豌豆）、丝瓜等蔬菜产量达7万吨以上，其中约5.87万吨蔬菜卖到粤港澳大湾区，产值1.9557亿元以上，供港蔬菜产业成为铺门镇富民的支柱产业。

2. 基本思路

从产业体系现代化、生产体系现代化、经营体系现代化层层突破，以科技推动形成规模化、标准化、品牌化的农业现代化发展模式，实现农民富裕、农村富强，筑牢乡村振兴的产业基础。

3. 创新点

一是以科技赋能产业生产，依托科研单位、现代化设施，促进种植模式的规模化、高效化发展，提高产品品质和效益。二是实现各主体优势互补、协调联动，以产业扶贫推广模式和科技特派员示范带动模式，充分发挥农民劳动力价值、企业掌握的市场信息价值，充分发挥科技特派员的带头示范作用和政府引导效果。

[①] 数据来源于广西贺州市八步区人民政府门户网站，http://www.gxbabu.gov.cn/ztzl/rdzt/zll-wlbgzrw/t11203107.Shtml。

(四) 福建——品牌化推动产业融合

1. 主要做法

(1) 打造绿色化、科技化生产模式

一是全面推进生态茶园建设。福建省采取政策优惠、资金奖补、项目扶持等举措，全面推广有机肥、推动绿色防控、推动专业化统防统治，建成茶叶绿色生产示范基地1 500多个，生态茶园面积占比达80%。"中国乌龙茶之乡"泉州安溪，创立了全国首个生物信息对抗与智能虫害防治系统①，在全国率先倡导茶园不使用化学农药的典型案例。二是采用气象数字化种植管理，福建省气象局探索卫星遥感技术和AI图像识别技术②，掌握气象条件、茶叶生长状态和病虫害情况，并成立农业气象专家联盟开展气象预警和会商，制定茶叶气象服务手册，指导茶农生产。此外，福建省气象局和保险公司合作，设立气象指数保险，有效保障保户灾后恢复生产。三是建立产品安全可追溯体系，将龙头企业和农民合作社纳入省级可追溯平台管理，实行全链条信息可追溯管理。

(2) 深耕精深加工，强化产销对接

一是提高茶叶机械化标准水平，福建优先将采茶机、修剪机、微耕机和水肥一体化设备列入农机购置补贴范围，2018年建立100条茶叶初制加工不落地机械化自动化生产线，扶持300多家龙头企业购置相关设备，提高加工机械化水平③。二是持续提升精深加工水平。支持茶叶企业建设连续化自动化精制加工生产线等，推广相关生产设备超过1万台（套），通过提取茶多酚、茶多糖等有效成分，开发茶食品、茶日用品、茶护肤品等多样化产品，提高茶叶资源综合利用率。三是强化经营主体利益联结机制。支持龙头企业牵头组建农业产业化联合体，以"公司+农民合作社+农户""公司+家庭农场或农户"等形式，建立订单带动、利润返还、要素入股等利益联结机制，保障茶农分享产业发展红利。四是扩宽营销渠道，鼓励经营主体开展B2B2C（供应商到电商到顾客）、O2O（线上与线下互动）等电子商务模式发展，如建设"福茶网"，开展茶叶交易、茶叶大数据、茶产业服务和茶文化推广的互联网综合服务平台，自2021年6月上线以来，"福茶网"交易额超10亿元。五是培养高素质人才，持续开展茶农培训行动，培训高素质茶农10万人，远程培训30万人次以上，开展制茶工程师、特级制茶工艺师评审（选）活动和茶叶加工职业技能竞赛，加快培育茶叶专业技术人员。

(3) 文化品牌助推茶旅融合发展

一是以茶文化打响品牌。发挥中国农民丰收节、国际茶日系列活动、中国国际农产品交易会、中国国际茶叶博览会等平台作用，大力宣传闽茶文化故事。强化武夷岩茶、安溪铁观音、福州茉莉花茶制作技艺等国家级非物质文化遗产代表性项目传承与发展，

---

① 福建省安溪县农业农村局. 安溪县创建国家示范区推动茶产业高质量发展 [J]. 农村工作通讯，2022（9）：56-57。

② 李冬梅，廖玥. 让希望的田野充满"智慧" [N]. 中国气象报，2022-04-20（1）。

③ 冯廷佺. 统筹做好"茶文化·茶产业·茶科技"这篇大文章 为"十四五"规划纲要、振兴乡村支柱产业而努力——在2021年海丝茶叶精品博览会"三茶"高峰论坛上的演讲 [J]. 福建茶叶，2022，44（3）：1-3。

丰富安溪铁观音文化节、武夷山"喊山祭茶"节、福鼎白茶开茶节等特色茶文化活动内容，营造浓厚茶文化氛围。开展"闽茶海丝行"活动，组织龙头企业参加国际茶叶展会，不断扩大闽茶文化国际影响力。二是开展茶旅产业融合项目，建设一批茶庄园、茶叶特色小镇，提升武夷山"印象大红袍"、漳平永福樱花茶园等茶旅项目，将所有旅游体验都融入茶的元素，推动茶产业链全链条融合发展。2021 年武夷山市旅游收入141.9 亿元，其中涉茶收入 52.17 亿元①。

2. 基本思路

福建茶叶产业化发展围绕稳一产、强二产、优三产的总体思路，不断优化产业结构。以"立足本土，面向世界"为导向，坚持茶文化、茶产业、茶科技的统筹发展，增强茶产业在国际上的综合竞争力和品牌影响力。

3. 创新点

一是创新生产模式，推广园区示范、科技赋能、数字化监管的建设，带动茶叶的生产提质增效。二是以关键要素加速第二产业发展，通过提高生产线机械化水平、强化产品研发、激活龙头企业带动作用、借助互联网营销渠道、储备高素质人才等方式，提升茶产业核心竞争力。三是开展深度产业融合，推动增强茶文化品牌效益，加强茶文旅深度融合，促进茶产业发展再上新台阶，强化茶产业三产融合发展，提升产业链价值。

三、促进热区乡村振兴的经验借鉴

(一) 建立服务型政府，为特色产业赋能

我国在"一村一品"的发展中，政府不能仅以扶贫为目的进行产品开发，要准确把握政府在产业发展各阶段的定位，夯实"一村一品"特色产业发展基础。第一，统筹规划，确定特色产业发展方向。政府要积极联合科研院所，研究符合市场需求与本地优势的特色产业方向，打造具有产地优势、区位优势、历史文化优势的特色产品，讲好产业的特色化故事，防止同质化导致内部竞争的"内耗"。第二，完善营商环境，加强服务体系建设。制定"一村一品"产品生产标准、产品质量标准、产业规则等，引导产业的高质量发展；为经营主体提供农机补贴、农产品保险、金融信贷等方面的支持，引导特色产业升级。第三，以人才、电商、科技等要素赋能。强化人才赋能，通过多途径引才和育才，继续增加涉农职业教育专业目录，设立农业与其他类型教育相互交叉的高等教育体系，设立技术指导部门、研究中心、合作研发实验基地，开展多样化的农民培训活动，形成能人带头和农民自觉发展相结合模式。促进电商赋能，引导电商平台与特色产业开展合作，政府提供产品质量监督和公证，为特色产业背书，拓宽产品销售渠道和知名度。加快科技化赋能，建设生态园示范基地，引入专家、生物科技、5G 物联网等技术，推广标准化育种、栽培、病虫害防治和水肥管理等模式，鼓励企业带头开展科研活动，引入智能设备、自动化生产线、信息化系统，支持企业申报绿色产业基地、

---

① 福建省农业农村厅乡村产业发展处，种植业管理处. 福建统筹"三茶"发展 打造"多彩闽茶"[J]. 农村工作通讯，2022 (9)：52-53。

数字农业示范基地、高新技术企业等项目,以示范试点模式带动产业科技化发展。

(二) 关注市场信息,加强产销对接

"一村一品"的发展过程也是产品竞争力不断提升的过程,政府和经营主体要加强对市场信息的敏感度、完善产销对接体系,降低生产、经营主体的市场风险。第一,完善产品流通基础设施建设,完善道路交通、网络通信等基础设施,建立产地批发市场、鲜活农产品直销网点、冷链物流仓储等设施,降低物流成本;建设产销一体化的信息网络平台,增加产品信息透明度。第二,支持经营主体拓展流通模式,在已有的批发市场采购、电子商务、农超对接等销售模式基础上,鼓励经营主体共担风险、共享收益的紧密合作机制,选择风险相对小、中间成本低的模式;鼓励经营主体继续开拓互联网直播带货、淘宝店、与电商平台合作等产销对接模式。第三,鼓励龙头企业推进"纵向一体化",如龙头企业与消费者、农超、电商平台、供应商等主体开展产销合同制、认养等合作模式,形成供产、产销或供产销一体化,将生产端与销售端有效链接,降低风险和交易成本。

(三) 以品牌化发展为导向,提升产业价值

"一村一品"要以品牌化为导向,充分发挥产品价值、经营主体的潜力,促进提升产业价值。第一,强化品牌导向,政府和企业要加强对培育农业区域品牌的重视,鼓励各地特色产品申报农产品地理标志,鼓励企业设立品牌商标、企业品牌,各类生产要素优先投入到培育特色产品品牌发展中,发挥产业集聚效应;持续提升"一村一品"品牌价值,将产品品牌与乡村休闲旅游、文化旅游结合,促进农产品价值提升和产业链延长。第二,加强区域农产品品牌与产品的联结,明确区域品牌、企业品牌、农产品品牌的关系,建立"地域+品名+商业化标识"的立体保护,建立完善的质量监管保障体系,以区域农业品牌为品牌背书,对产品进行绿色、有机、无公害等认证,提高公众对品牌的认知度和认可度。第三,强化品牌营销策划,打造品牌营销爆点,挖掘当地历史文化内涵与品牌的联系,例如开展事件营销、造节营销、打造品牌文化故事;建立信息发布平台,持续扩大品牌影响力,例如借助"聚焦三农"电视栏目、中国农业信息网、省级农业信息网和"数字乡村"网等网络平台进行营销宣传;通过展会开展品牌推介,积极组织对外贸易商会、展销活动、品牌推介活动,多方位开展品牌输出活动。

(四) 打通价格传导堵点,实现农产品优质优价

在产品市场化、品牌化发展的过程中,还应持续完善价格传导机制,打造消费者认可的优质优价产品,才能实现产业价值增值、农民增收的目的。第一,完善优质优价的制度和平台建设,通过挖掘农产品品质差异、消费者偏好,建立合理的产品质量评价指标体系,提高消费者的支付意愿;政府牵头设立分层级的市场,如普惠型、绿色健康、功能型等市场,并完善市场机制,对农产品进行质量复查、责任追查,增强问责力度;建立农业数字化服务体系建设,通过农业信息网站平台公布质量安全监测结果,为消费者提供咨询和查询服务;建设信息化农村,完善农产品生产、加工、销售的全产业流程

追溯平台[①]。第二,引导消费理念,将"一村一品"打造为以国有品牌为载体、以优良品质为内涵的消费潮流,突出产品绿色有机健康、特色功效价值,进一步增强我国消费者对区域特色产品的文化自信和民族认同感,增强国外消费者的信任和消费倾向,提高我国特色产品的经济效益和品牌价值。

[①] 苗艺源,黄家章,刘锐,等. 中国农产品优质优价影响因素研究进展 [J]. 农业展望,2022,18(1):48-56。

第五章 科技促进热区乡村振兴机制研究

第一节 引 言

一、研究背景

党的十九大报告提出乡村振兴战略，旨在从产业、人才、文化、生态、组织五方面激发乡村发展活力，最大限度增强乡村吸引力，进而构建新时代乡村可持续发展格局。这一过程中，科技创新是助推乡村振兴战略的重要支撑。科学技术与创新通过提升农业质量效益竞争力、推进农村生态环境的改善、提高农民生活幸福感等方式发挥强大的支撑作用，推动农业农村发展质量、效率和动力变革。

2018年印发的《乡村振兴战略规划（2018—2022年）》明确指出，"要以科技创新引领和支撑乡村振兴"，将科技支撑乡村振兴发展确定为乡村振兴的战略方向。同年9月，农业农村部印发《乡村振兴科技支撑行动实施方案》，提出要"组织带动全国农业科教系统，全面实施乡村振兴科技支撑行动"。开展科技支撑热区乡村振兴行动，成为国家级科研机构的职责使命。

本研究聚焦乡村振兴背景下热带农业科技创新发展，形成可复制、可推广的典型经验和模式，有助于提升科研机构服务热区乡村振兴战略的能力和水平。

二、研究方法

本章根据研究特点和内容，有效汲取"辩证实用主义"的多元立场，多元视角综合研究取向，采用相互倾听、相互印证的混合研究方法，尝试从我国热区乡村振兴这一具有中国特色的情境出发，深度剖析科技支撑乡村振兴的潜在规律，通过专业细致的内容分析、案例分析、扎根方法进行相关总结归纳，最终提出具有热区特色的本土化乡村振兴模式。

本章基于已有文献检索、先前研究，归纳相关理论，利用社会学、政治学、管理学相关理论基础，分析科技支撑乡村振兴的经验，具体方法如下。

（一）文献研究法

通过对科技支撑振兴等为主题的文献梳理分析，了解经济学、管理学、社会学等相关学科对这一问题的关注视角、研究前沿及研究深度。同时对党和政府有关乡村振兴的政策、报告、文件等文献进行学习、搜集、整理和分析。

(二) 实地调查法

走访调查省内代表性农业科技产业园，与乡村干部、产业园主、从业群众、科技人员进行深度访谈，深入了解热区科技支撑乡村振兴中存在的痛点和难点问题，找出影响上述问题的因素。

(三) 多案例分析法

对收集到的调研资料及二手资料进行归纳分析，采用质性分析软件，对调研材料进行多层次分析，包括文档分类、初级编码、编码资料关系联结、编码资料质询、相关理论及政策启示等步骤。

第二节 科技创新与热区乡村振兴的关系

一、热区在国家发展全局及乡村振兴中的战略地位

我国热区面积约50万平方公里，其范围包括海南和台湾，广东、广西、福建、云南、湖南和江西南部地区，四川省凉山州、攀枝花市和贵州干热河谷地区，以及西藏的墨脱县、察隅县和波密县的低海拔地区[①]等11个省（区）的464个县（区），约占国土总面积的5.6%；热区农村人口约1.3亿人，约占全国农村人口的12.4%；我国热带地区常年高温多雨，水资源丰富、低温时间短，具有较好的温光水热条件，适宜种植的热带农作物主要包括水稻等热带粮食作物，椰子、槟榔、胡椒、天然橡胶等热带经济作物，以及杧果、香蕉、荔枝、菠萝等热带水果。国内热区农业及农村地区在我国经济发展全局中占有重要战略地位。

(一) 热带地区是国家区域发展战略的重要支撑

2015年3月28日，国家发展改革委、外交部[②]、商务部[③]联合发布《推动共建丝绸之路经济带和21世纪海上丝绸之路的愿景与行动》，提出"要坚持共商、共建、共享原则，积极推进沿线国家发展战略的相互对接"。据统计，50%以上的"一带一路"国家均为热带地区国家，国内热区成为践行"一带一路"倡议的重要战略支点和执行主体。以农业外交为例，2007年10月，党的十七大报告正式提出"走出去"战略，自该战略提出以来，农业和外交就一直存在着良性的互动关系。大部分东南亚、非洲、拉丁美洲等热带地区国家经济发展相对落后，农业生产水平低下，存在大量的贫困人口。据联合国开发计划署发布的《2021年度全球多维贫困指数》显示，全球约13亿人处于多

---

① 卢琨，林紫华，金琰，等．中国热区主要省份科研投入产出的对比分析［J］．热带农业科学，2021，41（7）：114-118。
② 中华人民共和国外交部，简称外交部。
③ 中华人民共和国商务部，简称商务部。

维贫困状态,近85%生活在非洲撒哈拉沙漠以南地区(5.56亿人)或南亚(5.32亿人)。这些国家一直以来都是我国开展热带农业对外交流合作的重要对象。位于海南省的中国热带农业科学院就是热带农业外交的践行者之一。长期以来,该院通过培养农业外交官、派出专业农业技术队伍、开展援外培训等方式开展热带农业技术援助,推进我国与萨尔瓦多、冈比亚等国家外交关系的建立或缓和,持续提升我国国际外交话语权和地缘政治影响力。

(二)热区乡村振兴是国家乡村振兴战略必不可少的部分

以海南为例,2020年6月1日,《海南自由贸易港建设总体方案》正式印发,海南自由贸易港成为我国重要的对外开放门户。据了解,海南是国内外唯一包括农村、农民、农业在内的全岛型自贸港,约有80%的土地在农村,60%的户籍人口是农民,30%的GDP来自农业。近年来,海南农业发展取得了显著成效,2021年,海南农林牧渔业总产值达到2 014.79亿元,占地区生产总值的比例为31.12%,对海南而言,热带农业高质量发展、农村高质量建设、农民高品质生活,不仅是经济社会发展的基础,更是高质量推进自贸港建设和对外开放的重要支撑,是乡村振兴必不可少的部分。

(三)热带农业是热区经济繁荣的重要途径

2020年,我国农业产值占GDP总产值的16.47%,根据各省(区)统计局发布的数据整理发现,大部分热区省份农业产值在其地区生产总值中占比高于全国均值。以海南、广西、云南三省(区)为例,其农业(农林牧渔业)总产值近5年保持连年增长,在地区生产总值中所占的比重常年保持在20%以上,是促进热区经济繁荣、农民收入增加的重要途径(表5-1)。

表5-1 海南、广西、云南、贵州2016—2020年地区生产总值及农业总产值

省(区)	年份	地区生产总值(亿元)	农业(农林牧渔业)总产值(亿元)	农业(农林牧渔业)产值占比(%)
海南	2016	4 090.20	1 433.88	35.06
	2017	4 497.54	1 488.86	33.10
	2018	4 910.69	1 535.73	31.27
	2019	5 330.84	1 689.40	31.69
	2020	5 532.39	1 821.02	32.92
广西	2016	16 116.55	4 560.23	28.30
	2017	17 790.68	4 698.71	26.41
	2018	19 627.81	4 909.24	25.01
	2019	21 237.14	5 498.81	25.89
	2020	22 156.69	5 913.28	26.69

(续表)

省（区）	年份	地区生产总值（亿元）	农业（农林牧渔业）总产值（亿元）	农业（农林牧渔业）产值占比（%）
云南	2016	16 369.00	3 704.69	22.63
	2017	18 486.00	3 872.93	20.95
	2018	20 880.63	4 108.88	19.68
	2019	23 223.75	4 935.73	21.25
	2020	24 521.90	5 920.52	24.14
贵州	2016	11 792.35	1 959.93	16.62
	2017	13 605.42	2 139.97	15.73
	2018	15 353.21	2 272.97	14.80
	2019	16 769.34	2 408.03	14.36
	2020	17 826.56	2 675.59	15.01

（四）热带农业是保障我国农产品有效供给的重要途径

水稻作为我国重要的大宗热带粮食作物，在热区11省份均有种植，且良种覆盖率均达到98%以上，同时，位于海南的国家南繁科研育种基地承担了全国70%的育种及原种扩繁任务，为国家粮食安全提供了重要保障，切实做到让中国人把饭碗牢牢端在自己手上。

以天然橡胶为代表的热带林业作物，是重要的工业原料和战略物资，主要生产在海南、云南南部及雷州半岛地区，对于保障国家安全具有重要意义。

热带水果及多种多样的热带经济作物，保障了我国农产品供给的多样性，满足了人民日益增长的多元化消费需求。例如，我国糖料蔗的种植几乎全部都在热区，杧果、香蕉、菠萝、荔枝、龙眼等热带水果产量均在世界排名前五位，冬季瓜菜的供给主要来源于热区。以海南冬季瓜菜为例，2022年一季度，海南蔬菜收获面积为167.78万亩，总产量273.71万吨，主要品种有瓜类、豆类、椒类、茄类四大品种；冬季瓜菜出岛量271.36万吨，产值126.93亿元，销往全国31个省（区、市），主销售区分布在广东、浙江、河南、广西、湖南、山东、江苏、河北、江西、湖北等地，有力保障了我国冬季"菜篮子"的供给。

二、科技创新与"三农"现代化发展

当前我国农业农村经济发展的基础条件、目标任务等都发生了深刻变化，农业发展导向已由增产转向提质，农村发展导向由打赢脱贫攻坚战转向乡村振兴。当前背景下，"三农"的发展已经离不开科技创新的支撑，分别具有不同的内涵。

（一）科技创新促进农业现代化

农业现代化主要是指在产业革命、科技革命的推动下，机器、现代科学技术被运用到农业领域，使农业不断从传统走向现代的过程，具有十分明显的科技带动属性，因此科技创新是其中的关键环节。要把发展农业科技放在更加突出的位置，大力推进农业机械化、智能化，给农业现代化插上科技的翅膀。科技创新促进农业现代化主要表现在科技的发展几乎重新定义了农业劳动参与者、农业生产工具、生产方式和农业产品，并将它们重新整合成一个整体，通过高效的运转发挥最大的价值。

（二）科技创新促进农村现代化

农村现代化是在农业现代化的基础上、在农村这一空间范围内社会结构的现代化，包括政治、经济、制度、文化等各个方面。在这一过程中，科学技术是一种重要的支撑手段。科技创新促进农村现代化主要表现在用科技手段促进治理现代化、经济现代化、文明现代化等。

（三）科技创新促进农民现代化

农业农村的深刻变革，需要与之相适应的"人"来推进，因此农民现代化是农业农村现代化中不可忽视的重要环节，表现在农民在思维观念、行为模式、知识结构等方面由传统向现代的转变。就科技促进农民现代化而言，一是需要借助科技手段开展农民教育，促进知识更新和素质提升，二是利用现代科技打破人才发展的区域界限，拓展农民全面发展的路径，激发乡村人才多种价值。

三、科技与乡村五大振兴

科学技术是支撑热区乡村振兴的重要手段。在政策支持与经济社会的双重推动下，科技创新迎来了快速发展期，推进科技手段在农业农村的布局与应用，促进科技与乡村振兴的深度融合，利用科技为现代农业农村赋能，能够推动热区农业农村发展质量、效率、动力的快速变革，突破现代农业农村发展的瓶颈，成为人民日益增长的物质文化需求与落后的社会生产之间的矛盾的关键突破点之一。

（一）科技与乡村产业振兴

乡村产业振兴离不开高科技的生产技术手段。近年来，围绕与农业科技相关的理论和技术，我国不断推进农业科技的创新，争取实现早日突破农业科技的关键技术，发展一批农业科技的实践项目，进一步提升农业科技战略，抢占科技时代的技术制高点，积极推动热带农业科技创新发展。未来，科技创新将贯穿于农作物品种选育、栽培、销售等各环节。

1. 科技创新与农业育种

育种是对物种进化的人为干预手段，通过缩短进化时间达到提高农业生产效率的目的。优良的品种选育可以最大限度地提高农作物产量和质量，帮助农民稳定增产增收，是农业高质量发展的重要引擎。育种是一门紧跟农业生产实际的科学，随着时代的不断发展和进步，农业发展形势日新月异，农业育种目标一次次被刷新。事实证明，抢占生物育种技术，便能抢占产业发展的制高点，因此农业育种是提升农业产业核心竞争力的关键。《"十三五"中国农业农村科技发展报告》指出，"十三五"期间，我国主要农作物良种实现了基本全覆盖，粮食主产区品种对单产的贡献率达到45%[①]。

2. 科技与农业生产

当前，我国农业生产逐步走向现代化，农作物耕种收综合机械化率达到71%。随着农业现代化进程的不断加快，更多的信息技术手段将应用于农业生产，包括但不限于大数据、物联网技术、5G技术和人工智能技术等。

（1）大数据赋能农业生产

大数据在热带农业生产发展中的作用非常重要。首先，大数据能够帮助农民对农业生产的细节进行调控，同时记录农业生产的全过程，进而分析农产品在流通过程中的动态变化。在科学技术的助力下，农民可以制定科学的农业生产调控和管理措施，促进现代农业有序健康发展。其次，依托大数据建设相关农情监测、农业设备智能化、农业大数据采集与存储、决策管理与信息发布等平台，可以实时掌握农业生产全过程，了解农业发展最新情况，推进农业产业结构转型升级。总之，大数据可以将农业生产带入新的发展阶段，使得农业生产在农作物育种、预测市场需求、农产品追溯、加强环境监控、串联农业生产链等环节更具有科学性。

（2）物联网技术助推农业产业价值提升

随着物联网时代的到来，农业有了新的发展机遇，产业格局将被重新洗牌。面对着这样巨大的变革，农业须迎着风口而上，才能实现我国从农业大国走向农业强国的目标。首先，物联网的出现彻底颠覆了传统农业的耕作模式，将一切农业生产要素转向数据化、信息化、智能化，推动传统农业进一步向集约型、精准型、科技型农业方向转变。例如，在物联网技术的加持下，"农业生产工厂"逐渐兴起，即用物联网技术指导农民科学进行种子选育、农作物栽培，尤其是在温湿度控制、施肥、灌溉等多个环节按标准严格执行，达到提升土地利用效率、提高农产品产量和质量的目的，促进农民增收。其次，物联网系统是现代农业发展的重要平台。"物联网+区块链+产品溯源"模式的兴起，让农产品生产过程全程可追溯，既能为食品安全提供保障，又能助力品牌建设，改变对传统农业的认知，树立良好的现代农业产业形象，提升产业价值。总而言之，智慧农业将是我国发展的趋势，也是未来农业的发展方向，随着信息技术的进一步发展，相信以物联网为基础的智慧农业将会得到更大范围的应用。

（3）5G技术助力高效农业生产

随着5G时代的到来，全球产业均面临着一轮全新的转型和升级，农业也不例外，在物联网技术和智慧农业发展热潮中，5G技术的加持是必不可少的，也就成了推动农业高效生产的重要路径。首先，5G技术助力农业生产极大地减少人工成本。5G时代下，以机械替代人工成为主流，机械作为农业生产的主力，具有高效、精准、广泛的特征，能够同时实现智能化农业数据的无人采集和分析，以及农业机械的智能化无人机耕、无人机播、无人灌溉、无人喷药施肥、无人机收，较传统的人工作业既节约了成本又扩大了管理面积，一举多得。其次，5G技术助力农业生产更加精

[①] 农业农村部科技发展中心."十三五"中国农业农村科技发展报告[J].农学学报，2021，11（12）：3-4。

准。传统的农耕种植产品管理方式缺少精准度，具备一定的滞后性，利用5G技术进行农业生产管理可以改变这一状况。例如，采用高精度土壤温湿度传感器能够智能决策灌溉用水量，利用智能气象站可以自动进行气象墒情和旱情的预报等，这些智能设备通过5G网络将数据实时反馈给技术人员，以便技术人员及时调整温光水热等技术参数，制定最佳种植方案，真正实现精耕细作。最后，5G技术助力农业管理方式的改善。5G技术具备低时延、高速度的特点，这些特点将改变传统农业生产的"粗放式管理"和"事后补救式管理"，从众多层面促进农业生产的智慧化和科学性。总之，在5G技术的加持下，未来农民只需要坐在电脑前面就可以实时查看农作物生长数据，农情一目了然。

(4) 信息技术与人工智能助力打造无人农场

"无人农场"是大数据、物联网、5G技术和人工智能等现代科技手段在农业生产中的集合应用。在不进入农场的情况下，通过远程控制或者智能装备完成农业生产全过程。这一过程完全由"机器人"代替人的作用，进行自主决策和生产作业。"无人农场"的设备应具备信息收集、数据处理、信息反馈、决策执行等功能。一是通过物联网技术进行作物生长状态的感知并进行数据收集；二是通过大数据技术进行去伪存真、去粗存精的数据处理，并利用云计算、边缘计算技术等手段，保证数据计算高效及时，挖掘农场管理的规律；三是5G技术用来确保装备间的实时通信和机具作业的迅速反应。当将以上技术集合于人工智能的装备上，该装备便具有了识别、学习、导航和作业的能力，既是"无人农场"的决策者也是执行者，完成以往在农业生产中需要人才能胜任的工作。

3. 科技与农产品销售

(1) 农产品溯源推进订单农业

订单农业是近年来较为流行的一种新型农业生产经营模式，订单农业的思路是改变以往"有什么卖什么"的销售思路，转变为"需要什么种什么"，很大程度上降低了农业生产经营的风险。但是在订单农业中，买卖双方的相互信任是关键，农产品溯源技术则成为破解这一难题的重要手段。调研发现，大部分发展得较好的订单农业，都采用了区块链技术进行农产品溯源，用二维码作为农产品的"身份证"，将农产品生产的每一个环节展现在消费者面前，以确保农产品质量，保障舌尖上的安全。

(2) 科技助力农产品电商

据《2021全国县域数字农业农村电子商务发展报告》[①] 显示，2020年，全国县域农产品网络零售额为3 507.6亿元，较2019年增长29.0%，发展趋势迅猛。据统计，在全国农产品电商销售50强县中，排名前6位的省份分别为江苏、山东、浙江、福建、湖南、云南，有3个热区省份（表5-2）。其中，4个国家级贫困县进入全国农产品电商销售50强县，分别为云南文山、安徽砀山、云南勐海和湖南平江。农产品电商将

---

① 农业农村部信息中心，中国国际电子商务中心. 2021全国县域数字农业农村电子商务发展报告 [EB/OL]. 中国政府网，https：//www.gov.cn/xinwen/2021-09/11/5636759/files/55ff71aa99934732-ad1e285adc65ec42.pdf，2021年9月。

"新农业"与"新零售"有机结合起来,不仅减少了消费者的获取成本,也可以让农户直接参与利润的分配。阿里巴巴等农产品电商平台更是将数字化生产、数字化物流、数字化销售结合起来,打造科技助力农产品电商发展的典范。

表 5-2 农产品电商销售 50 强县

排名	县(市、区)	市(州)	省(区)	主要销售农产品
1	沭阳县	宿迁市	江苏省	花卉、绿植、多肉植物
2	安溪县	泉州市	福建省	茶(铁观音、金骏眉)*
3	栖霞市	烟台市	山东省	水果(苹果)
4	临安区	杭州市	浙江省	坚果(山核桃)
5	丰县	徐州市	江苏省	水果(苹果)
6	武义县	金华市	浙江省	茶(花果茶)
7	武夷山市	南平市	福建省	茶(大红袍、金骏眉)*
8	赣榆区	连云港市	江苏省	水产品
9	兴化市	泰州市	江苏省	调味品
10	福鼎市	宁德市	福建省	茶(白茶)*
11	寿光市	潍坊市	山东省	家庭园艺种子
12	文山市	文山壮族苗族自治州	云南省	滋补品(三七)*
13	长葛市	许昌市	河南省	蜂产品
14	新沂市	徐州市	江苏省	水果、核桃仁
15	义乌市	金华市	浙江省	滋补品、肉干
16	北流市	玉林市	广西壮族自治区	水果(百香果)*
17	砀山县	宿州市	安徽省	水果罐头、水果(桃、梨)
18	平邑县	临沂市	山东省	果树
19	蒲江县	成都市	四川省	水果(橘子、猕猴桃)
20	龙海市	漳州市	福建省	多肉植物、绿植
21	邳州市	徐州市	江苏省	茶(花果茶)
22	东阿县	聊城市	山东省	滋补品(阿胶)
23	浏阳市	长沙市	湖南省	豆制品
24	海阳市	烟台市	山东省	水产品(虾)、水果(樱桃)
25	勐海县	西双版纳傣族自治州	云南省	茶(普洱)*
26	安国市	保定市	河北省	滋补品(药食同源)
27	古田县	宁德市	福建省	食用菌(银耳、白木耳)

(续表)

排名	县（市、区）	市（州）	省（区）	主要销售农产品
28	抚松县	白山市	吉林省	滋补品（人参、山参）
29	东坡区	眉山市	四川省	泡菜、水果（脐橙）
30	五常市	哈尔滨市	黑龙江省	粮油（大米）
31	平江县	岳阳市	湖南省	豆制品（豆腐干）
32	常熟市	苏州市	江苏省	水产品（大闸蟹）
33	郯城县	临沂市	山东省	坚果（花生）
34	长沙县	长沙市	湖南省	坚果炒货（瓜子）
35	临猗县	运城市	山西省	水果（苹果）
36	龙口市	烟台市	山东省	水果（苹果）、水产品
37	普宁市	揭阳市	广东省	梅类制品
38	饶平县	潮州市	广东省	茶叶（凤凰单丛）*
39	靖江市	泰州市	江苏省	猪肉制品
40	沧县	沧州市	河北省	枣制品
41	滕州市	枣庄市	山东省	调味品
42	高邮市	扬州市	江苏省	肉禽蛋（咸鸭蛋）
43	沛县	徐州市	江苏省	滋补品（养生茶）
44	东港市	丹东市	辽宁省	水果（草莓）
45	歙县	黄山市	安徽省	茶叶
46	桐乡市	嘉兴市	浙江省	茶叶
47	蒙自市	红河哈尼族彝族自治州	云南省	水果（石榴、枇杷）*
48	青州市	潍坊市	山东省	多肉植物
49	胶州市	青岛市	山东省	水产品（虾、海参）
50	安吉县	湖州市	浙江省	茶叶（安吉白茶）

注：根据《中国县域统计年鉴》数据整理，剔除非产销合一的县市。标注"*"的为热带农产品。

其中，四川省浦江县借助农村电子商务示范县的优势，通过建设电子商务产业园，聚焦品牌、商品、网络、人才、物流等关键环节，实施免房租、中转仓储费等"八免"，补贴物流包装、贷款贴息等"四补"，提供管理咨询、法律咨询等"十服务"扶持政策，大力发展农村电子商务。目前，浦江电子商务产业园共入驻电商企业 93 家，年销售额达 8.5 亿元，带动市州农产品销售 1.6 亿元。

(二) 科技与乡村人才振兴

全面推进乡村振兴，人才振兴是关键和核心[①]。只有解决好了"人"的问题，真正做到人才的有效供给，乡村产业才能正常运转、迭代、发展，文化才能复兴繁荣，教育才能提质增效，新模式新业态才能不断涌现，乡村振兴才能真正实现。从科技的角度，乡村人才振兴是通过科技现代化促进农民现代化的过程，科技的进步和在农业农村范围内的应用，将彻底改变传统农民"面朝黄土背朝天"的刻板形象，使农民也可以变成"职业人""科技人"。

1. 新型农民引领现代农业发展

农民职业化是衡量现代农业的一个重要指标，高素质农民是引领现代农业的发展和推行乡村振兴战略的先行者和佼佼者。传统农业从事者主要依靠经验与人力，农民常年辛勤劳作，付出大量的劳动力但收入却相对微薄，并且"靠天吃饭"，承担着巨大的风险。随着社会的发展，新型农业科学技术不断融入农业领域，现代农业变成了不只需要体力劳动的行业，高素质农民和职业化农民的重要性逐渐凸显。2021年中央一号文件中明确提出："培育高素质农民，组织参加技能评价、学历教育，设立专门面向农民的技能大赛。吸引城市各方面人才到农村创业创新，参与乡村振兴和现代农业建设。"我国大力实施的高素质农民培育工程，已经培养了大批能创新、敢创业、有技术的高素质农民，与传统农民相比，他们更关注农村的统筹发展，以及农作物高效、精准种植。农民科技素养的提高，是推广智慧农业、数字农业、农产品电商等现代农业生产经营方式的基础。

2. 高端科技人才回流助力乡村振兴

除了新型农民的培养，乡村振兴在"人"方面的问题还有劳动力流失和农村人口老龄化的问题。乡村地区的发展落后导致大量劳动力和高素质人才涌到城镇地区，而缺乏人才又导致其发展速度更加缓慢，形成恶性循环。引导高端人才、科技人才回流乡村，可以解决这一问题。一是鼓励生长在城市的科技人才下乡从业或创业，利用自身科技知识储备助力"新农村"建设；二是引导已然跳出"农门"的青年农民和农村大学生带着新的见识和技能返乡创业，他们回归家乡如同大雁归巢，而其中的高端人才则如同雁阵中的"头雁"一般，其专业技能和人格吸引力可以形成"雁阵效应"，带动更多的科技人才投身于回乡创业中，并以此激发乡村活力。"下乡族"和"城归族"的到来，可以为农业农村现代化提供支撑，使农旅融合、高端农业、农产品电商等新业态项目在乡村"生根发芽"，带活乡村经济，成为实现乡村振兴战略的关键资源。

（三）科技与乡村文化振兴

乡村文化作为一种精神价值和生活方式，在乡村振兴中具有不可替代的重要作用。千百年来，乡村文化凝聚着乡土之美、人文之美，加强思想道德建设和公共文化建设是实现乡村文化振兴必不可少的环节。包括培育淳朴民风、文明乡风、良好家风等。在农业农村向数字化、网络化、智能化转型的过程中，要同时推进现代乡村文化建设，就必

---

① 吴韬. 数字化变革赋能云南数字乡村建设发展 [J]. 创造, 2021, 29 (9): 41-49。

须要树立科学的乡村文化发展价值观,去解决科技文化融合发展的问题。

1. 科技进步与乡村文化发展二元共生

科技和文化虽然分属不同领域,但融合以后,所创造的经济社会效益巨大。首先,科技进步将更有力地引导农民对高质量精神文化的追求,就要使他们认识到新时代乡村文化丰富的内涵,能让乡村群众的精神文化、身心健康、理想情操、科学文化素质都能得到涵养。其次,随着互联网技术在农村迅速普及,传统农耕文化的价值观和生活方式有了翻天覆地的变化,村民可以通过智慧终端自主学习和积累生产生活经验,为乡村文化的创新发展和传承献策。最后,文化是乡村进步的精神动力,它在乡村不仅可以调节邻里关系、化解社会矛盾及提高劳动生产效率,更能为乡村发展提供更多智慧方案,促进科技创新实现良性、可持续的发展。

2. 乡村文化振兴需要科技手段的支持

工业和信息化部①发布的《"十四五"信息通信行业发展规划》明确,到2025年,我国建制村5G通达率将达到80%,随着数字化、网络化、智能化等多种现代化科学技术和手段在乡村发展各个领域的应用,科技在乡村文化发展中的推进作用逐渐凸显,实现乡村文化建设的数字化转型指日可待。实现乡村发展的客观需求,印证了科技和文化深度融合的重要性和必要性。

科技可以创新乡村文化发展的形式,为文化的发展带来更多的精彩。首先,现代科学技术手段可以将优质教育资源引入乡村,例如互联网教育、远程教学等,推动教育资源与农村学校、家庭、学生的远程对接,是建设现代乡村文化教育体系的重要途径。其次,现代科技手段激发农民探索文化创新和传播的积极性,如融媒体在乡村文化传播过程中的广泛应用,是农民利用科技手段讲好农村故事、传播农村声音的重要方式。最后,科技手段是政府推进乡村文化建设的重要手段。政府是乡村文化振兴的政策引导者、条件支持者和实施保障者,现代科技手段可以帮助政府用群众喜闻乐见的方式把社会主义核心价值观润物无声地传递给乡村群众,并内化到他们的生产生活之中。

(四)科技与乡村生态振兴

科学技术对乡村生态振兴具有基础性战略性支撑作用。"十三五"期间,我国在大气攻关、水专项等领域的生态环境科技创新,为重点区域/流域水、气、土、固废等污染防治、生态保护修复监管,以及环境基准和标准体系建设提供了重要的支撑,助力我国生态文明建设发生了历史性、转折性、全局性变化。新时代,要推进乡村生态振兴,必须构建符合热区乡村实际的环境科技创新体系,实现乡村生态可持续发展。

1. 科技创新是解决农村生态建设"卡脖子"问题的关键

当前,世界正经历以人工智能、机器人技术、虚拟现实、量子信息技术及可控核聚变、清洁能源、生物技术等为突破口的第四次科技革命。经过"十三五"期间的攻坚克难,我国农村地区的生态环境已经有了明显的改善,但是破坏农村生态建设的根源没有彻底消除,农村人居环境差、农业面源污染问题严重等问题依旧突出,农村生态环境

---

① 中华人民共和国工业和信息化部,简称工业和信息化部。

恶化趋势依然存在，突发环境事件居高不下。解决这些问题需要实施精准治污、科学治污、依法治污，依靠生态环境科技创新体系，加强监测预警预报，分析环境问题成因机理、时空格局和内在规律，制定不同阶段污染治理的系统解决方案，增强治污的科学性和精准性。

2. 科技创新助力农村绿色生产生活方式的形成

"节本增效、质量安全、绿色环保"是科技促进农业绿色生产的关键词。一是农业绿色投入品的研发离不开科技创新。例如生物肥料、低风险农药的研发和投入使用，可以解决现代农业生产中的安全、高效、环保等问题。据统计，"十三五"期间，全国农产品质量安全例行检测合格率高达97.8%。二是农业绿色生产技术的应用促使农业绿色发展的质量和效益提升。例如循环农业、种养结合、病虫害统防统治、测土配方施肥等绿色技术和模式将成为现代农业绿色发展的主流。三是科技手段促进农民绿色生活观念的形成。长久以来，农村地区的生态环保意识较弱，源自农村居民对于生态重要性及相关法律制度的重要性认知不足，科技手段的应用可以助力相关知识的宣传，提高农村居民对生态环保知识的知晓率，养成绿色生活的观念与意识。

3. 科技创新促进环境监管

科技的力量使环境监管人员在工作中能看到以往去不了的"角落"，仪器上的数字能探测到细小的"线索"，让环境违法违规行为难以遁形。例如，在农村人居环境整治工作的推进中，由于村庄多、分散、地形复杂等原因，巡察组往往难以获取各村环境全貌，而无人机巡航技术的引入，可以对不易发现的卫生死角进行抓拍，快速、清晰、准确地获取村容村貌资料，精准确定问题点位并及时反馈整改。科技手段使常态化的高压监管成为可能，促进乡村地区朝着"绿水青山就是金山银山"的目标稳步前进。

（五）科技与乡村组织振兴

组织振兴是乡村振兴的条件保障，要培养造就一批坚强的农村基层组织，通过科技赋能农村基层组织，是实现乡村组织振兴的重要手段。

1. 科技助力基层组织治理能力的提升

科技手段可以提高基层组织参与乡村治理的能力和水平。近年来，多地推行"数字乡村"建设，让乡村治理更高效、便捷、有序。例如，中国联合网络通信集团有限公司推出的"数字乡村服务治理云平台"，方便基层组织通过手机完成乡村事务智能管理，并结合物联网、5G等信息技术手段，与有线电视、数字乡村大屏、网络摄像头等实时联动，使农村网格治理、治安治理、监督治理、传播治理全部网络化，将农村治理大小事务"一网打尽"，既能提升基层组织治理能力，又能调动村民参与社会治理的积极性，形成组织有序、沟通顺畅、协同推进的乡村治理新格局。

2. 科技组织参与乡村治理助力乡村振兴

科技类社会组织具有服务乡村振兴的"学术"与"服务"属性优势，是参与乡村振兴的重要社会力量，是乡村组织振兴的重要组成部分。科技组织参与乡村振兴可以壮大乡村基层组织的力量，特别是在提供科技服务方面，可以围绕乡村建设开展科普工作和实施咨询决策工作，有助于深入推进乡村振兴战略的深入实施。

第三节 热区科技创新现状及支撑乡村振兴发展中的问题

一、热区代表性省份科技创新现状

根据发布的《中国区域科技创新评价报告2021》①,我国2021年综合科技创新水平指数为72.44%,热区10个省(区)中只有广东省综合科技创新水平指数超过全国平均水平,为81.55%,处于第一梯队;在第二梯队的有四川、福建、湖南、江西、广西5个省(区);贵州、海南、云南、西藏则处于全国综合科技创新水平第三梯队。总体来讲,全国综合科技创新水平排名后10位中,有5个为热区省份,我国热区综合科技创新水平处于中等偏下水平(表5-3)。

本节根据热区各省(区)综合科技创新水平指数在全国的排名情况,分别在第一、第二、第三梯队里,选取广东(81.55%,第三位)、湖南(65.35%,第十五位)、海南(48.98%,第二十六位)作为代表,对其经济、科技、人才、社会等方面的创新发展情况进行详细分析。

表5-3 2021年中国区域综合科技创新水平指数

排名	省(区、市)	指数(%)	排名	省(区、市)	指数(%)
1	上海	86.36	17	吉林	60.90
2	北京	84.58	18	河北	58.26
3	广东*	81.55	19	河南	57.68
4	天津	80.88	20	宁夏	56.83
5	江苏	79.69	21	黑龙江	56.32
6	浙江	76.76	22	山西	53.75
7	重庆	70.48	23	甘肃	53.71
8	湖北	69.33	24	广西*	53.51
9	陕西	67.86	25	贵州*	49.05
10	山东	66.98	26	海南*	48.98
11	安徽	66.66	27	内蒙古	47.63
12	四川*	66.43	28	云南*	47.47
13	福建*	66.38	29	青海	44.17
14	辽宁	66.32	30	新疆	37.61
15	湖南*	65.35	31	西藏*	32.89
16	江西*	61.11			

数据来源:《中国区域科技创新评价报告2021》,标注"*"的为热区省份。

① 《中国区域科技创新评价报告2021》发布于中国科学技术发展战略研究院官网,http://www.casted.org.cn/channel/newsinfo/8483,2022年1月4日。

(一)广东省科技创新现状

1. 研究与试验发展(R&D)经费投入情况

(1) R&D 经费支出金额及在地区生产总值中的占比均稳步上涨

2019 年,广东省 R&D 经费支出金额为 3 098.49 亿元,较 2011 年的 1 045.49 亿元增长约 196%;占地区生产总值比例达到 2.88%,长期以来呈现稳步增长的态势,较 2011 年的 1.96% 增长 0.92 个百分点,整体增幅较大(表 5-4)。

表 5-4 广东省 2011—2019 年 R&D 经费支出及地区生产总值比例

年份	R&D 经费支出(亿元)	R&D 经费支出占地区生产总值比例(%)
2011	1 045.49	1.96
2012	1 236.15	2.17
2013	1 443.45	2.32
2014	1 605.45	2.33
2015	1 798.17	2.43
2016	2 035.14	2.52
2017	2 343.63	2.61
2018	2 704.70	2.71
2019	3 098.49	2.88

数据来源:《广东省统计年鉴》,2020 年数据未披露。

(2) R&D 经费使用结构有所变化,用于基础研究的比例有明显提升

试验发展支出一直是 R&D 经费支出的大头部分,2019 年,广东省用于试验发展支出的经费为 2 709.36 亿元,占 R&D 经费支出金额的 87.44%。但分析 2014 年至今的 R&D 经费使用结构发现,近年来,广东省 R&D 经费用于基础研究的比例由 2014 年的 2.64% 提升至 2019 年的 4.58%,提升了 1.94 个百分点(表 5-5)。2019 年广东省基础研究与应用研究、试验发展支出的比例约为 1∶1.74∶19.1。

表 5-5 广东省 2014—2019 年 R&D 经费支出结构

年份	基础研究支出		应用研究支出		试验发展支出	
	金额(亿元)	占比(%)	金额(亿元)	占比(%)	金额(亿元)	占比(%)
2014	42.41	2.64	126.50	7.88	1 436.53	89.48
2015	54.21	3.01	165.00	9.18	1 478.96	82.25
2016	86.02	4.23	164.50	8.08	1 784.62	87.69
2017	109.42	4.67	215.60	9.20	2 018.61	86.13
2018	115.18	4.26	230.53	8.52	2 358.99	87.22

(续表)

年份	基础研究支出		应用研究支出		试验发展支出	
	金额（亿元）	占比（%）	金额（亿元）	占比（%）	金额（亿元）	占比（%）
2019	141.86	4.58	247.28	7.98	2 709.36	87.44

数据来源：《广东省统计年鉴》，2011—2013 年及 2020 年数据未披露。

（3）企业资金仍然是 R&D 经费的主要来源，政府资金比例近年来有所提升

企业资金一直以来都是 R&D 经费的主要来源，但 2014 年至今，企业资金的比例在逐年下降，政府资金比例逐年上升。2019 年广东 R&D 经费中的政府资金达到了 397.26 亿元，较 2018 年增长 2.18%，为 2014 年以来最大增幅；在 R&D 经费来源中的占比达到 12.82%，较 2014 年的 7.27% 增长 5.55 个百分点（表 5-6）。

表 5-6　广东省 2014—2019 年 R&D 经费来源结构

年份	政府资金		企业资金	
	金额（亿元）	占比（%）	金额（亿元）	占比（%）
2014	116.66	7.27	1 445.72	90.05
2015	145.85	8.11	1 606.21	89.32
2016	186.60	9.17	1 795.78	88.24
2017	240.40	10.26	2 047.59	87.37
2018	287.68	10.64	2 369.05	87.59
2019	397.26	12.82	2 649.95	85.52

数据来源：《广东省统计年鉴》，2011—2013 年及 2020 年数据未披露。

2. 科技产出及成果情况

（1）国家级科技成果奖励 2020 年大幅下降，省级奖励中农业方面占比波动下降

纵观广东省近 10 年（2011—2020 年）科技奖励成果变化情况，国家级奖励在 2015—2019 年保持稳步增长，2019 年达到峰值 50 项，但 2020 年大幅下降到 36 项，降幅达到 38.89%。在省级奖励层面，2018 年出现近 10 年来最低水平，2019 年和 2020 年有所回升；其中农业方面的奖励占比逐年降低，2020 年农业方面奖励比例仅占 7.39%，较 2013 年的峰值减少了 9.02 个百分点（表 5-7）。

表 5-7　广东省 2011—2020 年科技成果奖励情况

年份	国家级科技奖励成果（项）	省级科技奖励成果		
		总数（项）	农业方面（项）	农业方面占比（%）
2011	34	272	33	12.13
2012	26	280	45	16.07

(续表)

年份	国家级科技奖励成果（项）	省级科技奖励成果		
		总数（项）	农业方面（项）	农业方面占比（%）
2013	28	262	43	16.41
2014	46	249	33	13.25
2015	32	237	31	13.08
2016	33	239	27	11.30
2017	38	246	31	12.60
2018	45	171	26	15.20
2019	50	173	16	9.25
2020	36	176	13	7.39

数据来源：《广东省统计年鉴》。

（2）专利申请授权数量持续增长，但发明专利占比逐渐降低

近10年，广东省专利申请授权数和发明专利的数量总体保持高速的增长速度，2020年，专利申请授权数达到709 725件，其中发明专利70 695件，占比为9.96%，为2011年至今的最低水平（表5-8）。

表5-8 广东省2011—2020年专利申请授权情况

年份	专利申请授权数（件）	发明专利（件）	发明专利占比（%）
2011	128 415	18 242	14.21
2012	153 598	22 153	14.42
2013	170 430	20 084	11.78
2014	179 953	22 276	12.38
2015	241 176	33 477	13.88
2016	259 032	38 626	14.91
2017	332 648	45 740	13.75
2018	478 082	53 259	11.14
2019	527 389	59 742	11.33
2020	709 725	70 695	9.96

数据来源：《广东省统计年鉴》。

（3）技术合同单年度成交额近年来大幅增长，达到千亿级别

2018年广东省技术合同成交额达到1 387亿元，首次达到千亿级别。自该年度起，广东省单年度技术合同成交额保持着年均50%以上的增长速度，2019年出现63.86%的增幅峰值，2020年技术合同成交额达到3 465.92亿元（表5-9）。

表 5-9　广东省 2011—2020 年技术合同成交情况

年份	技术合同成交额（亿元）	增幅（%）
2011	286.62	18.32
2012	369.75	29.00
2013	535.86	44.92
2014	543.14	1.36
2015	663.53	22.17
2016	789.68	19.01
2017	949.48	20.24
2018	1 387.00	46.08
2019	2 272.78	63.86
2020	3 465.92	52.50

数据来源：《广东省统计年鉴》。

3. 农业科技创新能力

广东省的综合科技创新总体水平较高。我国省域农业科技创新能力评价与分析相关研究表明[①]，广东农业科技创新能力得分 38.37，居于全国第四位，远高于各省份平均得分（26.52），与综合科技创新水平呈高度正相关。报告显示，广东省的农业科技创新能力、支撑能力、投入能力在全国范围内均表现突出，但在农业科技产出能力上，仍有待进一步加强，未能进入第一梯队。

（二）湖南省科技创新现状

1. 研究与试验发展（R&D）经费投入情况

（1）R&D 经费支出金额及在地区生产总值中的占比均稳步上涨

2020 年，湖南省 R&D 经费支出金额为 898.70 亿元，较 2011 年的 233.22 亿元增长约 285.34%；占地区生产总值比例达到 2.15%，较 2011 年的 1.23% 增长 0.92 个百分点（表 5-10）。

表 5-10　湖南省 2011—2020 年 R&D 经费支出及占地区生产总值比例

年份	R&D 经费支出（亿元）	R&D 经费支出占地区生产总值比例（%）
2011	233.22	1.23
2012	287.68	1.36
2013	327.03	1.39
2014	367.93	1.42

---

① 王丹，杜旭，郭翔宇. 中国省域农业科技创新能力评价与分析 [J]. 科技管理研究，2021，41（1）：1-8。

(续表)

年份	R&D 经费支出（亿元）	R&D 经费支出占地区生产总值比例（%）
2015	412.67	1.45
2016	468.84	1.52
2017	568.53	1.68
2018	658.27	1.81
2019	787.16	1.97
2020	898.70	2.15

数据来源：《湖南省统计年鉴》。

（2）R&D 经费支出结构未见明显变化

近 10 年，湖南省 R&D 经费支出中试验发展支出占比经历了先升后降的过程，2015 年达到了最高占比，为 87.00%，当年应用研究的占比达到了历史低点 9.70%，基础研究的占比变化不大。2020 年，基础研究与应用研究、试验发展支出的比例约为 1：3：21（表 5-11）。

表 5-11　湖南省 2011—2020 年 R&D 经费支出结构

年份	基础研究支出		应用研究支出		试验发展支出	
	金额（亿元）	占比（%）	金额（亿元）	占比（%）	金额（亿元）	占比（%）
2011	7.95	3.41	31.87	13.66	193.40	82.93
2012	9.28	3.23	37.26	12.95	241.13	83.82
2013	10.95	3.35	42.09	12.87	273.98	83.78
2014	11.53	3.13	40.40	10.98	316.00	85.88
2015	13.60	3.30	40.04	9.70	359.02	87.00
2016	13.10	2.79	49.37	10.53	406.37	86.68
2017	16.21	2.85	58.71	10.33	493.61	86.82
2018	22.78	3.46	72.49	11.01	563.00	85.53
2019	31.51	4.00	86.97	11.05	668.68	84.95
2020	34.48	3.84	111.14	12.37	753.08	83.80

数据来源：《湖南省统计年鉴》。

（3）R&D 经费主要来源以企业资金为主，资金涨幅呈波动上升趋势

2020 年，湖南省 R&D 经费中企业资金为 735.74 亿元，占总经费的 81.87%，较 2016 年的 84.67% 下降 2.8 个百分点。2020 年，湖南省 R&D 经费中政府资金为 118.58 亿元，较 2019 年增长 33.85%，为近 10 年来最大增幅（表 5-12）。

表 5-12　湖南省 2011—2020 年 R&D 经费来源结构

年份	政府资金			企业资金		
	金额（亿元）	较上年增长（%）	占比（%）	金额（亿元）	较上年增长（%）	占比（%）
2011	31.15	27.41	13.36	184.68	58.84	79.19
2012	37.01	18.82	12.87	230.05	24.57	79.97
2013	46.10	24.54	14.10	264.07	14.79	80.75
2014	50.09	8.66	13.61	302.98	14.74	82.35
2015	50.89	1.59	12.33	344.87	13.82	83.57
2016	56.32	10.67	12.01	396.97	15.11	84.67
2017	70.49	25.16	12.40	477.54	20.30	84.00
2018	83.60	18.60	12.70	549.50	15.07	83.48
2019	88.59	5.97	11.25	659.48	20.01	83.78
2020	118.58	33.85	13.19	735.74	11.56	81.87

数据来源：《湖南省统计年鉴》。

2. 科技产出及成果情况

（1）省级及以上科技奖励成果数量有下降趋势

纵观湖南省近 10 年（2011—2020 年）省级及以上科技奖励成果变化情况，国家级奖励数量波动较大，其中 2016 年仅 12 项，为近 10 年来最低；此后的 3 年内，数量急速增长，至 2019 年达到 31 项，为 2016 年的 2.5 倍。但 2020 年湖南省仅获得 15 项国家级科技奖励成果，数量大幅回落（表 5-13）。

表 5-13　湖南省 2011—2020 年科技成果奖励情况

年份	国家级科技奖励成果（项）	省级科技奖励成果（项）
2011	22	230
2012	24	230
2013	20	223
2014	25	227
2015	18	218
2016	12	204
2017	17	209
2018	27	218
2019	31	280
2020	15	258

数据来源：《湖南省统计年鉴》。

(2) 专利申请授权数量持续增长，但发明专利占比逐渐降低

近 10 年，湖南省专利申请授权数和发明专利的数量总体保持高速的增长，但自 2018 年开始发明专利的占比逐年下降。2020 年，专利申请授权数达到 78 723 件，其中发明专利 11 537 件，占比为 14.66%，较 2017 年 20.86% 的峰值降低 6.2 个百分点，接近 2012 年的最低值（表 5-14）。

表 5-14　湖南省 2011—2020 年专利申请授权情况

年份	专利申请授权数（件）	发明专利（件）	发明专利占比（%）
2011	16 064	2 607	16.23
2012	23 212	3 353	14.45
2013	24 392	3 613	14.81
2014	26 637	4 160	15.62
2015	34 075	6 776	19.89
2016	34 050	6 967	20.46
2017	37 916	7 909	20.86
2018	48 957	8 261	16.87
2019	54 685	8 746	15.99
2020	78 723	11 537	14.66

数据来源：《湖南省统计年鉴》。

(3) 技术合同单年度成交额保持高速增长，有望突破千亿元

近 10 年，湖南省技术合同单年度成交额平均增速约为 38%，2020 年湖南省技术合同成交额达到 735.95 亿元，按照近 10 年平均增速模拟测算，2021 年湖南省技术合同成交金额有望达到 1 015.61 亿元，首次突破千亿元（表 5-15）。

表 5-15　湖南省 2011—2020 年专利申请授权情况

年份	技术合同成交额（亿元）	增幅（%）
2011	35.39	-11.72
2012	42.25	19.38
2013	77.06	82.39
2014	97.93	27.08
2015	105.38	7.61
2016	105.62	0.23
2017	203.11	92.30

(续表)

年份	技术合同成交额（亿元）	增幅（%）
2018	281.67	38.68
2019	490.69	74.21
2020	735.95	49.98

数据来源：《湖南省统计年鉴》。

3. 农业科技创新能力

湖南省的综合科技创新水平在全国处于中等水平，根据我国省域农业科技创新能力评价与分析相关研究，湖南省农业科技创新能力得分30.97，居于全国第十位，略高于各省份平均得分（26.52），与综合科技创新水平呈高度正相关。报告显示，湖南省农业科技创新支撑能力（全国排名第七）与创新投入能力（全国排名第八）较强。

（三）海南省科技创新现状

1. 研究与试验发展（R&D）经费投入情况

（1）R&D经费支出金额大幅提高，但在地区生产总值中的占比增幅不大

2020年，海南省R&D经费支出金额为36.62亿元，较2011年的10.37亿元增长约253.13%；占地区生产总值比例为0.66%，较2011年的0.41%仅增长0.25个百分点，增幅不大（表5-16）。

表5-16 海南省2011—2020年R&D经费支出及占地区生产总值比例

年份	R&D经费支出（亿元）	R&D经费支出占地区生产总值比例（%）
2011	10.37	0.41
2012	13.70	0.48
2013	14.84	0.47
2014	16.92	0.48
2015	16.97	0.46
2016	21.71	0.54
2017	23.11	0.52
2018	26.87	0.55
2019	29.91	0.56
2020	36.62	0.66

数据来源：《海南省统计年鉴》。

（2）R&D经费支出结构经历了明显变化，近年来趋于稳定

2011—2015年，海南省R&D经费支出中基础研究支出比例逐年下降，2015年降到近10年来最低比例5.72%。2019年和2020年基础研究支出占比趋于稳定，2020年占比为19.69%，与2011年水平基本持平；2016年以后，海南R&D经费支出结构中基础

研究与应用研究、试验发展支出的比例趋于稳定，2020年三类活动经费支出的比例约为1∶1∶3（表5-17）。

表 5-17　海南省 2011—2020 年 R&D 经费支出结构

年份	基础研究支出		应用研究支出		试验发展支出	
	金额（亿元）	占比（%）	金额（亿元）	占比（%）	金额（亿元）	占比（%）
2011	2.04	19.67	1.38	13.31	6.96	67.12
2012	2.41	17.59	2.12	15.47	9.20	67.15
2013	1.47	9.91	1.31	8.83	12.07	81.33
2014	1.20	7.09	2.47	14.60	13.25	78.31
2015	0.97	5.72	2.60	15.32	13.39	78.90
2016	5.32	24.50	5.20	23.95	11.19	51.54
2017	7.06	30.55	5.57	24.10	10.48	45.35
2018	5.51	20.51	5.93	22.07	15.43	57.42
2019	5.71	19.09	7.36	24.61	16.84	56.30
2020	7.21	19.69	6.96	19.01	22.45	61.31

数据来源：《海南省统计年鉴》。

（3）政府资金逐渐成为R&D经费的主要来源，企业资金占比减少

2016年起，海南R&D经费来源中政府资金的占比首次超过企业资金，政府资金逐渐成为海南R&D经费的主要来源，2020年政府资金占比达到57.92%，达到近10年来的最高比例，政府资金与企业资金的比值为1∶0.67，说明企业投资意愿不高，政府资金对于企业资金的撬动能力较弱（表5-18）。

表 5-18　海南省 2011—2020 年 R&D 经费来源结构

年份	政府资金		企业资金	
	金额（亿元）	占比（%）	金额（亿元）	占比（%）
2011	4.25	40.98	5.66	54.58
2012	4.61	33.65	7.79	56.86
2013	5.20	35.04	9.30	62.67
2014	5.69	33.63	10.88	64.30
2015	5.39	31.76	11.14	65.65
2016	10.47	48.23	8.26	38.05
2017	13.15	56.90	9.42	40.76
2018	13.32	49.57	12.24	45.55

(续表)

年份	政府资金		企业资金	
	金额（亿元）	占比（%）	金额（亿元）	占比（%）
2019	12.99	43.43	14.43	48.24
2020	21.21	57.92	14.25	38.91

数据来源：《海南省统计年鉴》。

2. 科技产出及成果情况

（1）科技成果登记数量下滑，多年未获得国家级奖励

2017 年，海南省科技成果登记数量达到近 10 年最高值 436 项，但此后数量急剧下降，至 2020 年仅为 135 项，数量约为 2017 年的 1/3，达到近 10 年来的最低值。此外，近 10 年来，海南省仅在 2012 年获得国家级科技奖励 1 项，其余年份均未获得（表 5-19）。

表 5-19　海南省 2011—2020 年科技成果登记及奖励情况

年份	科技成果登记数量（项）	国家级科技奖励成果（项）
2011	224	0
2012	186	1
2013	404	0
2014	279	0
2015	215	0
2016	320	0
2017	436	0
2018	229	0
2019	149	0
2020	135	0

数据来源：《海南省统计年鉴》。

（2）专利申请授权数量持续增长，发明专利占比大幅降低

近 10 年，海南省专利申请授权数保持高速增长，但发明专利数量增长速度不快，且在专利申请授权总量中的占比逐年大幅度降低。2020 年，海南专利申请授权数为 8 578 件，其中发明专利 721 件，占比为 8.41%，较 2012 年发明专利 35.89% 的占比降低了 27.48 个百分点，为近 10 年的最低占比（表 5-20）。

表 5-20　海南省 2011—2020 年专利申请授权情况

年份	专利申请授权数（件）	发明专利（件）	发明专利占比（%）
2011	765	272	35.56

（续表）

年份	专利申请授权数（件）	发明专利（件）	发明专利占比（%）
2012	1 084	389	35.89
2013	1 331	449	33.73
2014	1 597	380	23.79
2015	2 060	417	20.24
2016	1 938	385	19.87
2017	2 084	352	16.89
2018	3 292	489	14.85
2019	4 423	530	11.98
2020	8 578	721	8.41

3. 农业科技创新能力

海南省的综合科技创新水平在全国处于第三梯队（第二十六位），根据我国省域农业科技创新能力评价与分析相关研究，海南农业科技创新能力得分为16.58分，居于全国第二十六位，远低于各省份平均得分（26.52分）。从创新支撑、创新投入和创新产出3个维度的得分来看，海南省农业科技创新支撑能力低于综合能力排名，在全国排名第三十位，主要制约因素是农业科研与推广条件，即农业科研组织、农业科技创新平台、农业从业人员人均农业技术推广机构数量均处于较低水平。创新产出指标中的农业科研成果产出水平明显低于综合能力排名，即农业科技论文水平、农业专利水平、农业新品种水平、农业科技奖励、国家级农业科研项目数量明显不足。

二、热区科技创新支撑乡村振兴的问题

（一）部分热区省份科技研发投入能力有限，对科技投入的重视程度不足

科技创新能力与研发投入呈正相关，由于各省份在经济体量上有巨大差异，其研发投入能力差别也比较大，以2020年为例，广东省的研发投入是海南省的88倍之多，这很大程度上受制于区域经济发展水平，致使其科技研发投入能力有限。

但科技研发投入经费占当地GDP的比例可以更加直观地说明该地区对于科技创新的重视程度。就广东、湖南、海南3省而言，其科技研发投入占当地GDP的比例存在较大差异。从趋势上来看（图5-1），湖南省近年来涨幅最高，海南省则持续处于低位，对科技创新的重视程度明显不足，且近年来并未得到明显改善。这一差异将使得科技研发投入差距逐渐扩大，是造成科技创新能力不足的主要原因之一。

（二）科技人才分布地区差异明显，落后地区存在人才引进障碍

人才是科技创新发展的第一要素，比较发现，广东、湖南、海南的R&D人员全时当量差异巨大。早在2018年，广东省的R&D人员全时当量已经超过百万人，而海南至

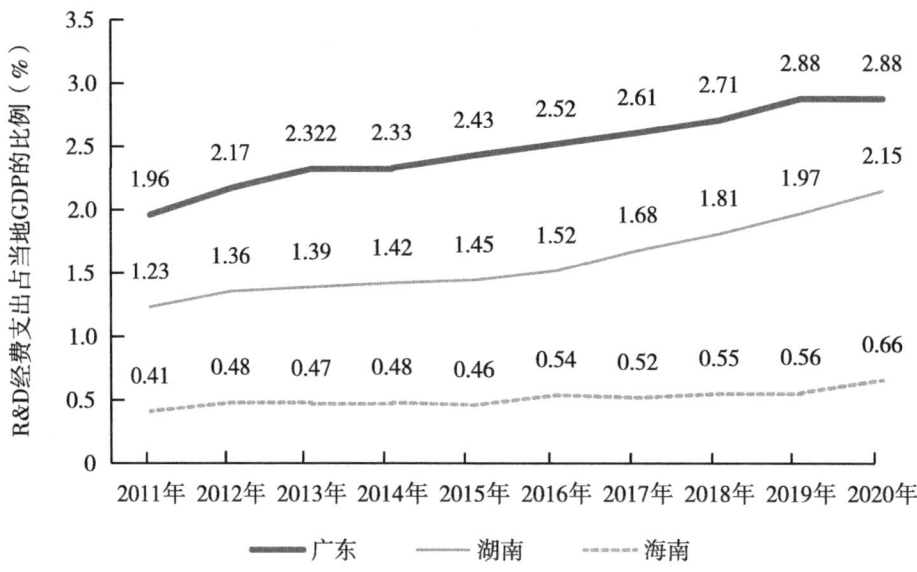

图 5-1 广东、湖南、海南 3 省 2011—2020 年 R&D 经费支出占当地 GDP 的比例

今不足万人,在科技人才储量上有巨大差异。2020 年,广东 R&D 人员全时当量为 1 091 544 人年,约是湖南的 6 倍,海南的 121 倍(表 5-21)。

科技创新大战本质上是人才大战。海南、云南、贵州、广西等大部分热带农业大省(区)处于西南地区,存在人才短缺、人才吸引力差的问题,尤其是农村地区。一般来讲,我国科技人才的流动主要有两种:一是国家调配流动。如 20 世纪五六十年代,为了发展天然橡胶事业,国家调配大量科技人员南下广州,设立中国热带农业科学院的前身"华南热带林业科学研究所",后迁至海南岛,为海南的科技发展带来前所未有的活力;目前,我国仍然支持各类人才计划向西部地区倾斜,积极鼓励科技人员投向西南地区。二是智力市场自由流动。科技人才的市场流动目的是追求效用和收益的最大化,而海南、云南、贵州、广西等大部分热带农业大省(区)经济发展水平较低,受地势地形影响,农村地区的条件更是艰苦,在人才大战中不具备竞争优势,难以对科技人才尤其是高端人才形成吸引力。

表 5-21 广东、湖南、海南 3 省 2011—2020 年 R&D 人员全时当量情况

单位:人

年份	广东	湖南	海南
2011	515 646	85 783	5 397
2012	629 055	100 032	6 787
2013	652 405	103 414	6 962
2014	675 206	107 432	7 514
2015	680 237	114 869	7 713

(续表)

年份	广东	湖南	海南
2016	735 188	119 345	7 840
2017	879 854	130 829	7 715
2018	1 023 101	146 948	8 160
2019	1 091 544	157 277	8 903
2020	1 091 544	177 561	8 961

（三）科技研发投入来源结构差异明显，落后地区社会资金对于科技创新的参与度不高

3 省 R&D 经费中政府资金均保持连年增长，但广东省和湖南省的 R&D 经费中，企业资金占比都达到了 80% 以上，而海南省 R&D 经费中企业资金占比最高不超过 66%，且近年来持续低于 50% 的比例，体现出社会资金对于科技创新的参与度不高（图 5-2）。

由于社会资本对于投资的时效性和回报率的要求较高，社会资本的参与程度往往体现了一个地区经济的活力。在科技创新领域，社会资本参与能够更加准确地把握市场的需求，提升科技创新对于经济发展的带动能力，而社会资本的低参与度则表明企业对该地区发展的信心不足，科技创新环境欠佳。科技创新的可持续发展，单靠政府资金的投入是不够的，若不能充分发挥其对社会资金的撬动能力，容易造成科技创新能力难以提升的恶性循环。

图 5-2　广东、湖南、海南 3 省 2014—2019 年 R&D 经费中企业资金占比

（四）农业高质量科技成果产出少，创新性有待进一步提升

高质量科技成果产出是衡量科技创新水平的重要指标之一，通过对热区代表性省份

的分析发现,农业方面的高质量科技成果产出较少的问题普遍存在。在科技奖励成果方面,农业占比较低,以广东省为例,2020年广东省省级农业方面的科技奖励成果占比仅为7.39%;在专利申请授权方面,广东、海南两省的发明专利占比均呈明显下降趋势(图5-3)。众所周知,发明专利指的是新型技术方案,其在科技成果转化的含金量一般较高,发明专利的比例下降为我们敲响了警钟,提醒科技研发应提高对创新程度的重视度。

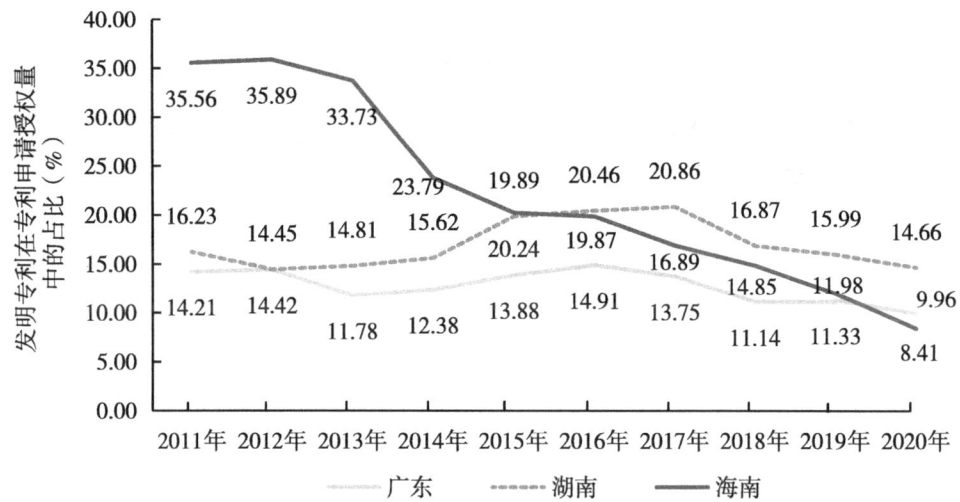

图5-3 广东、湖南、海南3省2011—2020年发明专利在专利申请授权量中的占比

(五)科技对热区乡村振兴的支撑力有所提升,但缺乏统一评价体系

科技成果的应用与转化是科技创新的最终落脚点。近年来代表性热区省份的技术合同交易成交额保持高速增长,结合各省科技创新现状,可以初步判定科技对乡村振兴的支撑力随之提升,但由于国内普遍缺乏科技支撑乡村振兴的统一评价体系,且技术服务类型并未做分类统计,因此难以精确判断科技对热区乡村振兴的支撑情况和力度。

第四节 科技赋能热区乡村振兴的趋势及机遇

一、科技支撑热区乡村振兴的趋势

(一)科技资源公平化

分析发现,我国的地区科技创新资源分布十分不均衡,人、财、物高度聚集在发达地区、东部省份,大部分热区省份,尤其是热区农业大省存在缺乏科技人才、科技资金和科技成果的问题。要实现科技有效支撑热区乡村振兴,科技资源公平化分配是必不可少的前提。在资源的分配上,一般有3种倾向:第一种是强势倾向,即所谓的"虹吸效应",这种倾向会让资源好的地区越来越好,但是会对其他地区形成资源剥夺;第二种是补偿倾向，即通过宏观调配手段，使资源的二次分配向弱势地区倾斜，在一定程度上可以缩小地区间的绝对差距；第三种是一视同仁，即不采用过多的干预手段，将资源流向的决定权完全交予市场。在我国社会发展的大背景下，一视同仁的手段可以实现形式上的公平，但无法达到真正的公平，所以，未来很长一段时间，要通过宏观调控，也就是带有"补偿倾向"的手段，促进科技资源的公平化分配，进而达到科技支撑乡村振兴的目的。

（二）创新趋势实用化

当今世界正经历百年未有之大变局，在科技创新领域亦是如此。当前，世界各国均在持续加大科技独立研发进度，从而促进高科技产品和系统服务加速诞生，经济社会转型向科技索要答案的趋势越来越明显。在未来科技创新与科技推广的过程中，实用性强的科技产品才是社会生产关注的重点。现实生产力转化不足是我国科技创新成果一直存在的痼疾，科技创新的效率不高、实用性不强，科研和经济长期脱节，对经济社会发展的支撑力度不足。要加强科技促进热区乡村振兴的脚步，改变科技创新的趋势是必然的。未来科技创新既是面向科技前沿的创新，也是面向生产生活的创新，把科技成果应用在热区乡村振兴的过程中，真正发挥科技的支撑效率。

（三）科技使用综合化

现代科学技术之间的相互渗透、彼此促进是一种趋势。据不完全统计，能够应用在热区乡村振兴中的科技手段有5G、物联网、大数据、人工智能、云计算、区块链等，这些数字信息和育种、杂交、农业灌溉、农村新能源等技术的不断排列重组，将一次次刷新农业农村对科技的认识和使用范围，推动热区乡村在产业发展、生态保护、乡村治理等各场景的应用。科技手段的综合应用呈现越来越明显的趋势，随着新一轮科技浪潮的到来，热区乡村建设网络化、平台化、数字化特征不断加强，热区乡村振兴工作的工作模式也将持续做出改变，这与科技使用的综合化密不可分。

（四）支撑内容和应用场景的多元化

随着热区乡村发展和人民生活水平的提高，科技在热区乡村振兴中的应用场景逐步呈现多元化趋势。以最常见的互联网为例，从其在我们日常生活中的应用进程变化，可窥见未来科技在乡村振兴中的应用亦是如此。互联网最早是应用于军事领域，后来发展为现代互联网，主要用于信息传输；随着"互联网+"的兴起，智慧农业、智能家居、网络金融等产业互联网化热潮逐渐兴起，互联网在日常生活中的应用越来越广泛。未来，在乡村产业振兴、人才振兴、生态振兴、文化振兴和组织振兴的各类场景中，科技手段应用的领域会越来越广泛，而且场景驱动创新的现象会倒逼科技的创新和迭代升级。

（五）支撑评价专门化

目前国内缺乏科技支撑乡村振兴的专门研究，尤其是关于热区乡村振兴的研究少之又少。关于科技支撑乡村振兴的评价多采用定性的指标，或者借用其他的评价指标体系，缺乏客观性、科学性和针对性。只有进一步完善评价指标体系，才能充分发挥科技对于热区乡村振兴的支撑效力，因此，加强相关研究、促进支撑评价专门化是科技支撑热区乡村振兴的趋势之一。

二、科技支撑热区乡村振兴的发展机遇

（一）乡村振兴及创新发展战略为科技支撑热区乡村振兴提供政策保障

创新发展战略是党的十八大明确提出的国家发展战略，其核心是坚持走中国特色自主创新道路，指出"科技创新是提高社会生产力和综合国力的战略支撑"。未来中国的发展是靠创新驱动的，科技创新则处于核心位置。其后，乡村振兴战略在党的十九大报告中正式提出，2021年中央一号文件《中共中央 国务院关于全面推进乡村振兴加快农业农村现代化的意见》中提出了要"强化现代农业科技和物质装备支撑""构建现代乡村产业体系""推进农业绿色发展""推进现代农业经营体系建设""加强乡村公共基础设施建设""实施农村人居环境整治提升五年行动"等一系列要求，为农业农村现代化发展指明了方向，这些重点工程和建设行动，无一能够离开科技创新与支撑。

从政策趋势来看，党中央、国务院高度重视科技创新和乡村振兴工作，大量国家级政策和文件都在强调这两项工作的重要性，热区省份纷纷响应。广东省科技厅、农业农村厅等七部门联合发布《广东省乡村振兴科技计划》，推动科技支撑精准脱贫、人才资源下乡和农业发展关键技术的突破与转化应用，为乡村发展不断注入科技创新动力；湖南省印发《关于扎实推进科技帮扶 巩固拓展脱贫攻坚成果 助力乡村振兴的工作方案》，通过支持科技创新创业载体、加强科技服务体系建设、引进科技人才等方式，全面实施科技支撑乡村振兴行动；云南省科学技术厅、农业农村厅和云南省乡村振兴局联合印发《云南省科技支撑乡村振兴六大行动（2021—2025年）》，旨在全面提升云南省的农业农村科技创新能力和技术水平，为乡村振兴提供强有力的科技支撑；《海南省"十四五"推进农业农村现代化规划》中将建设现代农业园区、建设生态循环农业示范省等任务作为"十四五"期间海南现代农业发展的主要目标。国家及热区各省份科技发展及乡村振兴政策的不断出台，为科技支撑热区乡村振兴提供了坚实的政策保障。

（二）科技创新活力的提升为科技支撑热区乡村振兴打下坚实基础

自党的十八大提出创新发展战略以来，我国科技事业取得了辉煌的成绩，科技创新活力不断提升，科技实力和科技创新能力大幅跃升。一是各类科技创新平台布局优化，在农业领域，表现为重大科技创新平台建设成效突出。农业农村部学科群重点实验室、国家级农业现代化示范区、农业科技园区等农业领域的重大科技创新平台建设，为农业科技创新提供创新源头，为科技支撑热区乡村振兴打下了坚实的基础。以海南热带农业科技创新平台为例，中国热带农业科学院共有12个农业农村部学科群重点实验室，儋州市获批2个国家级科技创新平台，共同推动海南高水平热带科技发展。二是科研软环境逐渐提升，表现在对科研人才的重视度逐渐提高，科技人员待遇大幅度提升，科学家精神大力提倡，科技评价机制逐渐完善，科研政策软环境良好；科研软环境的提升可以激发科技人员创新动力，激活科技创新活力，为科技支撑热区乡村振兴提供了良好的背

景与环境。

(三) 科技研发投入结构差异明显，易形成恶性循环

我国大力推行的区域协调发展战略，减少了科技资源在热带农业农村中配置的制度性阻碍。"十四五"规划将区域协调发展作为我国"十四五"期间的重要发展任务，重点强调要以协调发展促进相对平衡。我国热带地区与区域协调发展战略中的西部地区、欠发达地区、革命老区、边境地区以及粤港澳大湾区、海南自由贸易港等重点发展地区均存在重合关系，区域战略统筹和区域间融合互动发展是国家确定的战略方向，区域合作、区域互助、区际利益补偿、区域政策联动等机制，都将为热区范围内科技创新资源的流动提供机会和平台。以"泛珠三角"区域科技合作为例，其目标是以"泛珠三角"区域为单位，在区域内形成高效的科技资源流动，优化产业结构布局，进而提升区域竞争力。近年来广东和广西以此为契机，持续推进粤桂科技创新合作，科技交流与合作十分频繁，尤其是广东科技发展对广西的外溢效应、互补效应日益明显，也体现了优势地区对弱势地区的带动作用，为热区科技合作提供了良好的示范作用，为科技支撑热区乡村振兴提供了良好的契机。

(四) 科技需求旺盛是科技支撑热区乡村振兴的重要前提

需求是创新之母。随着社会的发展和人民对高品质生活的追求，热带农业农村不仅要发展，更重要的是要高质量发展，对科学技术手段的需求也逐渐旺盛，成为倒逼科技创新的重要因素。以热带农业发展为例，如果按照传统的生产方式，我国的热带农产品供给无法满足国内消费者需求，尤其是热带果蔬。而基于有限的地区、土地、气候和人力资源，要想满足国内日益增长的消费需求，必须大力发展热带高效农业，将科技创新作为确保热带农产品有效供给的根本手段。此外，随着农村科技推广方式的不断优化和科技手段带来的显著效益提升，我国农民对于科技成果的接受度也在不断提高，设施农业、有机农业、数字农业、生态农业、循环农业等现代农业生产方式已经逐渐融入农业农村发展的日常，农民逐渐成为科技应用的内行，这些都是科技支撑热区乡村振兴的重要前提。

第五节 科技支撑乡村振兴发展的典型案例

科技赋能热带特色高效农业是科技支撑乡村振兴的重要着力点之一，主要是将高科技运用到农业生产中[①]，通过科技的助力让农业农村的发展日新月异，进而达到乡村振兴的目的。本研究从农业科技产业园和农业龙头企业的辐射带动作用入手，梳理了科技支撑乡村振兴发展的3个典型案例。

---

① 王瑞. 城乡融合发展：从马克思城乡关系理论到中国乡村振兴实践 [J]. 中共南京市委党校学报，2022（1）：76-84。

一、海南陵水现代农业产业园"科技+"模式

近年来,海南陵水依托"科技+"模式助力乡村振兴建设。通过"科技+生产"改变了传统农业生产方式,提高了农产品产量;通过"科技+研发"借助农业科研院所的力量,优化农产品品种,提高农产品价格,增加农民收入;通过"科技+培训"的方式提高农民技能,提升现代农民素质,为农业农村发展装上"科技芯"。

以海南陵水现代农业示范基地为例,该基地秉承着"给农业插上科技翅膀"的理念发展现代农业。该基地于2013年正式启动建设,2016年被认定为省级现代农业产业园,2019年获批认定为国家现代农业产业园,是海南省内最早获批认定的国家现代农业产业园,以海南润达现代农业集团股份有限公司为运营主体,目前已经成为海南现代科技农业建设中的领头军。该产业园集农业生产、研发、培训于一体,积极探索发展热带特色高效农业的创新模式,集成带动周边乡镇发展,是陵水近年来现代农业发展的一个缩影。

(一)科技+生产

海南陵水现代农业产业园以现代科技为发展支撑,大力发展热带特色设施农业,引进新加坡垂直旋转耕种系统、荷兰智慧植物工厂运营模式、水肥一体化节能灌溉系统管理、无土栽培技术等,建立现代化农业种植产业园,让农民可以用一部手机来控制蔬菜、水果、花卉的种植,上千亩地的作业变得轻而易举。现代化的农业种植方式,让务农不再是"面朝黄土背朝天"的辛苦工作,而是也可以像写字楼里的"白领"一样,只要点点手机或者电脑,就可以将种植大棚里的一切调节到位。通过可控的技术实现果蔬农产品周年不间断生产与供应,亩均产量超出一般产量的2~3倍,亩均收入达10万元以上。

除了园区内的生产,园区还指导周边农民将规范化的种植管理流程带入日常种植,提高现代农业普及率,带动农民更新生产观念,实现农产品品质和效益双增长。

(二)科技+研发

建设农业科技创新孵化管理中心、院士专家工作站等,与浙江大学、中国热带农业科学院、海南省农业科学院、黑龙江省农业科学院等科研单位联合开展关键核心技术攻关,加强农业科技创新,坚持农业科技自立自强,为乡村振兴装上"科技芯"。

多年来,园区通过对荔枝、杧果、龙眼、西瓜、红心猕猴桃、圣女果、红心火龙果、血柚等瓜果新品种的试验种植及周年生产技术的研究,开展脱毒苗组培和工厂化育苗、蔬菜等的引进与繁育,带动陵水传统粗放式农业向现代精细化农业转型,解决农民就业,开辟农民增收渠道。例如,与中国热带农业科学院品种资源研究所联合选育的小型西瓜新品种美月、琼丽,具有高抗枯萎病、炭疽病、耐白粉病等特征,生长周期短、产量高,已通过海南省品种审定委员会审定,获得海南省科学技术进步奖三等奖;因皮薄肉甜,迅速进入北京、上海、广州等一线城市,深受消费者欢迎。

基地通过免费向周边村民发放种苗的方式促进农产品作物良种率的提高。目前,在海南陵水现代农业示范基地已选育优良示范品种50多种,包括西瓜、甜瓜、番茄、豇

豆、四季豆、芸豆、辣椒、苦瓜等。其中，西瓜种植的主要品种为农友新一号无籽西瓜、农友黑美人、小蕙兰，推广面积2.5万亩，产地收购价4元/公斤，销地售价一般在10元/公斤以上；甜瓜种植的主要品种为金蜜6号和长香玉，推广面积3万亩，产地收购价6元/公斤，市场售价一般在14~16元/公斤；番茄种植的品种为千禧、金皇后，推广面积6万亩，产地收购价平均10元/公斤，销地售价20元/公斤以上；豇豆和四季豆推广面积1.6万亩，四季豆产地收购均价4元/公斤，市场售价一般在8元/公斤，芸豆产地收购均价10元/公斤，市场售价一般在20元/公斤；辣椒推广面积1.2万亩，产地收购均价4元/公斤，市场售价一般在10元/公斤；苦瓜推广面积1万亩，产地收购均价4元/公斤，市场售价一般在10元/公斤。海南陵水现代农业示范基地选育的优良示范品种价格普遍高于普通品种的市场均价，引领当地农民成功增收。

（三）科技+培训

"授人以鱼不如授人以渔"，海南陵水现代农业示范基地拥有1 750平方米农技培训中心，与政府部门合作，邀请专家进驻，用于免费开展职业农民培训，已培训农民骨干3 000多人，明显提高了陵水县农民的职业化水平。

近年来，陵水现代农业示范基地农技培训中心以培养新型职业农民为总目标，开展农业科学发展理念、农业新知识新技术学习、农业新型装备生产技能、农业创新创业、农业融资及市场营销、农业产业融合发展等课程，充分体现了农民教育培训的系统性。

二、海南临高花卉产业观光园"企业+订单+合作社+保护价+技术指导"模式

解决好"三农"问题，乡村产业振兴是重点。临高县花卉产业旅游观光园坐落于海南省临高县波莲镇，总占地约800亩。是以花卉产业开发、沉香产业种植、休闲观光为主的综合花卉产业园区，以海南雅新园艺开发股份有限公司为经营主体。为促进乡村振兴与企业有机结合，该产业园以特色产业助力乡村振兴，以生态环境资源保护与可持续开发利用，以及沉香和三角梅产业为抓手，形成市场核心竞争力。共分为五大功能区：产业园区、休闲体验区、产业功能区、花卉观光区、游园活动区。其中，产业园区约320亩，休闲体验区约150亩，产业功能区约80亩，花卉观光区约160亩，游园活动区约90亩。

该园区坚持以高新技术为支撑，发展现代农业生态产业模式。同时，契合本地资源禀赋，将沉香、三角梅种植作为临高特色产业的突破口，引种著名的奇楠沉香及海南省三角梅林木良种，建成海南热带高效循环农业示范区、田园观光休闲景区，推进一、二、三产业深度融合。其中，第一产业发展沉香、三角梅种植生态农业；第二产业发展沉香精油、沉香茶等沉香系列产品的开发、加工；第三产业打造集沉香种植、加工销售融合、产教融合、文旅融合的田园观光休闲景区。

目前，海南临高县花卉产业观光园通过沉香生态林维护生态平衡，年培育优质种苗超20万株，并以"企业+订单+合作社+保护价+技术指导"的模式，辐射带动临高及周边县镇农户种植沉香、三角梅达40万株，实现了经济与生态环境的和谐发展，建立

完整的生产、加工与营销等综合流通体系。

（一）科技促进特色产业发展

产业项目是促进乡村振兴的主要载体，特色产业服务乡村振兴是促进农业农村发展的强动能[①]。为进一步优化种植结构和调动农民种植的积极性，针对海南西部花卉交易区工作中的需求，并结合临高县结对帮扶政策，海南临高花卉产业观光园逐步探索建立了奇楠沉香、三角梅育种基地。

产业园还充分利用科研院所的科技资源优势，开展特色产业助力乡村振兴工作。联合中国热带农业科学院热带生物技术研究所团队，实现了从引种到培育到发展新品种的过程，已投入资金5 000余万元，建起一处767亩生产基地，并投入建设相关设备设施。目前，产品已销往全国各省市，初步形成育种、种植、深加工三产融合的沉香全产业链，具有较强的带动作用。

（二）"企业+订单+合作社+保护价+技术指导"带动

在波莲镇政府的领导下，海南临高花卉产业观光园探索"企业+订单+合作社+保护价+技术指导"的带动机制，确保参与合作的农民所种植沉香、三角梅的产量和质量，确保产出的沉香、三角梅有销路、有收入，优化了种植结构，为村民科学种田提供了示范。

1. 企业带动

为发挥农民种植优势，产业园以"联农带农"为先导，通过产业观光园建设，辐射带动波莲镇等当地农民积极参与沉香、三角梅种植。同时，产业园通过临时劳务用工、工程建设用工等方式，助力当地农民增加收入。随着企业规模的不断扩大，造香、采香及加工的人力需求量将大大增加，预计今后会有更多的农村劳动力参与到公司的日常工作中，获得相应的劳务报酬。产业园建设以来，已有效解决带动周边乡镇400余人次的就业，为村民增加了劳务收入1 000万元以上。

2. 订单种植

产业园与波莲镇12个自然村的285户1 153人签订了"产业扶持协议书"，由园区免费提供种苗，带动村民们参与花卉种植，鼓励贫困户培育爱心花卉苗，企业再收购，在社会效益和经济效益上收获显著。

3. 合作增收

产业园采取"公司+合作社+基地"模式，探索发展高效农业产业，与周边村委会共同成立沉香合作社种植沉香，帮助脱贫户持续增收，实现稳定脱贫，累计为参与"扶贫项目合作"的贫困村民创造了343.55万元的收益分红。海南临高县花卉产业观光园的运行使得波莲镇具备了沉香育种、筛选、制种的能力，奠定了良好的工作基础。据统计，产业园首批向周边农户提供奇楠幼苗1万株以上、三角梅种苗5万株，预计可实现农民增收6 000万元以上。预计今后全镇范围将会有更多的农户参与沉香、三角梅

---

① 汪厚庭. 山区乡村产业与生态协同振兴的关键领域及实现路径［J］. 中南林业科技大学学报（社会科学版），2021，15（6）：83-91。

种植生产，会有更多农户加入合作社，波莲镇将逐渐建设成为具有显著地域产业特色的海南沉香之乡。

4. 保护价收购

产业园对于镇域内的种植大户采用股权合作的方式，一方面确保种植户的基本利益；另一方面对于产业园原料的稳定供应也是一种保障。这种双赢的合作是沉香产业发展的重要基础。对于镇域内家庭有富余劳动力或非连续工作时间的农户，产业园会将一部分原料粗加工及手工艺品制作转移到其家中完成。企业统一提供加工设备、技术指导和原材料并统一回购初加工制品。这些制品经产业园统一成型、包装、检验后再投放市场，社会和市场效益良好。

5. 技术指导

在种植沉香、三角梅的过程中，通过建立农民培训长效机制，利用临高县培训中心、田间课堂等多种形式对"沉香+三角梅"套作模式专业村的农户进行培训，确保从事良种繁育的农户每年接受至少一次的科技培训，真正做到技术要点落实到人，努力让沉香成为助农增收的"第四棵树"。

（三）乡村产业可持续发展

落实乡村振兴战略要求，统筹协调产业植入、技术指导、人才培养、农民就业和品牌推广五大方面工作，促进乡村产业可持续发展。

1. 生态种植

沉香作为绿色植物，具有观赏、装饰、净化空气、美化环境的多种功能，在观光园的建设中植入这一产业，对建设资源环境节约型、环境友好型工程大有裨益。临高花卉产业观光园共规划生态种植面积111亩，既有沉香种植，也有沉香造香技术推广和沉香加工，在获取经济价值的同时起到绿化美化环境、创造优美生活空间的作用，能发挥防风降温、调节气候、吸碳释氧、吸尘降噪、净化空气等生态功能。

2. 打造项目生态圈

以沉香、三角梅种植为发展基础，在坚实发展农业的基础上构建绿色发展的沉香加工、旅游观光、农特商业的项目生态圈。引导当地政府部门加紧环境治理，提供无污染的生态种植环境。沉香、三角梅种植通过低成本、低消耗、低污染的生产方式，从根本上实现了生态花卉产业观光园的营造和山水生态保护[①]，促进节能减排和可持续发展。

3. 市场可持续

随着沉香种植规模化的形成及沉香品牌和市场拓展的不断发展，沉香制品和沉香旅游产品将形成齐头并进的良好局面。产业园专注于沉香品牌的传播及系列产品的市场拓展，同时在苗木供应、技术指导、产品收购方面持续提供高质高效服务，确保农民种植收益。花卉产业旅游观光园连同现有的核心种植区、产业功能区将成为海南沉香展示、交易、对外交流等重要的窗口。

---

① 鲁延召，于璐恬. 花卉产业助力旅游特色小镇的创新模式研究［J］. 中国集体经济，2017（34）：91-92。

三、贵州仁怀现代山地特色高效有机高粱产业园"五化"模式

仁怀市现代山地特色高效有机高粱产业园位于贵州省仁怀市长岗镇，以高粱产业为主，通过科技支撑标准化建设，近年来推进土地综合整治、农田水利建设、电力建设、收储一体化建设、病虫害防控设备安装、有机地块固化保护、农业机械配套、耕地地力修复、育苗大棚建设、气象监测建设、基地农业大道建设、循环农业建设、智慧农业建设、散居农户安置建设、农村人居环境整治15项示范基地建设，探索高粱"五化"生产模式，促进当地农民增收致富。

（一）优化区域布局，实现"规模化"生产

积极调减低效作物，实施高标准农田建设，实现集中连片生产。据统计，长岗镇共有耕地7.1万亩，共调减低效作物3800亩，实施高标准农田建设2.5万亩，优化烤烟种植面积3000亩，实现集中连片生产，2020年共种植高粱2.55万亩，覆盖贫困户749户2977人。

（二）坚持绿色有机，实现"标准化"生产

推广标准化生产模式。共完成有机地块认证36715亩，制作宣传技术手册1万余册，推送技术培训视频13期，组织召开技术培训1万余人次，提升种植户规范种植水平；实施井窖式育苗移栽1.1万亩，推广"高粱+"间（混、套）作等多种优良种植模式，实现高粱增产增收。

（三）强化主体培育，实现"组织化"生产

提高农业生产主体的组织化程度。结合农村产权制度改革，按照"龙头企业+合作社+农户"，引进央企1家，培育本地合作社14个，高粱种植大户68户，采取土地入股或流转等方式种植高粱1.14万亩，2020年，高粱基地示范区组织化经营率由40%提升到95%。

（四）加强过程管控，实现"信息化"生产

利用现代科技信息手段，加强高粱种植的过程管理。全面实施订单种植，严格执行"一议两签两查三公示"程序，从种植户、种植地块到收购高粱实现全过程监管；建设3000平方米智能化大棚1个，2000吨收储一体化仓库1座，气象监测数据采集站点1个，完成种植地块固化标识，完善种植区5G网络与视频监控，建立有机高粱溯源系统，强化高粱流通收购储存登记检测，从育种、育苗、移栽到收割、储存、调运，对高粱种植实施全过程监管。

（五）着力节本增效，实现"科技化"生产

将科技融入生产全过程，大力鼓励科技创新与应用。探索全过程机耕机播机收，采购大型机械20台，播种机10台，采收机4台，烘干机6台，与中国农业大学开展校企合作，积极谋划建立院士工作站，围绕种子繁育、栽培技术管理、病虫害生物综合防控、测土培肥等开展试验，提高科技含量和种植水平。

第六节 科技支撑乡村振兴发展的对策建议

科技支撑乡村振兴是未来热区乡村振兴的主要发展趋势，但是目前我国热区乡村振兴存在科研投入能力有限、科研重视程度不高、农业科研占比不高、科研产出应用性差、科技创新人才分布不均、对乡村振兴支撑力差等问题，针对以上问题，本研究提出科技支撑热区乡村振兴的对策建议如下。

一、加大重点科技领域投入力度，加快核心关键技术突破

一是重点关注热区乡村振兴中的核心关键领域，加快核心技术的突破。认真落实创新驱动发展战略，推动热带农业科技在生物种业、智慧农业、绿色投入品、绿色植保、生态循环等领域的自主创新和自立自强。科技促进热区乡村振兴的关键点在于要将科技进步与热带农业增产、热带农村发展提质、热带农民增收协同发展，将服务乡村振兴的政府、科研院所、高校、企业协同起来，构建"政产学研企"协同创新体，进一步加快热区国家现代农业产业技术体系、科技创新联盟、产业创新中心、高新技术产业示范区、科技园区等的建设。二是加大对重点科技领域和重点地区的投入力度，发挥财政资金的引领力度。

二、加强热区科技人才政策供给倾斜度

分析发现，我国热区科技人才分布十分不均衡，各省R&D人员全时当量差异最高达到百倍之多，要改变这一状况，必须加强热区科技人才政策供给倾斜度。坚持人才是第一资源的发展定位，遵循人才成长规律，做大热区科技创新人才力量的基数，发掘并保障科技人才在热区乡村振兴事业中最大限度地发挥作用，让各类科技创新活力竞相迸发。

（一）加大人才流动政策引导，促进热区科技人才均衡供给

从国家层面，要加强顶层设计，在尊重市场规律的同时，采用宏观调控的手段加强对科技人才流动的政策性引导，鼓励他们到热区乡村振兴发展的第一线。在热区省份层面，要加强人才储备，尤其注重对具有领军人才潜质的优秀青年科技人才的发掘和培养，打造出一支有冲劲、有潜力、有未来竞争优势的创新主体和科技人才队伍，围绕热带农业农村战略前沿、乡村振兴需要，建立高质量人才自主培养体系。在热区乡村层面，主要任务在于留住科技人才，应适当给予科技人才福利待遇上的倾斜。

（二）提高热带农业科普水平，壮大热带农业科技人才队伍

首先，提高农业科普水平可以提高农民的科技素养，是提高农业技术进步的基本平台。主要方式包括普及科技知识与科技方法、弘扬农业科学家精神等。热带农村地区的科普工作长期以来相对落后，应建立完善的科技知识与方法的普及方式，例如"科技三农""科普中国""农村教育"等，通过集中宣传、田间指导等方式提高热带农业科

技的普及率。其次，农业科普活动的开展，也为培养相应的科技人才提供了良好的社会环境，促进热带农业科技人才队伍的壮大。

三、多元科技主体的推动作用，促进科技成果转化与应用

一是持续培育多元农业科技创新主体，发挥市场主体的推动作用，尤其是应大力支持农业高新技术企业的发展；同时支持企业通过市场行为配置科技创新资源，加快科技成果转化。二是提升科研评价机制对创新实用性的重视程度，引导科技人员将农业科技的创新重点放在热区乡村振兴迫切需要解决的问题上来。科技创新的前提是充分了解农业、农村、农民的需求，改变传统的以高校和科研机构需求为主的科研导向，真正做到以需求倒逼创新，提高农业科学技术的转化利用率。

四、建立科技支撑乡村振兴评价指标体系，发挥评价机制的监督引导作用

以农业农村科技发展为基础，以支撑乡村振兴为目标，建立衡量科技支撑热区乡村振兴的指标体系，本研究将科技支撑热区乡村振兴评价指标从热区乡村科技要素集聚程度、热区乡村科技发展水平、科技促进热区乡村产业发展、科技促进热区农村发展、科技促进热区农民现代化 5 个方面分层构建，详见表 5-22。

表 5-22 农业农村科技现代化评价指标体系

序号	一级指标	二级指标	三级指标
1	热区乡村科技要素集聚程度	农业科技经费投入	热区乡村 R&D 经费支出总额
3			热区乡村 R&D 经费支出年增长率
4			热区乡村 R&D 经费人均支出额
5			热区乡村 R&D 经费支出人均年增长率
6			热区乡村 R&D 经费支出总额占 GDP 比重
7			热区乡村 R&D 经费占总 R&D 经费比重
8			热区乡村科技拨款额占财政总支出比重
9		农业科技服务	热区乡村科技服务机构数量
10			热区乡村农技推广人员占比
11	热区乡村科技发展水平	农业相关科技知识产出	农业论文发表数量
12			农业项目获批数量
13			农业科技专利数量
14		农业科技应用情况	农业科技转化合同交易金额
15			农村科技成果转化合同交易金额

(续表)

序号	一级指标	二级指标	三级指标
16	科技促进热带乡村产业发展	科技增产贡献	主要热带农作物优良品种覆盖率
17			热作良种在作物增产中的贡献率
18		热带农业信息化应用	信息化设施种植总面积占热带作物总面积比重
19			智能化设施种植总面积占热带作物总面积比重
20			信息化设施畜禽养殖产量占热区养殖产量比重
21			智能化设施畜禽养殖产量占热区养殖产量比重
22			信息化设施水产养殖面积占热区水产养殖比重
23			智能化设施水产养殖面积占热区水产养殖比重
24			农业信息服务主体数量
25		热带农业农村绿色技术发展水平	主要热带农作物农药利用率
26			主要热带农作物肥料利用率
27			农业废弃物综合利用率
28		高新技术带动情况	高新技术促进热带农业增产占总产值的比重
29			农业高新技术企业占比
30			农业高新技术企业利税总额
31	科技促进热区农村发展	热区农村基础设施信息化程度	热区农村家庭宽带入户率
32			热区农村5G网络覆盖率
33			热区农村智能服务终端设备数量
34		现代科技手段参与热区乡村治理情况	"四废"处理治理达标率
35			使用网络工具进行乡村治理的村集体数量
36			"四务通"用户数量（电子村务、电子学务、电子服务、电子商务）
37	科技促进热区农民现代化	生产生活方式转变	热区乡村网民人数占比
38		促进热区农民增收	高新技术促进热区农民增收占农民总收入比重